元華文創

中國歷史兩大盲區

The Two Major Blind Spots in Chinese History

The Mystery of the Founding the Hua-Xia and the Sauromatian States

華夏、敕勒建國之謎

實事求是的精神與作風是一個民族穩步向前的最佳動力，
而不是刻意地替古人濃妝來肯定自己，產生虛幻的自豪感。

常華安——著

自　序（一）

　　西元 1917 年 2 月王國維寫出〈殷卜辭所見先公先王考〉，不久又寫出一篇〈續考〉；考證了王亥、王恒、上甲等先公先王，還糾正了《史記》〈殷本紀〉中報乙、報丙、報丁等排列次序方面的錯誤，證明《史記》的記載大體無誤；再加上 1928 年 10 月起對殷墟遺址的發掘與豐富文物的出土，有些學者認為既然商代是信史，那麼文獻記載的夏代也應大體可信。

　　但深入研究甲骨文後發現，儒家欣欣樂道、商人應引以為傲的商湯革命，甲骨文竟無片言隻語，更令人起疑的是甲骨文中竟無「夏」字。

　　體質人類學者在殷墟發現四或五種不同人種的頭骨，其中有些像是高加索人種，大陸的體質人類學者說那是華北長顱型或基因突變。自從有了 DNA 排序檢測技術後，開始委託國外檢測，國外實驗室做出的檢測結果－R1a，大陸學者說樣本可能在國外實驗室遭到汙染，不準。大陸有了檢測設備與人才後，做出的結果卻一直未公布；但據內部人士透露，除了 O（中頭型-商族）、Q（愛斯基摩型-狄族）外、尚有北方遊牧民族的 C（寬顱型-鮮卑）與高加索人種的 R1a（高加索型-敕勒人中的斯基泰族）。據《魏書》〈高祖紀〉記載，有支人數、族屬不詳的敕勒部落因逃亡被抓後，被北魏強制移往相州（殷墟在相州）為營戶的時間是西元 471 年。如此一來，殷墟就成了一處年代跨度超過一千七百年的亂葬崗，遺址內有些青銅器、青銅武器與馬車，很可能不是殷商時期的。

　　如果殷商是母系社會王國而非王朝，所有的殷墟研究就成了情節誇張聳動的小說，三皇五帝與夏代的傳說就都成了鏡花水月。

　　華夏自周公東征後建國，這三千多年歷史中的成敗得失是國人需要了解、總結與借鑑的。一昧的捕風捉影拔高古人將使今人無法了解真實的過去，喪失改進的契機；實事求是的精神與作風是一個民族穩步向前的最佳動力，而不是刻意地替古人濃妝來肯定自己，產生虛幻的自豪感。

自　序（二）

　　斷代工作是歷史文物研究的第一步，世界各國考古工作者所共同面對的難題就是歷史文獻的缺乏，當無可資斷代的文物伴隨出土時，就不知如何斷代。斷代錯誤的後果就是所作的考古報告，不是張冠李戴就是倒果為因、推論失當。

一、張冠李戴

　　1. 俄羅斯考古工作者米尼亞耶夫（Sergey Minayaev）將外貝加爾地區的查拉姆墓地（Tsaram Cemetery）發現的「高車」當作漢朝皇帝賜與匈奴單于的戰車；亞布隆斯基（Leonid T. Yablonsky）將中亞的烏孫人、西丁零人、嚈噠人與敕勒人都當成了塞種；前蘇聯哈薩克斯坦考古工作者凱末爾‧阿奇謝夫（Kemal Akishev）將死於西元 520 年左右葬於伊塞克墓，頭戴嚈噠「一角帽」的高車國皇后，當作了西元前四至五世紀的塞種王子；前蘇聯探險家科茲洛夫（P. K. Kozlov, 1863-1935 AD）將外蒙古、諾恩烏拉（Noin Ula）的斯基泰墓群當作了匈奴墓群；前蘇聯考古工作者吉謝列夫（C. B. Kiselev, 1905-1962 AD）將黠戛斯（Kyrgyz）於西元 840 年為唐太和公主所建，位於南西伯利亞、阿巴坎的漢式宮殿，當作了西元前一世紀的李陵宮殿；前蘇聯考古工作者魯金科（S. I. Rudenko, 1885-1969 AD）將阿爾泰地區的高車人於西元 430 年至 487 年為柔然統治者所建的巴澤雷克墓群（Pazyryk Kurgans），斷代為西元前五至西元前三世紀的斯基泰酋長墓葬；前蘇聯歷史學者羅斯托茲夫（M. I. Roslevtzeffi, 1870-1952 AD）將南烏拉爾地區的阿蘭人或奧斡斯人（Aorsi）的墓葬，當作了沙勒馬特（Sarmatians）人的墓園。

前蘇聯人類學者傑別茨（G. F. Debet）為在俄羅斯外貝加爾地區出土的東部高車人頭骨，創造了一個新的人種類型──蒙古人種西伯利亞型。

2. 受到俄羅斯考古工作者將外蒙古、諾恩烏拉與外貝加爾地區的高車人墓葬誤認為匈奴墓葬的影響：

（1）外蒙古考古工作者也將外蒙古境內的高車人墓葬，當成了匈奴人墓葬，將墓中的「高車」當成了漢代戰車；

（2）中國考古工作者將高車人在內蒙古呼倫貝爾滿州里市的扎賚諾爾墓群與陳巴爾虎旗的完工墓群當作鮮卑人墓葬，在內蒙古鄂爾多斯市涼城縣毛慶溝的墓葬當作匈奴人墓葬，在遼寧西豐縣西岔溝的墓群當作烏桓或匈奴人墓葬，在吉林老河深中層墓葬與帽兒山墓葬當作了夫餘人墓葬，在北京軍督山的墓葬當作了山戎墓葬，在新疆吐魯番的洋海墓群當作車師人墓葬。

中國人類學者也為在中國境內出土的高車人頭骨，創造了一個新的人種類型──蒙古人種史前、現代華北長顱型。

二、倒果為因、推論失當

1. 考古證據顯示，西元四世紀中葉時，西伯利亞還處在地廣人稀的新石器時代初期，當地的烏古斯人與中國西周時期的狄族同源，Y-DNA 為Q──以漁獵採集為生。這時突然有一群超過百萬人有比較先進文明的遊牧民族，因家鄉發生旱災，被迫由西方暫時移居。這批遊牧民族又於西元 399年至 487 年間先後移居中國。俄羅斯考古工作者憑藉一些七拼八湊的考古文物，草率的斷代，自以為是的解釋，居然能推論出原來南西伯利亞是一處可與商文明（17-11 centuries BC）並駕齊驅或者是商文明啟蒙者的高度文明之地，有如科幻小說一般。這些既無西元六世紀前的採礦與冶煉遺址的發現（唯一發現的是西元六世紀以後點戛斯人的煉鐵遺址，礦石拾自河床），又無在南西伯利亞創造安德羅諾沃（Andnorovo）文化、卡拉蘇（Karasuk）文

化與塔加爾（Tagar）文化的民族來自何地，後來去往何處的考古論文或報告，居然也能廣受各國考古學界與歷史學界認可，實在是令人匪夷所思。

2. 考古證據與中、西歷史文獻顯示，西起芬蘭東到內蒙古的歐亞大陸北部，因敕勒人的東、西遷徙而產生了一個文化區──斯基泰-敕勒文化區。歷史知識不足的俄羅斯考古工作者竟將發現於此地區的敕勒人文物稱之為塞伊瑪-圖爾賓諾文化，其年代為西元前 2100 年到西元前 1900 年，令人發噱，誤差也未免太大了。有些俄羅斯考古工作者認為他們可任意發揮的地方，其實中國文獻早已有相關記載。俄羅斯考古工作者所創造的塞伊瑪-圖爾賓諾（Seima-Turbino 2100-1700 BC）文化、安德羅諾沃（Andnorovo 1800-1300 BC）文化、卡拉蘇（Karasuk 1500-800 BC）文化與塔加爾（Karasuk 700-100 BC）文化都是敕勒文化的局部現象，是敕勒人在斯基泰藝術影響下所創作的，稱之為斯基泰-敕勒文化較為妥當，其年代介於西元前六世紀至西元後六世紀，因地而異。

3. 歐亞大陸出現的鹿石元是西元四世紀中葉由敕勒人中的斯基泰族從歐洲所帶來的文化。柔然帝國於西元 402 年成立後，柔然人原有的石柱文化與斯基泰人的鹿石文化相結合後在外蒙古遍地開花，成為世界上遺留鹿石最多的地區（550+）；由於外蒙古的鹿石被斷代為西元前一千年所樹立的錯誤，致使考古學者誤以為鹿石時的發源地在外蒙古。

除了斷代問題外，另一困擾考古工作者的難題就是文化遺址的複雜性，許多遺址事實上是處年代跨度相當大的亂葬崗；比如，陝西仰韶文化臨潼姜寨遺址（4600-4400 BC）發現明代以後製作的單質鋅黃銅片；殷墟出土了西元五世紀的斯基泰式青銅刀與 Y-DNA R1a 的斯基泰人及 Y-DNA C 的鮮卑人骸骨；紅山文化（6500-5000 BP）遼寧牛河梁遺址、小河沿文化（5000-4200 BP）內蒙古赤峰市哈拉海溝遺址、下夏家店文化（4200-3600 BP）內蒙古敖漢旗大甸子遺址與上夏家店文化（3000-2700 BP）內蒙古赤峰市大山前遺址，均出土了大量西元八世紀 Y-DNA N 的敕勒人（黃頭室韋）骸骨。

錯誤的斷代與複雜的考古遺址使得許多文化遺址均面臨須重新鑑別與改

正的窘境。

　　本書是在敝著《敕勒人的東遷　中國歷史最大疑案》的基礎上，增加另一盲區，合成兩大盲區，再加上一些困擾中、西學者的歷史疑案，諸如假阿爾瓦、嚈噠、鹿石等重新編寫而成。中國是唯一與西伯利亞、中亞各民族長期交往並留下見證紀錄的國家，上述地區的歷史懸、疑案，也只有從中國文獻中才能找到答案或線索。

目　次

附圖說明：

緒　言

　　中國是世界上歷史文獻最多最完整的國家，但對自己歷史的記載仍存在兩大盲區。

　　一是華夏建國前，亦即周公東征前的歷史，這段歷史充滿神話、傳說與造假。由於古人知識面窄，又缺乏去偽存真工具如考古與 DNA 檢測等，以致這段歷史一直未被釐清。中國人一直弄不清華夏何時建國，第一王朝的創建者是黃帝，還是夏禹或周武王。現在中國大陸對自己過去的歷史研究所面臨最大的障礙，就是為了宣傳華夏是文明古國以建立民族自豪感，中國大陸的愛國學者傾向認為所有的神話、傳說與造假都是有根據的，他們一直試圖證實這些神話、傳說與造假的真實性，如夏商周斷代工程、堯都在山西臨汾的發現等。一個民族想要實事求是的了解自己的過去還真不是件容易的事，有歷史癖的中國人尚且如此，其他民族可想而知。

　　另一段盲區為北朝至唐初的歷史，這段盲區產生的主要原因是唐王室為掩蓋自己的敕勒人（來自歐洲的高加索人種）身分，在修《周書》時，刻意將敕勒改寫成鐵勒（南西伯利亞的蒙古人種）。貞觀三年（629 AD），唐太宗鑒於武德年間修史失敗的教訓，於是將史館從秘書省分離出來置於禁中，使其取代著作局的修史之職，成為獨立的修史機構；唐代史館的建立，完成了封建政權對史學的全面控制，確立了宰相兼修與皇帝審正制度[1]；史官成了帝王與權貴的工具，他們或遵從帝旨，或維護權貴，或尸位素餐，史學求真求實的品格遭到無情的踐踏，無人敢效法武德年間的太史令庾儉，堅持專業獨立立場（這是武德年間修史中途而廢的原因）。一字之差就使得後來的修、治史者，認為鐵勒就是敕勒，杜佑《通典》、歐陽修《新唐書》如此，就是

1　《唐會要》卷 63〈史館上〉。

治史態度相當嚴謹的司馬光《資治通鑑》也是如此。古人迷信權威缺乏懷疑精神被愚弄尚可理解，但現在的歷史學者，除了幾位曾對敕勒就是鐵勒表示懷疑外，無人從事深入研究並提出堅實有說服力的證據。當大陸考古工作者在東魏至唐代的王室與高官的墓葬中發現大量高加索人種的壁畫與陶俑時，自然無法從傳統文獻中找到答案，只得推說那是西域人；但問題是唐王室會找語言不通、來歷不明的西域人做公主衛隊嗎？那當然是本族敕勒人。現代學者所以不願對之作深入研究，實在是年代久遠資料蒐集困難，恐勞而無功，浪費時間；這件重要的工作，只好落在我這沒有包袱的學術界外的有心人了。由於判斷正確，經過數年的摸索，依據西方既有的考古成果，對照中國考古發現與中、外古籍記載，以及 DNA 的檢測結果，終於消除此一盲區，並解答了許多與歐、亞草原民族有關的歷史懸、疑案。敝人出版了《敕勒人史蹟源流考》、《敕勒人的東遷》、《敕勒人的東遷 中國歷史最大疑案》三種中文繁體版著作，英文版 *The Eastern Migration of the Sauromatins* 由國際知名考古學者 Dr. Jeannie Davis-Kimball 編輯。

　　DNA 檢測發現中國境內現有約六千五百萬 Y 染色體單倍群 N，與約一千五百萬 Y 染色體單倍群 R1a 的高加索人種後裔，中、西方分子人類學者也搞不懂為何有如此巨量高加索人種的 DNA 出現在中國，其中 Y 染色體單倍群 N 的人口數超過世界其他地區加起來的總合。最新的研究認為 Y 染色體單倍群 N 源於烏拉山西側，而不是原先愛沙尼亞學者研究推論的東亞南部，Y-DNA N 與 Y-DNA O 是兄弟單倍群。分子人類學的研究的成敗取決於抽樣是否有代表性，先入為主或抽樣無代表性，就可能產生相反的結果。

　　敕勒人有相當的文化、眾多的人口與遠較東方遊牧民族高的生產力，其東遷給東亞各民族帶來的影響超過匈奴人西遷給歐洲各民族帶來的影響。由於敕勒人東遷的路線是杳無人跡的西伯利亞，加上中國歷史記載的失誤，以致他們所造成的影響一直不為世人所知曉，而造成一些歷史懸、疑案，中國人有義務將此一重大的跨洲際歷史事件研究清楚告知世人。

第一章　西元前兩千紀的中國

第一節　華夏建國──從神權到王權，再到王朝

　　東亞地區，先周以前，部落林立。周人將居住在今山東省與河南省東部的稱之為夷族，陝西省西部與甘肅省東部居住的稱之為戎族，山西省、陝西省東北部與河北省西部居住地稱之為狄族，在南方則統稱之為蠻族。唐國、殷商與周是華北地區人口較多，影響力較大的方國；它們是語言系統不同[1]、風俗各異的三個族群[2]，鼎足而立，互不隸屬[3]。

　　姬姓部落的發源地在陝西武功縣漆水河（古姬水），後遷至豳（音賓，今陝西彬縣、旬邑一帶）。從其遷徙路線觀察，他們應該是狩獵採集部落，而不是《史記》〈周本紀〉所說的忽農忽獵部落。後來可能因野獸漸稀狩獵不易，窮極無聊下，部份族人在亶父的帶領下開始從事劫掠，終於他們將目標鎖定在周原的富庶姜姓農業部落[4]。農夫哪是獵戶對手，姜姓部落於西元前1120年左右被驅逐出周原，但姬姓部落不會耕種，於是經談判，雙方合組部落互通婚姻，國號為周，自稱夏人，土地繼續由姜姓部落耕種，亶父集團負責保護姜姓農戶安全，但需繳九分之一的收成給亶父集團，這就是井田制度

1　依據法國國家科學表現院研究員羅瑞（Redouane DJAMOURI）的研究，殷語與周語在形態表現上非常不一致，殷語中很少有派生詞，孤立性較強，周語的形態相當豐富，兩者是不同的語言系統。

2　《左傳》襄公十四年：「我諸戎飲食衣服不與華同，贄幣不能，言語不達。」另，《禮記》〈王制〉亦有類似記載。

3　《史記》卷129〈貨殖列傳〉。

4　考古證據顯示周原本為姜戎之地，後為姬姓部落所據，他們都是關中地區原住民。姜戎的發源地在今陝西岐山縣與扶風縣間的岐水（古姜水）。

的源起，實際上就只是抽稅制度，而不是土地制度。有了固定稅收後，原來停留在圈地的族人紛紛前來投靠[5]，於是開始組織政府、建立軍隊，原有的部落神權領袖——帝[6]，大權旁落，至周文王稱王起，中國第一個王權社會產生。周人稱最後一任殷主為帝辛，可見其不過是神權社會領袖，其政府組織不過殷主加幾位助手，連徵稅機構都沒有，那來的財源建立政府組織與軍隊。

異姓通婚導致人口快速增加，復以生產力的低下，耕地頓感不足，於是逐步開始向東擴張，食髓知味後更打出「溥天之下，莫非王土，率土至濱，莫非王臣」的口號，理直氣壯地從事武裝征服，靠著從西方學來的戰車以摧枯拉朽之勢，一天之內就滅了另一大國殷商。在周公東征征服了大量東夷部落，並建立一套宗法與禮樂制度以維繫和發展中央與地方諸侯的統屬關係後，西元前 1040-1010 年間東亞第一個封建王朝於焉誕生。周族王權的產生削弱了神權，禮制與德制的推行，遏制了神權的復辟，這可能就是神權在中國必須附屬於皇權之下的深層原因。

到漢帝國在秦統一六國的基礎上，於西元前 202 年成立，此時的漢人已包括夏人口中的西戎、東夷、北狄、南蠻；故同姓未必同宗，不同地區的同姓，後來形成不同的郡望。

漢末魏晉時期，中原地區長期動盪，原居漢疆北方、西方的少數民族相繼進入中原生活，與漢人雜居。到了南北朝時，這些胡族更趁機而起，其中如匈奴、鮮卑、氐、羌與羯等族先後建立本族政權，統治了部份或整個北方。

繼之而興的東、西魏、隋、唐也是胡人建立的政權，與先前的五胡政權不同之處，在於他們是多種胡族共同建立的政權；東魏的領導人高歡是本姓

5　《史記》〈周本紀〉。

6　先秦時期，周人所稱的帝，為神權領袖，多為巫師，如《詩經》〈大雅〉「有周不顯，帝命不時，文王陟降，在帝左右。」

慕容的鮮卑人[7]，軍隊的主力是高車人與鮮卑人；唐朝的領導人是雜胡（敕勒與鮮卑混血）李淵父子，從唐初的墓室壁畫（圖 1）觀察，軍隊主力也是高車人——從晉陽（今太原市）及其周邊地區招募的原東魏軍人後代；他們在漢人的經濟實力、眾多的人口以及強勢的漢文化壓力下，不是被史書描寫成胡化漢人，就是偽造家譜冒稱漢人。此一時期編寫的史書、姓氏書中記載的家族資料不是避而不談，就是造假。受到漢民族重視門第郡望的影響，甚至連墓誌也假托先世，偽造祖先官職功勳。

圖 1A　〈武士出巡圖〉，長樂公主墓壁畫

圖 1B　唐初武士陶俑，長樂公主墓出土

　　自魏收《魏書》以新姓奪舊姓，加上唐初文獻對胡人族屬來源的省略，現在要判定此時期的胡、漢族屬，當然存在一定的困難。反之，此時期史書上族屬不明，尤其是武人及其後代，胡人的可能性較大，不宜因證據不足，有漢姓漢名就輕率將之歸類為漢人。

　　自從有 DNA 排序檢測技術後，所有歷史人物的族屬均可從其直系男後代的 DNA 找到答案。

---

7 見〈高樹生墓誌〉，現藏於洛陽師範學院圖書館石刻藝術館；高樹生為北齊神武帝高歡之父。

第二節　何謂炎黃

　　清末革命黨人為取得漢人支持，取法西方先例，試圖利用黃帝作為符號來改變傳統的政治認同，打造一個新的國族社群，採用「炎黃子孫、黃帝子孫」作為口號。[8]

　　所謂炎黃，最初可能是被兩個部落的後代子孫神話後的始祖；炎帝是姜姓（姜戎）部落的神話始祖，因發明燒林開荒，故稱炎帝神農氏；黃帝是姬姓部落神話後的始祖；這兩個部落形成後來的夏族。炎帝、黃帝二詞首見於《國語》〈晉語 4〉「故黃帝以姬水成，炎帝以姜水成。」顧頡剛先生則認為最早提出黃帝一詞的是齊威王，西元前 356 年作銘，文曰：「其惟口揚考，紹踵高祖黃帝，□□□米嗣桓、文。[9]」齊威王田齊的祖先遄父，是周武王的陶正，是來自山西永濟潙水流域的狄族[10]，其子胡公滿是周武王女婿，被偽稱是舜之後封於陳。

　　華者美也，是夏人自吹之詞，華人，其實是華夏人的簡稱。現在華人與漢人的來源是多元的，依生物學觀點，大部份的華人或漢人都不是黃帝子孫或炎黃後代。夏人的 Y-DNA O2a2b1-M134（舊分類為 O3a2c1e-M134），東夷人為 O2a1c-00261（舊分類為 O3a1c-2611），他們的語言也不相同，被征服後被迫學習夏語（雅言），孔子教書使用的也是雅言。在秦始皇統一六國前，六國仍是文字異形，言語異聲。

　　西戎與秦人可能與夏人同源，是從事農牧混和經濟並兼營狩獵的種族，文化較夏人落後。由於大陸考古工作者將在原戎人盤據地區發掘屬於西元六至七世紀的敕勒人文物，如有 34 根輻條的精美馬車（高車，圖 2，據說出土

8　沈松僑〈我以我血薦軒轅 —— 黃帝神話與晚清的國族建構〉，《民族社會研究通訊》第 65 期 2010 年 4月 30 日，頁 35。

9　顧頡剛《史林雜識初編》頁 179。

10　《史記》〈田儋列傳〉。

於甘肅省張家川回族自治縣馬家塬墓地，該馬車耗資約千萬台幣打造，有過度美化之嫌，秦王銅馬車只有30根輻線，文化落後的戎人怎麼可能有技術製作 34 根輻條的馬車）、金怪獸（圖 3，南俄地區也有出土）及陪葬的獸骨（帶骨獸肉殘跡，上官婉兒墓也有發現）等，誤認為戰國時期西戎人文物，而認為有些西戎部落是遊牧民族，有很發達的金屬製造與鍛造技術（華夏民族不善鍛造，因沒人教過；敕勒人精於鍛造，技術來自西亞，隋唐金銀器就是敕勒工匠的傑作）。由於認為戎人中有遊牧部落，致將 2015 年在洛陽伊川縣鳴高鎮徐陽村一座殉有六輛馬車、13 匹馬及牛、羊頭、蹄的南北朝時期遊牧民族墓葬誤為春秋時期陸渾戎貴族墓葬。

圖 2　有 34 根輻線的精美馬車

圖 3　鹿形金怪獸，1957 年陝西省神木縣那林高兔村出土

　　現在世界各國考古工作者面臨最大的難題，就是沒有可靠的斷代工具，以致張冠李戴、曾孫當成曾祖父的錯誤屢見不鮮。考古的目的原來是要解決歷史上的懸、疑案，錯誤的斷代反而製造更多懸疑案。

　　牧野之戰應該是場強欺弱、大欺小的種族戰爭，不是周朝與儒家所宣傳的革命，革命是內發的而不是外加的。殷商是個尚無婚姻制度的母系社會，酒池肉林是殷族的男女聚會，不是周人宣傳的淫亂。東夷族的部落領袖堯、舜選賢不選子其實是無子可選，在母系社會，子女屬於女方，男人未必知道何人是他的兒子，於是有商始祖契是其母吞鳥蛋而生，周始祖后稷踏腳印而生的傳說，殷人所說的父子其實是舅甥。

　　夏人以小小周原33平方公里的土地，二十多萬的人口，征服了廣大的東夷部落與土地，為了防止夷族的反擊，於是開始製造虛假的宣傳以麻痺被征服的夷族，如紂王奢侈殘暴，商湯曾革夏桀之命，堯、舜、夏、商（契）、周（后稷）都是黃帝子孫等。中國御用史官對前朝的描寫經常是汙衊不實的，唐朝編寫的《隋書》〈后妃傳〉說隋煬帝弒父，但〈高祖紀〉卻說隋文帝在病榻上與大臣們一一握手辭絕後三日才亡故。隋文帝一代英主，在其未亡故前，大權在握，畢恭畢敬的大臣，不可能幫無實權的太子弒父，況且也無此必要。

　　牧野之戰時，姜呂尚（姜太公）是姜族領袖，姬周發（周武王）是姬族領袖，使用戰車的夏人輕易的打敗以石製、骨製武器為主的殷商步兵，面對壓制性新式武器 —— 戰車的出現，殷軍只得望風而潰，不是夏人宣傳的因內部腐敗，士無鬥志望風而降。三監的設立與周公東征後遷殷頑民於洛邑，說明文獻的記載不過是夏人的不實宣傳。牧野之戰的規模沒有《史記》描寫的那麼大，據《尚書》的記載，夏人的主要裝備為「戎車三百，虎賁三百，」再加上幾千人臨時招募來的白徒步兵，而不是《史記》所稱的「戎車三百乘，虎賁三千人，甲士四萬五千人。」虎賁與甲士有何區別？也無人說得清楚（虎賁可能是戰車上的甲士，一車二馬，一虎賁一駕士）；《史記》有關戰爭的描述經常是誇大的，但比起充滿神話傳說的西方歷史之父 —— 希羅多德所編寫的歷史則比較接近史實。西周是中華文明的根源，西周的禮制文化基本奠定了中華文明的基礎。從周公東征後治禮作樂建立東亞第一個封建王朝算起，以俄國人的新標準 —— 歷史從建國算起，中國的歷史至今不過三千年多一點。

第三節　河南二里頭遺址是夏都？

　　1996年中國啟動「夏商周斷代工程」，2000年9月15日通過驗收。依碳

十四測定，河南偃師二里頭遺址的絕對年代約西元前年 1900 年左右，內有大型宮殿遺址，眾多考古工作者認定，二里頭遺址就是夏都。但遺址出土了骨貝幣、石貝幣[11]及含鉛（1.23-4.83%）的三元配方青銅器（爵、鏲與刀）[12]，說明它的年代在殷之後而不是之前，它應該是處西周以後的遺址，理由如下：

1. 殷墟所發現的貨貝都是產自印度洋的天然貨貝（圖 4），中國沿海不產貨貝，骨貨貝、石貨貝是仿天然貨貝而製，它們出現的時間自然要晚於天然貨貝。

2. 婦好墓出土的青銅器以銅錫二元為主，三元青銅較少[13]。三元青銅加鉛的目的是為了要改善二元配方青銅的鑄造性能，減少組織疏鬆；從現代技術原理說，鉛在金屬凝固的後期，填補枝晶間大量顯微縮孔，以減少顯微收縮（組織疏鬆）；鉛不容於銅，是以軟夾雜的形式存於銅體中，銅合金的強度、硬度會因之下降[14]，故不宜多加。三元配方青銅出現的時間當然要晚於二元配方青銅。婦好墓的三元青銅含鉛量低（4.42%以下）[15]，顯然是為改善鑄造性能。含鉛量大的三元青銅的出現時間應該在西周後期或東周以後。

3. 二里頭遺址出土青銅器均不含高放射成因鉛[16]，可見是處較殷墟晚的遺址。

世界上第一個四元配方青銅器，可能就是鑄作於宣德三年（1428 AD）的宣德爐；當時的人不了解鋅的化學性質，把它當作鉛的一種，稱之為白水

---

11 （貝幣—MBA）《智庫百科》。

12 〈青銅器的冶煉和鑄造「各個時期的青銅合金」之「夏代晚期青銅器合金成份」〉《文正文化網》2016-5-11。

13 李明慎〈商周青銅器合金成分〉《中國考古網》2011-09-02。

14 何堂坤《中國古代銅鏡的技術研究》，紫禁城出版社，1999 年 6 月，北京，頁 55-56。

15 〈青銅器的冶煉和鑄造「各個時期的青銅合金」之「商代晚期和西周早期青銅器合金成份」〉《文正文化網》2016-5-1。

16 金正耀〈商代青銅業的原料流通與遷都問題〉，《二十一世紀雙月刊》，200 年 2 月號，頁 105。

鉛；又不懂它的沸點比銅的熔點低，為提升銅質一再冶煉（8-12 煉）的結果，導致鋅揮發流失，以致最後製品中的錫成分超過鋅、鉛，世界上第一個四元配方青銅器終於在一再的錯誤中產生了。

　　另外，被斷定為西元前 1600-1300 年的河南鄭州二里崗早商遺址，亦出現鉛含量較高（1.12-24.25%）的三元配方青銅器（鼎、尊、爵與銚）[17]，可見二里崗亦是一處西周以後的遺址。

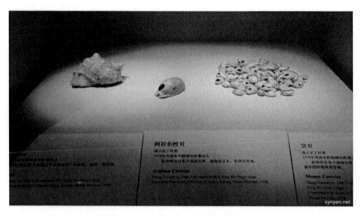

圖 4　婦好墓紅螺（左）、阿拉伯綬貝（中）、貨貝

第四節　山西陶寺遺址是堯都？

　　陶寺遺址位於臨汾市襄汾縣陶寺鎮，1958 年考古調查時被發現，1978 年開始大規模發掘，已發掘墓葬 1000 餘座，出土文物 5000 餘件。經碳十四綜合年代測定，距今 4300-3900 年。

　　據《史記》〈晉世家〉，山西南部原有一唐國，它是狄族建立的國家。當夏人人口增加耕地不足時，開始由今河南省渡黃河來到山西南部開墾，可能

---

17 〈青銅器的冶煉和鑄造「各個時期的青銅合金」之「商代早期青銅器合金成份」〉《文正文化網》2016-5-11。

因燒林開墾破壞獵場與當地的狄族發生衝突，周公藉機派軍隊佔領唐國，後來封給成王之弟——叔虞，唐國後來更名為晉。考古證據顯示，這是一場族群衝突，失敗的一方下場是凄慘的，連中、大型的祖墳也被刨空。山西臨汾市陶寺遺址應該就是唐國遺址，它是狄族的唐國，與唐堯無關。據《史記》〈貨殖列傳〉，唐國與殷商、周等三國居天下之中，鼎足而立，都是建國數百千歲的古國，「土地小狹，民人眾，都國諸侯所聚會，」商業發達。2004 年在山西省運城市絳縣發現屬於狄族的倗國國君與夫人的墓葬（倗伯的 Y 染色體單倍群為 Q-M120）與 2007 年在臨汾市翼縣發現屬於狄族霸國國君及臣民的墓葬群（圖 5），倗國、霸國可能都是原唐國統治下的狄族部落或諸侯國，但班固在編寫《漢書》〈地理志〉時，將唐國張冠李戴為唐堯。

圖 5　山西臨汾市翼縣霸伯墓出土木、青銅俑

2017 年四月中國社會科學院考古研究所所長宣布：山西省臨汾市陶寺遺址就是堯的都城，只不過是另一場鬧劇。想想，連殷墟與周原都未發現都城遺址，怎麼可能在狄族盤據的山西（或陝西西北部）發現都城遺址。狄族當時還處在狩獵與採集為生的時代，在山西東部的被稱為赤狄，在山西省西部的被稱之為白狄；因很多部落生活在山上，又被稱之為山戎或山胡，後又被《周書》以後的文獻誤為稽胡，那有需要與能力建城。

　　陶寺遺址人群的齲齒率在 3%左右，低於混和經濟人群（2.1-14.8%, 平均 4.8%）、原始農業人群（1.2-8.3, 平均 5%）、和農業型人群（2.1-26.9, 平均 8.6%）[18]，只比狩獵採集人群（0.5-5.3%, 平均 1.3%）高，陶寺遺址人群當時可能已有簡單的農業與畜養。陶寺遺址人群高比率的牙齒釉質發育不全

圖 6　陶鼓

（三分之一或以上），可能是由於狩獵採集經濟的食物供應不穩定，以致他們在兒童至少年的發育過程中經常處於飢餓狀態，致代謝雜亂。墓葬中少數大墓（1%）出土數以百計的高等奢侈隨葬品，如陶鼓（圖6）、鼉鼓（圖7）、石磬、彩繪木器、彩繪陶器、玉石鉞等等，與 90%空無一物的平民墓葬形成鮮明對比，說明狄族是酋長獨裁制。六座大墓中有五座各出土一件彩繪蛇盤（圖8），表明陶寺遺址部落可能以蛇為

圖 7　陶鼉鼓

圖騰（考古工作者認為是龍盤）。陶器主要為手製，陶胎一般比較粗厚，器壁厚薄不均，器形也不規整，陶器顏色較雜，紋飾主要採繩紋，器具以平底為主，圈足器很少，大部份的器形不見於其他地區[19]。同類遺址在山西西南的汾河下遊和澮河流域發現七十餘處[20]；由此可知，在周公派軍隊併吞唐國前，山西全境為狄族所盤據。考古工作者想要藉陶寺遺址發現的一

圖 8　彩繪蛇盤

些夯土圍牆，以「先行假設，再根據假設去找證據的方法，[21]」來探索中國古代文明的起源和早期國家的形成，無異緣木求魚，南轅北轍。

18 張雅軍等〈山西陶寺遺址出土人骨的病理和創傷〉，《人類學報》第 30 卷第 3 期，2011 年 8 月。

19 〈陶寺遺址〉《百度百科》。

20 〈陶寺遺址〉《中文百科》。

21 〈社科院考古所稱發現「堯舜之都」遭各方質疑〉，《京華時報》2010 年 8 月 3 日。

　　Y-DNA 排序檢測顯示，狄族與大多數的美洲印地安人同源，他們都是來自南西伯利亞的移民，出土的陶器也相似。他們的鼻子較其他蒙古人種高，他們正直、樸實、剛毅、勇敢、感情豐富，春秋時代晉國的強盛與狄族部落的加入有關；晉文公的母親狐姬與夫人季隗都是狄族，秦始皇的高鼻說明他那無名無姓的母親趙姬應該也是狄族。

第五節　陝西石峁遺址是黃帝都城？

　　石峁石砌古城位於陝西省榆林市神木縣，在長城南十餘公里，黃河西二十餘公里，1976 年發現。據說，大約興建於西元前 2300 年，廢棄於西元前 1800 年前後。遺址中包括內、外城和皇城台，總面積 425 萬平方米。

　　陝北地區的原住民是白狄，西元前 296 年，趙「滅中山，遷其王於膚施。[22]」膚施即在陝西省榆林市南。陝西東北部與山西西部的狄族，到南北朝末期還不具金屬加工製作能力，他們使用的武器多是從戰場上撿來的，有了武器後，趁北魏末年天下動盪，各地狄族部落紛紛建國稱帝[23]；陝西省神木縣的石峁石砌古城遺址，應該是南北朝末期至唐初某個狄族部落仿漢城所建的城堡，有可能就是稽胡酋長劉仚成部落所建——史載：武德四年三月劉仚成部落六千餘二十歲以上男子被太子李建成誘殺於鄜州（今延安市南部），劉仚成率部投奔梁師都[24]。同年十一月，劉仚成部為唐軍所破，所部全部投降，劉仚成隻身逃走，武德九年劉仚成因讒被梁師都殺害[25]。——不是大陸考古單位所認定的四千年前的遺址（最初號稱六千五百年遺址），或某

22　《史記》卷 43〈趙世家〉。

23　《北史》卷 96〈稽胡列傳〉。

24　《資治通鑑》卷 189。

25　《資治通鑑》卷 191。

先秦史學者所認定的「這座古城不是別的，這正是傳說中黃帝部族所居住的居邑。」四千年前的狄族怎麼有能力建築如此面積巨大、結構複雜、城門築造技術先進的城池——包含內、外兩重甕城、砌石夯土墩台、門塾等設施，以及附屬於城牆的馬面與角台（圖 9）？又怎麼可能有以綠土顏料——提取自海綠石，在水深米 100-300 公尺的淺海環境中有蒙脫石存在的情況下緩慢沉積而形成——繪製的壁畫（圖 10）？

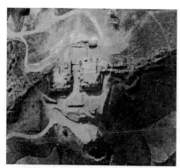 

圖 9　石峁遺址外城東門影像　　圖 10　石峁遺址發現的綠色染料

　　考古工作者年在對石峁遺址的發掘中，發現一件打碎的雙鋬鬲，部份人體肢骨、肋骨等散亂於袋足族中；經鑑定，這些遺骨屬於一個不足一周歲的嬰兒；在這具嬰兒的骨骸上發現一些紡織物殘片；經初步鑑定，這些織物原料為苧麻類纖維；此外，在骨殖上部殘留的織物殘片，分為上下兩層，下層緊貼骨殖，經緯較為細密，上層經緯較粗，說明嬰兒穿的衣服已有內外衣之分。[26]

　　由於苧麻纖維與經緯較為細密纖維的出現，可知石卯遺址不可能是四千年前的遺址，因為古代苧麻的生產只限南方，北方全是大麻織成的。苧麻布（蜀布）為上古四川特產，由蜀推行到巴，再推行到湘、贛、皖、浙。到東漢初年才開始行銷到中原，稱為越布[27]。

26　〈石峁遺址考古首次發現 4000 年前紡織物〉《中國文化報》2015-07-06。

27　《後漢書》〈獨行列傳〉「陸續字智初，會稽吳人也。……喜著越布單衣，光武見而好之，自是常勒

　　石峁遺址發現的二十餘件石雕人頭像，人面輪廓為豎向橢圓形淺浮雕，內刻眼、鼻、嘴，特別是對鼻子的雕刻尤為精細，將鼻翼兩側斜向下剪以凸出鼻樑[28]，這些眼睛深陷，鼻子高聳的石雕人頭像（圖 11），洩露了他們的族屬。石峁城外城東門發現的五處頭骨坑（數量從 7 到 24 個不等）中的年輕女姓頭骨屬於被擄來漢族女子可能性比較大（無 DNA 資料無法確定）。

　　有學者稱陝北白狄與周人都是姬姓，是黃帝之後[29]，顯見現代知識與鑑別能力不足，無法超越古人的侷限。

圖 11　石峁遺址發現的石雕人頭像

　　大陸歷史研究者將狄族與山戎視為不同的種族，其實是同一種族的不同稱呼，北京延慶縣有座山戎陳列館，那是把高車人的遺物（圖 12）誤為山戎遺物所造成的張冠李戴。

　　石峁城位於高山溝壑之中，交通不便，考古發掘顯示，石峁城未經戰火，可見軍事價值不高。中國城池應該是在軍事堡壘的基礎上發展而來，當夏人打著「溥天之下，莫非王土，率土之濱，莫非王臣」的口號，侵入別人的地盤當作周天子賞賜的封地時，當然就須建立軍事堡壘以防原住民的反擊，故中國最早的都城不會早於西周初年。

　　會稽郡獻越布。」

28　〈中國史前最大城址發現：牆上長「眼睛」雕人面〉，《中國新聞網 》2015 年 10 月 11 日。

29　沈長雲〈石峁古城是黃帝部族居邑〉，《光明日報》2013 年 3 月 25 日。

圖 12　敕勒馬首青銅劍，北京軍都山出土，首都博物館藏

第六節　紅山文化是孤竹國文化？

　　紅山文化是一處在燕山以北，大淩河與西遼河上游流域活動的部落集團創造的農業文化，因最早發現於內蒙古自治區赤峰市郊的紅山後遺址而得名。居民主要從事農業，還飼養豬、牛、羊等家畜，兼營打獵與採集。生產工具有打製石器、磨製石器與細石器，生產工具中有石耜（菸葉形、草履形）、石耒、石犁、石鋤、石磨盤、石磨棒和石鏃等。它是一處獨具特徵的新石器文化。

　　從紅山文化所處的位置觀察，所謂的紅山文化的創造者應該就是中國古籍所稱的孤竹國。

　　韓國學者認為紅山文化是遼河文明的花朵，與中國中原文明顯著不同，但卻與韓民族有著緊密關係。遼河文明出土的玉耳玦與韓國江原道出土的一模一樣，這是證明韓民族祖先發源的線索。

　　韓國學者所稱的江原道所出土的玉耳玦不知是否就是圓形耳玦（圖13）？除玉耳玦外，不知尚有何物與紅山文化出土文物相似，如單憑一個玉耳玦即推論遼河流域是韓民族發源地，是草率與根據不足的；出土文物的相似，只能說明二者之間存在聯繫，以此推論二者的關係與年代斷定的依據是不準確的。

　　據說紅山文化年代經碳十四測定為西元前 4000-前 3000 年，主體為 5500 年前。但據一份 2013 年吉林大學生命科學學院所發布的研究報告，在原紅山文化區的墓葬中，均出現西元八世紀曾生活在該地區 Y-DNA 為 N 的敕勒人

墓葬，其中紅山文化的牛梁河（4/6 or 66.7%）、小河沿文化（5000-4200 BP）的哈拉海溝遺址（12/12 or 100%）、上夏家店文化（3000-2700 BP）的大山前遺址（4/9 or 44.4%）與下夏家店（4200-3600 BP）的大甸子遺址（3/5 or 60%）[30]。可見紅山文化已成年代跨度極大的亂葬崗，考古文物的選取必須極為慎重。

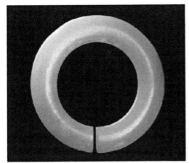
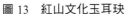

圖 13　紅山文化玉耳玦

圖 14　玉豬龍　三門峽虢國墓出土

　　紅山文化玉豬龍與 2007 年在陝西韓城出土的春秋時期（西元前八世紀末）的「中姜」（仲姜或芮姜）墓出土的玉豬龍（圖 14）高度相似，這說明紅山文化與華夏文化有聯繫。又根據《國語》與《史記》的記載，管仲曾於周惠王十四年（663 BC）因伐山戎至孤竹國之境，回師時迷路，靠識途老馬脫困。

　　故紅山文化的年代距今應該只有 2500 至 3500 年之譜。至於大陸考古工作者稱芮姜墓出土的玉豬龍是芮姜收集的骨董，那是為掩飾年代斷定錯誤所作的自欺解釋。照理說，像紅山文化如此重要的文化遺址，應將燒成溫度在攝氏 500 度以上出土陶器送至熱釋光檢驗單位測定年代才對（誤差 20-30%），單憑碳十四或考古工作者的猜測是草率不可取的。不但紅山文化，就連龍山文化與仰韶文化等，中國考古工作者也始終未提出比較可靠的斷代

30 Yinqiu Cui, Hongjie Li,Chao Ning, Ye Zhang, Lu Chen, Xin Zhao, Erika Hagelberg, Hui Zhou, "Y Chromosome in the West Liao River Valley, Northeast China," *BMC Evolutionary Biology* 13, Article number:216(2013).

依據。

《爾雅》將孤竹國列為四荒之一，說明在周代它距離華夏遙遠，雙方聯絡有限，彼此認識不足。但《史記》〈伯夷叔齊列傳〉的出現，卻將雙方的距離拉近，這種不合理現象的出現，說明〈伯夷叔齊列傳〉是司馬遷的文學創作的可能性比較大。從《論語》中有關伯夷叔齊的記載觀察，只知道他們是品德高尚的隱士，看不出二人是兄弟、王子、孤竹國人。《莊子》則說他們是周初孤竹國隱士，但從名字觀察，應該都是周人。

關於孤竹國的地理位置，歷史文獻有兩種不同說法，唐代編撰的《括地志》〈卷二〉說在河北東部盧龍縣南，另外《遼史》〈地理志〉則說在今遼西朝陽市。從《爾雅》將孤竹國列為四荒之一看，應以位於遼西的可能性較大。又從管仲伐山戎時曾到孤竹國邊界，回師迷路的記載觀察，也以在遼西的可能性較大。所謂山戎，就是居住在河北西部的白狄部落，它們的 Y-DNA 為 Q，與夏族、戎族、東夷族不同，他們是來自西伯利亞的移民，由於他們經常在山上狩獵採集，故又被稱之為山戎；戰國初期的中山國就是白狄部落建立的國家。由於紅山文化的發現，關於孤竹國位置之爭，可以結束了。

孤竹國不產竹，是因語言不同，與另三荒 —— 北戶、西王母、日下 —— 一樣，都是周人取的音譯名。

關於孤竹國後來的變化，中國文獻並無記載。這可能與匈奴部落的崛起與擴張東進，導致孤竹國人四散逃亡。有些人移居今韓國江原道，也是可能的，問題是多少人、何時遷入，該地在西漢時屬臨屯郡。

第七節　碳-14 定年法準嗎？

碳-14 定年法是美國芝加哥大學化學教授利比博士（Dr. Willard Libby）與他的同事於 1948 年發明的；其作用原理是：碳是大氣、地球、海洋和任何生物體內大量存在的自然元素；碳-12 是最常見的同位素，約 1 兆碳原子中

只有一個碳-14；在上層大氣中當氮-14（N-14）由於宇宙射線轟擊發生改變就產生碳-14（一個質子被中子所代替，有效地將氮原子變成碳的同位素）；這種新的同位素被叫做「放射性碳」，因為它具有放射性，不過沒有危險性；它自然是不穩定的，一段時間後會自發衰變為氮-14；半個放射性碳的樣本衰變成為氮大約要有 5,730 年；其餘的碳的一半的衰變又要經過 5,730 年，再剩下的碳的一半又再要 5,730 年，依此類推。[31]

　　碳-14 定年法使用的最重要假設是認為碳-14 和碳-12 之間的比率一直以來都是同樣的；但事實上碳-14 和碳-12 之間的比率不是恒定的，它們的含量會因地區、時間與物種的不同而有差異，我們不知道一個生物體在它死亡或枯萎時的碳-14 與碳-12 的原始含量，自然也就無法依賴碳-14 的檢測來作準確的年代判定；碳-14 定年法的唯一功能在於在完全相同地域環境下的兩件物品中，判定那一件較古而已[32]；有學者甚至將二十世紀的碳-14 定年法譏諷為十三世紀的點金術[33]；有信譽、負責任的考古工作者是不會單獨用碳-14 定年法測得的年代作為斷代的根據的。下列四則在美國、澳大利亞用碳-14 檢測的結果，可做為碳-14 定年法是否準確的說明[34]：

　　1. 檢測一件從夏威夷海域捕獲的活的軟體動物取下的殼，得出的結果是已有 2,000 年歷史。

　　2. 檢測一件在內華達州從剛被殺死的蝸牛殼，得出的結果是已死亡了 27,000 年。

　　3. 檢測一件在南極、麥克莫多桑德（McMurdo Sound）剛被殺死的海豹，得出的結果是死亡已 1,300 年。

　　4. 檢測西元 19 世紀澳大利亞內陸金礦遺址中發掘的已石頭化的礦工帽

---

31 "Carbon Dating-The Premise," http://www.allaboutarchaeology.org/common/aboutus.htm

32 "How Accurate are Carbon-14 and other Radioactive Dating Method ?" http://www.christttiananswers.net/q-aig-c007.html

33 Robert E. Lee, "Radiocarbon: Ages in Error," Anthropological Journal of Canada, Vol. 19, No.3, 1981, pp. 9-29.

34 "The Radiocarbon Dating," http://www.Archeologyexpert.Co.UK/RadioCarbonDating,Html

與木圍籬，得出的結果是該礦址是 6,000 年前的遺址。

　　由於大氣中碳-14 的濃度是起伏的，為了克服碳-14 定年法基本假設的錯誤，於是有些考古工作者求助於「樹輪年代學」（Dendrochronology）來校準用碳-14 定年法所測出的時間尺度（即：調節時間尺度以彌補碳-12 和碳-14 的比率浮動）。樹輪學專家先通過數一塊木頭的年輪來推斷它的年代，然後用碳-14 定年法來測量它，之後得出一個表，就可以把可疑的碳-14 年代轉為實際的日曆年代。過程如下：一開始科學家找一棵活著或死了的樹的標本，其年代可以通過可靠的方式準確測算出來；然後找幾節枯木，比他們最初找的木頭年代古老，而且其樹輪模式和最初的標本匹配並且重合（樹輪由於環境因素會在寬度上有很大差別，因此根據其模式我們可以找到在同樣環境裏長成的與之相匹配的標本。）接著科學家們就找更多的枯木來匹配，然後與第二個標本重合，照此下去，直到最後，他們數清所有的樹輪，用匹配的模式「聯繫」所有木塊，然後確定最老的木頭年代，這被稱作「長期年代學」（Long Chronology）；通過用碳定年法推算最老的木頭的年代，再與樹輪年代比較，科學家就可以對其計算做一定的調整[35]。

　　遺憾的是所有樹輪年表的「聯繫」都是建立在樹輪學專家的主觀判斷上，而所有的樹輪專家都拒絕用統計測驗來驗證他們的判斷，也不願公佈他們的資料以供他人做統計驗證；樹輪學專家可提出看似合理的樹輪年表，但卻不必向任何人負舉證說明的義務；他們提出的樹輪年表所使用的木材也無法復原以供他人再使用[36]；所以樹輪年代學發展至今還不能算是一門科學[37]；

---

35 "Carbon Dating-The Premise," http://www.allaboutarchaeology.org/common/aboutus.htm

36 "the wood that forms the basis of a tree-ring study is irreplaceable: no other researchers can gather that wood."; "The result is a system in which investigators can claim any plausible results and yet are accountable to no one," Douglas Keenan, "Why Radiocarbon Dates Downwind from the Mediterranean are too Early," *Radiocarbon*, Vol. 44, Nr 1, 2002, p. 225-237.

37 "As a tree physiologist who has devoted his career to understanding how trees make wood, I have made sufficient observations on tree rings and cambial growth to know that dendrochronology is not at all an exact science," Rod A. Savidge, Letter to the Editor, *New York Times*, November 12, 2002.

碳-14 定年法的支持者想要借助「樹輪年代學」來彌補碳-14 測年法基本假設的錯誤，實無異於緣木求魚，問道於盲。

除碳-14 定年法外，有些學者還使用器物的形制或造形來對發現於亞洲東部的斯基泰-薩爾馬特文物斷代；但器物的形制或造形的相似，只能證明二者之間存在著密切聯繫，用之來斷代還是力有未逮。古代由於物資缺乏，加上知識、技術的限制，有些器物的造形，歷久不衰，如有些中國漢代織物圖案，每傳之不變，達數百年之久[38]。歷史考古是嚴格、嚴謹、嚴肅的學問，一件出土文物的準確斷代，除了利用可斷代的文物外，尚需借助歷史文獻的記載；如外蒙古諾因烏拉墓出土的中國漆耳杯，我們無法單從杯上刻有「上林」及「建平五年」等銘文斷定它是不是西元前二年（BC 2）的製品；即使是斷定是西元前二年製的器物，也僅能斷定為西元一世紀「後」的墓葬，但還是無法斷定該墓葬的較為準確的年代；因為我們不知道墓主人的中國漆耳杯是如何得到的，入土前已使用或庫存了多久；較為準確的年代必須借助於歷史文獻記錄的人類活動軌跡，綜合的加以分析才有可能做出判斷，不宜捕風捉影，草率斷代。

從中國鄂爾多斯納林高兔金冠飾和西溝畔二號墓金飾片上的鹿身鷹喙怪獸形象，以及辛莊頭 30 號墓出土金飾片上的羊首鷹喙、獸頭鷹喙怪獸形象，與在俄羅斯阿爾泰地區發掘的紋身圖案及其他類似圖案有驚人的相似之處；由此可以推測，阿爾泰巴澤雷克文化的居民同鄂爾多斯桃紅巴拉文化的居民之間，存在著緊密的聯繫[39]。

在高加索地區發掘的著名的邁科普（Maikop）鑲釉的銀質帶上，帶上刻有「格里芬」正在撕齧著一匹馬的圖案；據說邁科普銀帶是西元前二世紀薩爾馬特藝術的代表作，與阿爾泰巴澤雷克的金、銀飾片，即與今天收藏的彼

---

38 向達譯〈俄國科斯洛夫探險隊外蒙古發現記略〉，《東方雜誌》，第二十四卷（1927 年）第十五號，頁 60。

39 烏恩〈歐亞大陸草原早期遊牧文化的幾點思考〉，《考古學報》，2002 年 4 期，http://www.im.eph.com/gb/cywx/2006-05/31/content-716.httttm

得大帝的部份珍品有聯繫，它們是以格里芬與馬群之間、虎與馬之間、格里芬與犛牛之間、鷹與虎之間，以及諸如此類的搏鬥場面來裝飾的，是以非常程式化的枝狀方式來處理的（A very stylized and arborescent manner）[40]。

　　由此可以進一步推測，邁科普（Maikop）鑲釉的銀質帶、阿爾泰巴澤雷克文化與鄂爾多斯桃紅巴拉文化三者間，存在著緊密的聯繫。

40 Rene Grousset, *The Empire of Steppes*, translated by Naomi Walford, 1970 Rutger University Press, New Brunswick, N. J., pp. 24-25.

第二章　中華文明與印度河文明關係

第一節　黃河流域是世界第四大文明中心？

　　國際上有三大文明中心之說——美索不達米亞、尼羅河與印度河流域（3000-1300 BC）。印度河流域文明（圖 15）是世界公認的世界三大文明中心之一，中華文明是所謂的四大文明之一的說法是梁啟超為鼓舞當時喪失自信心的中國人，所編的善意謊言[1]，不能當真。

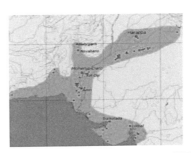

圖 15　印度河流域的古文明區域圖

　　中國黃河流域、長江流域所產生的一些文明的地區，都與世界三大文明產生的條件——位居大河下游、每年定期的氾濫帶來肥沃的土壤、豐富的收成與定居生活的產生與擴大——不同，不利於孕育早期文明。

　　印度河流域文明的主要特點是以城市和商業活動為主，當時建立了許多大城市，而且與多國建立貿易聯繫。印度河流域當時的城市是獨特的，它們不是任意建造的，而是按照一個中央計畫精心建造的。哈拉帕（圖 16）和摩亨殊達羅為印度河流域兩座巨型城市，城市街道寬闊，大部份房屋用磚砌，門

圖 16　哈拉帕（Harappa）遺址，取自 harappa.com

1　梁啟超在其寫於 1900 年的〈二十世紀太平洋歌〉中，認為「地球上古文明祖國有四：中國、印度、埃及、小亞細亞是也。」

窗講究,城裡建有統一排水系統,也建有城牆,起城堡作用。有些學者把印度河文明稱之為哈拉帕和摩亨殊達羅文明。當時的貿易主要進口有金、銀、銅、錫,主要出口為布疋(棉布)等[2]。印度河文明是在美索不達米亞文明的促進下發展起來的,它的分布範圍比美索不達米亞文明或埃及文明要大上好幾倍。西元前二世紀張騫到達今阿富汗北部的大夏國時,看到由印度運至當地的邛杖和蜀布(苧麻布),可見中國西南地區與印度之間早有貿易往來,當時應該是靠馬幫將貨運至印度東部,再由二輪牛車(當時印度無馬車)運至其他地區,而交換來的西亞與南亞的物品,則由馬幫自印度運回雲南與四川。中國文字自右向左的書寫方式可能仿自印度河流域象形文字的書寫方式。中華文明很可能是在印度河文明與西亞文明的促進下發展起來的。

　　看看世界三大文明中心的現狀,中國人還是不要自吹為世界第四大文明古國為智。

第二節　中國青銅技術源頭

　　中國青銅技術的來源,由雲南古代墓葬及四川三星堆遺址中均出現大量產自印度洋的環紋貨貝(Monetria annulus)[3],以及南方絲綢之路沿途的雅安、邛崍、蘆山、榮經等地發現受印度河印章(圖 17)影響而產生的巴蜀圖語印章(圖 18)[4] 等觀察,以經由蜀身毒道傳入的可能性較大,而不是先前認為的由中亞經新疆傳入中國或中國自行獨立發展的。西元 1993 年奧地利考古工作者在第 21 古埃及王朝(1070-954 BC)一具木乃伊頭髮中發現蠶絲織

---

2 〈印度河古文明〉《中印文化交流網》,http://hk.chiculture.net/1802/html/b01/1802b01.html

3 張弘〈先秦時期古蜀與東南亞、南亞的經濟文化交流〉,中國論文聯盟,http://www.lwlm.com/wenhua yanjiu/201202/633709.htm

4 從兩河流域與南方絲綢之路分別發現印度河印章與巴蜀圖語印章觀察,它應該是商人身上的護身符,希望保佑一路平安。

維殘留物（蜀錦）[5]，四川三星堆遺址中也發現青銅製埃及神祇貝斯（圖19）；顯然，在遠古時代（印度河文明未消失前），印度東部有一以貨易貨中心，四川及雲南的馬幫將中國西南地區產的苧麻布、邛竹杖、絲布等貨物運至印度，交換印度商人自西亞交換來的青銅器、印度洋貨貝、象牙等。中國第一個銅礦即位於四川南部和雲南東部及貴州相鄰地區，該處出產的銅礦含高放射成因鉛，這種含高放射成因鉛的銅礦在全世界都很稀有，中國只有該地生產。[6]

圖 17　印度河印章，
　　　　harappa.com

圖 18　巴蜀圖語印章，取自《方
　　　　志金牛》四川成都

圖 19　貝斯神，三星
　　　　堆博物館藏

　　中國最先進入銅器時代的地方應該就是雲南與四川；最先是購買青銅製品，關係密切後再引進鑄造、採礦與冶煉技術。在銅器上焊接各種立體人畜是印度河流域與雲南中、東部地區銅器的共同特徵（圖 20、21），後來的滇國（278-109 BC）銅器繼承了此項特徵並增加立體人畜的數量（圖 22）。

　　約西元前十三世紀中期馬幫將雲南生產的銅、錫運至江西的虎方（國）交換當地生產的稻米等。江西虎方是另一交換中心，殷商使用的銅、錫也是從虎方交易而來；甲骨文刻辭「其途虎方，告於大甲，十一月；」「其途虎方，告於丁，十一月；」「其途虎方，告於祖乙，十一月；」是說每年十一月旱季水淺時到虎方去進行交易，行前向先王祭祀祈福；刻辭「登人正蜀」

5　"China's Long History in Africa", *New African Magazine*，https://newafricanmagazine.com/news-analysis/history/chinas-long-history-afri

6　金正耀〈商代青銅業的原料流通與遷都問題〉，《二十一世紀雙月刊》200 年 2 月號，頁 108。

圖 20　印度河流域　　圖 21　雲南青銅器，　　圖 22　滇國青銅器，雲南
　　　　青銅器　　　　　　　　雲南博物館藏　　　　　　博物館藏

是說商王徵求肯到蜀國去從事交易的人才（不是派人去打仗），可能想擺脫
虎方的中間剝削。三星堆出土的黃河中下游地區製作的牙璋應該也是從虎方
交易而來；這也就是為何雲南、四川、江西、殷墟四地出土的青銅器均含高
放射成因鉛。四川三星堆、雲南墓葬與殷墟婦好墓出土的大量環紋貨貝，應
該都是來自印度，因該種海貝只產於印度洋深水海域[7]。

　　鉛同位數分析資料顯示，殷墟出土的青銅器中含有的微量金屬鉛有兩
種，一種是高放射成因鉛（與江西新幹大墓出土青銅器相似），另一種是普
通鉛[8]；這使得不同文化的青銅器有了更為準確的區別的方法，即含高放射成
因鉛的是殷商時期製品，含普通鉛者則須進一步比對配方、成分與造型，以
區別是高車人或殷商滅亡後的殷人遺物。當時中原地區可能尚未開始提煉蜂
蠟[9]，故殷人只學得范塊法青銅鑄造技術。

　　印度河文明消失後，中國西南地區的商人繼續通過印度商人與西亞、南
亞保持貿易往來。有學者認為雲南地區出土的雙環首（觸角式）青銅劍、曲
柄青銅劍、弧背青銅劍、臥馬紋裝飾品、立鹿、馬飾、帶柄銅鏡、金珠、金

7　熊永忠〈雲南古代用貝試探〉，《四川文物》1988 年第 5 期。王大道：〈雲南出土貨幣概述〉，《四川
　　文物》1988 年第 5 期。段渝《中國西南地區海貝和象牙的來源》，〈四川師範大學巴蜀文化研究中心
　　網〉。

8　金正耀〈商代青銅業的原料流通與遷都問題〉，《二十一世紀雙月刊》，200 年 2 月號，頁 106。

9　《說文解字》中無蠟字。蠟字最早見於西晉張華《博物志》。

片、雙耳陶罐、有翼虎銀帶扣、獅身人面形銅飾、琉璃珠、銅啄等器物，或來自北方草原，或受斯基泰文化影響[10]。事實上，滇文化與斯基泰藝術中的動物搏鬥紋（圖 23）和兵器上的的動物裝飾（圖 24），都是受到伊朗的魯利斯坦（Luristan）動物紋樣影響。所謂來自北方草原的「北方青銅器」則是於西元四世紀來自烏克蘭的敕勒人遺物，它們屬於斯基泰藝術或可稱之為斯基泰-敕勒馬特藝術，自然與雲南出土的銅器類似。北方草原與雲南相隔遙遠，而且北方青銅器的出現時間較遲，而不是較早（誤判為西元前六世紀或更早），不可能對雲南青銅文化產生影響。

圖 23　二虎依豹噬牛扣飾，雲南博物館藏

圖 24　三鹿啄，雲南博物館藏

　　2009 年在江蘇省淮安江都王劉非（169-127 BC）墓中發現暗花紋青銅鈹、西亞式箭鏃、鍛造裂瓣紋銀盒、銀盆、飾片（圖 25），與 2015 年在江蘇省邳州市西晉下邳國（280-311 AD）國君墓中發現的鸚鵡杯（圖 26）、玻璃碗，應該都是經由印度、雲南進口的。

10 張增祺〈雲南青銅時代動物紋牌飾及北方草原文化遺物〉，《考古》1987 年 9 期。

圖 25　鍛造羊角紋飾片，　　　圖 26　鸚鵡杯，下邳國墓出土，南京博物
　　　　西漢江都王墓出土　　　　　　院藏

第三節　殷商是王國不是王朝

一、殷墟出現幾種青銅文化

　　西元 1935 年中央研究院歷史語言研究所考古組在河南省安陽侯家莊西北崗 1311 墓出土一把駱駝首青銅刀，長 31.9 公分、寬 3.3 公分、刃部厚 1.15 公分（圖 27）；西元 1936 年考古組又在小屯 020 車馬坑發現了馬首、牛首與羊首青銅刀各一把，其製作方法與西北崗 1311 墓出土的駱駝刀相同，都在獸首鑲有綠松石，它們應該都是出自同一師承工匠之手。殷墟出土的青銅獸首刀與環首刀，其造型與製作方法與殷墟出土的大量青銅工具相異（圖 28）[11]，而與斯基泰-敕勒馬特文化區所出土的青銅刀相同。李濟先生認為殷商的

圖 27　青銅駱駝首刀，1935 年殷墟侯家莊西北崗 1311 墓出土

11 楊寶成《殷墟文化研究》，武漢大學出版社，2003 年，頁 196。

圖 28　青銅刻刀，殷墟小屯 186 號墓出土，中央研究院歷史語言
研究所編《殷墟出土器物選粹》，2009 年 9 月，頁 84

獸首刀都是由簡單開始，經由長期的孕育發展而成，以獸首裝飾的風氣則係
商人接近動物群之故[12]。在殷商時期（1250-1050 AD）中原地區並無駱駝此
一動物生長其間，殷墟也未見有駱駝骨骸的出土，駱駝刀在殷墟的出土，顯
示李濟先生所認為殷墟獸首刀的產生「係商人接近動物群之故」的觀點，是
缺乏根據的。西北崗 1311 墓與小屯 020 車馬坑二地，均只有小形青銅刀而無
大形青銅劍的出土，而且刀刃呈凹弧形，並不適合用於作戰，倒是比較適合
拿來剔肉，故它應該不是殷人製作的，而極可能出自西元 471 年十月因逃亡
被俘，被北魏強制遷往相州為營戶的敕勒人所製作使用的。據悉，殷墟婦好
墓出土了一把鹿首青銅刀，柄呈弧形，飾有幾何花紋（圖 29），其造型與斯
基泰-敕勒馬特文化區所出土的同類青銅刀高度相似，但與殷墟出土的同類
獸首刀的獸首造型與製作方法（未鑲有綠松石與幾何紋）略有不同，顯然不
是出自同一師承工匠之手。遊牧民族使用的剔肉刀出現在農業民族的婦好墓
中，是幅突兀、不協調的畫面，令人不禁要懷疑是否是無知者的移花接木，
弄巧成拙。婦好墓面積僅約 20 餘平方公尺，卻出土了 468 件銅器、755 件玉
器、560 件骨器與 6,820 個貨貝，一位原始社會的貪婪巫師形象躍然紙上。

圖 29　青銅鹿首刀，殷墟婦好墓出土？

---

12 李濟〈記小屯出土之青銅器・中篇・鋒刃器〉，《中國考古學報》，1949（4），頁 36。

　　2015 年十月，北京大學考古研究中心某教授認為殷墟出土的鹿首刀、帶倒鉤的青銅矛頭與婦好墓的玉人，都是商王武丁遠征西西伯利亞阿爾泰地區所帶回的戰利品[13]。一個原始農業王國在交通不便的遠古時代竟能翻山越嶺攻打數千里之外的遊牧部落，令人有匪夷所思之感。

　　有殷墟文化研究專家說，殷墟出土的青銅刀、臂端作獸首形的弓形器、管銎斧、管銎戈與青銅鍑等，無法在中原地區找到它們的源頭或傳承，而是殷人在晚商時期吸收了北方草原民族的鑄造工藝而製作出來的[14]。問題是，當商人開始鑄造銅器時，中國北方的遊牧民族還在使用石器或骨器；所謂從時間看，北方地區的同類器物與殷墟出土的相較，時間或相近或略早，都是沒有根據的猜測。

二、高加索人種頭骨族屬

　　在殷墟發現的類高加索人種頭骨中，有兩顆與英國人[15]或北歐人的頭骨相似（圖 30），應該就是敕勒人的頭骨；事實上，這批被中央研究院歷史語言研究所考古組帶往臺灣的 398 顆殷墟西北崗出土頭骨中，不可能只有兩顆類高加索人的頭骨，造成保守短估的原因，是有些敕勒人頭骨：

　　1. 被美國人種學者孔恩（C. S. Coon）判定為現代華北人的長顱型（Dolichocephalic type），孔恩認為殷代頭骨有三種不同形態類型，另一類型為厚重的蒙古人寬顱型[16]；

---

13 林梅村〈塞伊瑪——圖爾賓諾文化與史前絲綢之路〉，《文物》2015 年 10 期，頁 59。

14 楊寶成《殷墟文化研究》，武漢大學出版社，2003 年，頁 196。

15 楊希枚〈河南安陽殷墟墓葬中人體骨骼的整理和研究〉，《安陽殷墟頭骨研究》，文物出版社，1985 年版，頁 34。

16 C. S. Coon,"An anthropologeographic excursion around the world," *Human History*, Volume 30, pp. 29-42. 筆者認為殷墟頭骨應有四種，中頭型殷人 Y-DNA O、愛斯基摩型狄族 Y-DNA Q、寬顱型鮮卑部落 Y-DNA C 及高加索型 Y-DNA R1a；其中屬於殷商時期的只有中頭型殷人與愛斯基摩型狄族兩種。

2. 被楊希枚先生歸類為類愛斯基摩人種型（或北極類蒙古種）及無法定類型（女性頭骨）；但楊希枚先生的近一步研究發現，有些看似類愛斯基摩人頭骨，事實上乃真正的歐洲人頭骨（圖 31）；因此，他認為他以前列屬於類愛斯基摩人的兩具西北崗頭骨，顯然更近似歐洲人頭骨。[17]

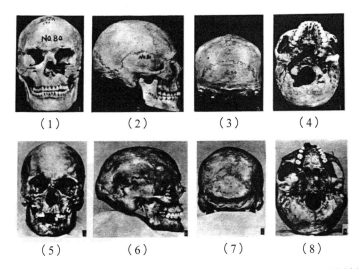

（1）　　　　（2）　　　　（3）　　　　（4）

（5）　　　　（6）　　　　（7）　　　　（8）

圖 30　殷墟出土類高加索人種頭骨與有關人種頭骨比較。取自楊希枚
　　　《殷墟頭骨研究》，圖版 21，頁 398。1-4 殷墟出土類高加索
　　　人種頭骨，5-8 美國出土英國人頭骨。

據檢測，殷墟的類歐洲人頭骨的 Y-DNA 為 R1a，由此可知西元 471 年被北魏發配至相州為營戶的高車人為斯基泰族，難怪製作的駱駝首刀那麼精美；另外那把刀柄上飾有敕勒族偏愛的幾何紋的鹿首刀，自然不該出現在婦好墓中。

體質人類學發展至今尚未建立一套可行的種系判定標準，以致爭議不斷，還不夠稱作科學；同一頭骨在不同的地區出土，可能導致不同的判定結果；在外貝加爾地區與中國境內的敕勒人頭骨，往往被鑑定為蒙古人種古西

17 楊希枚〈河南安陽殷墟墓葬中人體骨骼的整理和研究〉，《安陽殷墟頭骨研究》，文物出版社，1985 年版，頁 33-35。

伯利亞型（外貝加爾地區德列斯堆墓、外蒙古諾因烏拉墓、內蒙古札賚諾爾墓）、北極蒙古型（內蒙古完工墓）與古華北類型（內蒙古毛慶溝墓）；DNA測序技術的發展與引用，將使上述錯誤得以避免。

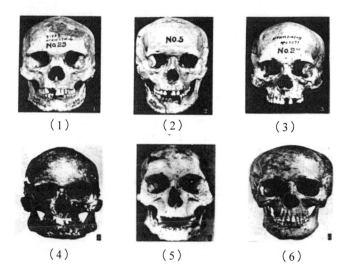

　　　　（1）　　　　　　（2）　　　　　　（3）

　　　　（4）　　　　　　（5）　　　　　　（6）

圖 31　殷墟出土類愛斯基摩人種頭骨與有關人種頭骨比較。取自楊希
　　　　枚《殷墟頭骨研究》，圖版 27，頁 404。1-3 殷墟出土類愛斯基
　　　　摩人種頭骨，4 奧伯卡斯人（Oberkassel）頭骨，5 愛斯基摩
　　　　人頭骨，6 歐洲人頭骨。

　　八十座無頭集體墓葬與面帶愁容敕勒人陶俑在相州（圖 32）的發現，見證了這批淪為營戶的敕勒人的悲慘命運，他們生活在恐懼之中，朝不保夕，以致愁眉不展。如果這些無頭軀體集體墓是商代祭祀坑，那麼坑中管銎斧上的木柄就會跟婦好墓的木棺一樣已腐朽無存。西元 450 年以後的墓葬保存較佳的原因，可能與中國東部在西元 450 年至 530 年的溫度距平（平均值的差）較現在低 0.9 度 C 以上有關[18]。中國的華北象也是在西元 538 年後，就不再有捕獲記錄了。[19]

18 鄭景雲等〈魏晉南北朝的中國東部溫度變化〉，《第四季研究》，2005 年 3 月第 25 卷第 2 期，頁 138。
19 《資治通鑑》卷 158「東魏碭郡，獲巨象，送鄴。丁卯，大赦，改元元象。」

圖 32　斯基泰族男子陶像，河北南部出土

殷墟西區與大司空村等地發掘的無殉葬人，往往在二層台上殉有牛腿、羊腿或豬腿的五千餘座小型長方形豎穴墓；墓主多為單身葬，以仰身直肢葬為主，其次為俯身葬，還有少數的屈肢葬，下肢微作彎曲，與戰國時期中原流行的屈肢葬葬式不同；墓底多有一有長方形腰坑，內都埋有一狗（可能是受當地葬俗的影響）；這種小型長方形豎穴墓可能就是被北魏強制遷往相州的敕勒人的墓地。這些小型長方形豎穴墓棺木上大多髹紅、黃色漆，有的塗數層，少數棺木上及二層台上繪有彩繪圖案[20]，但在殷墟婦好墓中卻只發現一種紅色漆殘留，可見殷墟的小型長方形豎穴墓不是殷商時期墓葬。單色漆在殷墟婦好墓中的使用，說明了殷人尚未掌握生漆的兌製與調色技術；從出土的西周末年製作的漆器觀察，西周時期使用的漆也只有朱與褐二色；到了戰國時代，由於生漆與桐油的混合使用的創舉，使得漆器工藝進入了繁榮興盛的新時代，漆色比以前大為豐富，出現了鮮紅、暗紅、淺黃、黃、褐、綠、籃、白、金等九種顏色[21]。郭家莊 M160，槨板髹漆數層，以紅漆為主，間有黑漆和白漆；槨蓋上覆蓋有絲織物；棺亦髹漆數層，以黑漆為主，間以

---

20 楊寶成《殷墟文化研究》，武漢大學出版社，2003 年，頁 71。

21 張飛龍〈中國漆文化的歷史演進〉，《中國生漆》，2000 年 02 期，頁 12-20。

紅漆[22]；漆有紅、黑、白三色的椁的出現，使人不得不懷疑郭家莊 M160 墓是戰國以後的墓葬。西區 M1052 的骨骸上有彩繪布帛數層裹覆，厚達 3-4 公分，上有圖案，以紅色為主，黑線勾輪廓，用白色或黃色填充，彩繪圖案形似一蟬，蟬尾向著墓主的腳[23]；紅、黑、白、黃四色彩繪布圖案的出現，也使人懷疑西區 M1052 不像是殷商墓葬；又原考古報告中使用語意不明確的布帛一詞，令人不知到底是何種材質的布；有可能所謂的布帛指的是不易用肉眼辨識的絲綿（用蠶繭下腳經精煉、扯鬆的製成品）；如果是絲綿的話，那西區 M1052 就是東漢以後的墓葬。

西元 1934 年 10 月至西元 1936 年 12 月，中央研究院歷史語言研究所考古組在殷墟侯家莊西北崗發掘了八十座陪葬有青銅刀、管銎斧與礪石的無頭軀體墓；其中確知埋有十具軀體者有十六座，九具軀體者有二座，七具軀體者有三座，其餘 55 座的軀體數無法確定；共出土了 719 把青銅刀（環首為主）、709 把裝有木柄的銅管銎斧、643 件礪石（多穿孔）[24]；從陪葬物的性質與數量觀察，這 80 座無頭墓就是被北魏相州駐軍當局處決的敕勒人集體墓葬；被處決者均為俯身葬，應該是刻意的安排，有「伏其罪」（罪有應得）的含意。

殷墟西區墓葬中俯身葬 142 座，佔已知葬式的 27.8%；大司空村墓葬中俯身葬 22 座，佔已知葬式的 25%；南區墓葬中俯身葬 65 座，佔已知葬式的 28%[25]。大量敕勒人俯身葬在殷墟的出現，這是歐、亞各地敕勒人墓葬中從未有的不尋常現象；他們採用被處決的族人相同的俯身葬，有對暴虐的北魏相州軍政當局表達他們至死反抗的含意。

---

22 楊寶成《殷墟文化研究》，武漢大學出版社，2003 年，頁 65。

23 同上，頁 66-67。

24 高去尋〈刀斧葬中的銅刀〉，《歷史語言研究所集刊》，37 上（1967），頁 355-381。

25 孟憲武〈談殷墟俯身葬〉，《中原文物》，1992 年第 03 期，頁 56。

三、殷墟出現幾種馬銜、鑣

小屯 020 車馬坑是所發現的 37 座車馬坑中，面積最小與最奇特的一座車馬坑；在僅容一輛馬車的坑內，卻埋了兩輛車、四匹馬與三個人。由於 020 附近與 020 可能有關的其他四處同時期車馬坑，都遭到了後代的破壞與擾亂[26]，比較合理的解釋是小屯 020 車馬坑的兩輛馬車不是同時代的車馬坑，一輛可能是北魏以前的馬車，另一輛是西元 471 年後北魏的馬車；馬的頭部羈飾是貝殼（由兩個貝殼為單位，由約 100 個貝殼組成）製的可能是北魏以前馬車，馬的羈飾是銅製（由一個星形銅泡為單位，由約 50 個銅泡組成）的應該就是北魏的馬車。節儉務實的敕勒人不但利用了現成的車馬坑，而且所陪葬的馬車都是損壞的馬車，如在梅園莊 M40 發現的第二輛車（北車），該車無車輪，車廂不完整，車轅與車軸均斷成兩段；西區 M701 的墓道中發現一輛殘車構件，有一連著車轂的殘車輪及一殘車軸[27]；如果是殷商的馬車，除少數特殊情況外，大部份馬車的木製部份恐似西漢張安世墓中的「駟馬安車」一樣，早已腐朽得殘跡難覓。北魏時期的馬車中，顯然包括西元 471 年被強制移往相州為營戶的敕勒人所使用的「高車」；如孝民屯南地 M2 的馬車，輪徑只有 122 公分，卻有 26 支輻條，這種車輪不是當時的殷人有技術能力製造的；即使是北魏時期的漢族工匠也未必有此能力。考古發掘顯示，殷墟地區北魏馬車的輪徑為 1.4-1.5 米，輻條多為 18 支。

殷墟出土了兩種迥然不同的馬銜、鑣；後崗 M33：11 出土的青銅馬銜、鑣呈凹形圓柱狀，兩端向上彎曲，內側各有三個尖齒及一個圓紐，一端外側有一半圓形環耳，通高 7.3 公分、長 15.6 公

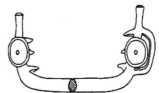

圖 33　青銅馬銜、鑣，殷墟後崗 M33：11 出土，取自楊寶成《殷墟文化研究》圖五七之 2

26 楊寶成《殷墟文化研究》，武漢大學出版社，2003 年，頁 119-120。

27 劉一曼〈考古學與甲骨文研究〉，《考古》，1999 年 10 期，頁 1-10。

分（圖 33）；同型馬銜、鑣在春秋、戰國時期（中
國大陸考古工作者認為係西周時期）的山東滕州
前掌大遺址的車馬坑 BM9 亦有出土，但形制與用
法上略有改進，其表現為銅銜兩端張開近豎直易
於置入馬口中，而双菌紐則可連綴於馬籠嘴上[28]。

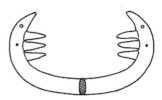

圖 34　玉質馬銜、鑣，殷墟
小屯 M164 墓出土，
取自楊寶成《殷墟文
化研究》圖五七之 3

同類的玉質馬銜、鑣在小屯 M164 也有出土，它呈
馬蹄鐵形，兩端分別鑽有兩小孔，可繫繩，內側
兩端各有三齒，通高 6.25 公分，長 11.55 公分（圖 34）[29]；這種似 U 牛角形
的馬銜、鑣亦見於山西武鄉上城村「商墓」，其截面呈圓形，兩端末尖，其
下向內各有三個乳狀齒，外側各有一個菌狀紐（繫彎繩）的青銅馬銜、鑣
[30]。前掌大另有一種較新式的馬銜，為一根細長的麻花狀通條，兩端各有一
個圓環；但無兩節式鏈條狀馬銜[31]。與殷墟年代可能比較相近的西安老牛坡
遺址的車馬坑與馬坑中則未見有馬銜、鑣及馬具的遺留。

　　殷墟另一種出土比較多的馬銜則是由兩個扁 8 字形銅環相接成鏈條狀，
此類馬銜（Snaffle bit）與中亞及斯基泰-敕勒馬
特文化區出土的馬銜相似；這種鏈條式的馬銜，
在中原地區找不到它的源頭與傳承，而且它在中
亞出現的時間也在西元前一千年之後，故它們不
可能是殷商時期的遺物。在陽陵（約 141 BC）出
土的兩節式扁形鍊條狀銅馬銜、二孔馬鑣（圖
35），和山西省長子縣羊圈溝墓地與牛家坡墓地

圖 35　兩節式扁形鏈條狀青銅
馬銜與二孔馬鑣，取自
陽陵博物館

---

28 井中偉〈夏家店上層文化的青銅釘齒馬具〉，《邊疆考古研究》，2010 年第 1 期、頁 77-78。

29 楊寶成《殷墟文化研究》，武漢大學出版社，2003 年，頁 136。

30 井中偉〈夏家店上層文化的青銅釘齒馬具〉，《邊疆考古研究》，2010 年第 1 期、頁 77-78。

31 谷飛〈山東滕州前掌大遺址出土車馬葬研究〉，《三代考古》〈二〉，科學出版社，2006 年，頁 503。

所出土的兩節式鍊條狀銅馬銜、二孔骨鑣[32]，
都與中亞地區所使用的馬銜、馬鑣（圖 36）
高度相似，故其應是來自西域的影響。至於中
亞地區使用的兩節式鍊條狀馬銜與馬鑣輸入中
國的年代，有可能是在西漢初年經由「玉石之
路」傳入，這是依據陝西秦皇陵（約 210
BC）出土的銅馬車，其馬匹使用的馬銜為直
棍狀所得出的推論。如果中國在殷商時期就有

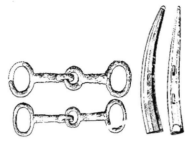

圖 36　兩節式鏈條狀青銅馬銜與
　　　　二孔骨製馬鑣，山西省長
　　　　子縣牛家坡七號墓出土

兩節式鍊條狀馬銜的話，秦皇陵就不可能出現直棍狀的馬銜。殷墟扁水滴形
銅鏈條狀馬銜可在斯基泰-敕勒馬特文化區中發現類似形狀的銅馬銜，故它
比較可能是北魏時期的遺物。扁馬銜在中原地區的出現，可能與中原馬的腭
（口腔上壁）較低或舌頭較大有關。山西省長子縣羊圈溝墓地與牛家坡墓出
土的兩節式鍊條狀銅馬銜並非扁狀，有可能就是漢武帝元鼎二年（BC
115），烏孫「報謝」的數十匹烏孫馬所裝備使用的[33]。

　　殷墟出土的第一類馬銜、鑣則可能是殷人所使用的，由於這種呈 U 牛角
狀的馬銜、鑣只在殷墟出土了兩件，其可能原因有二：

　　1. 它最初可能是木製，都已腐朽無存了；

　　2. 玉製、青銅製在殷商晚期始出現，或已隨馬匹和馬車被周人擄走。

四、殷商是母系社會王國

　　至少兩種不同時期、不同文化青銅器、馬具與人種骸骨的出現，說明殷
墟是處年代跨度超過一千七百年的亂葬崗。

　　從甲骨文中，無法發現殷商有基本的政府組織。那有技術能力與需要建

---

32 陶正剛、李奉山〈山西長子縣東周墓〉，《考古學報》，1984 年 4 期，圖七-5,6 與圖十-3。

33 《漢書》卷 61〈張騫傳〉。

那麼大、那麼多的有高大夯土台基、以木架支撐房架的建築物辦公[34]。所謂西、南兩面建有壕溝，東、北兩面有洹河圍繞的宮殿區，倒像是北魏所建的安陽城[35]、相州州治所。

王陵區 M1001、M1004 四條墓道大墓出現遊牧民族墓葬常見的殉馬[36]，有些祭祀坑埋葬的是被北魏的處決的敕勒人，在侯家莊、大司空村發現的墓葬與文物也是北魏時期敕勒人的[37]；換言之，洹河北岸未見殷人活動的蹤跡，自不應列在殷墟的範圍之內。另洹河南岸 1999 年發現青銅甗盛著人頭的的劉家莊一線以南地區也應排除在殷墟範圍內，因那很可能是鮮卑人的祭祀[38]。故殷墟的範圍沒有 24 平方公里，只有十餘平方公里，人口不到十萬。

出土於洹河北岸武官村的那尊重達 832.84 公斤的大鼎就不是殷商國有需要與技術能力製作的，從其生硬的銘刻觀察，像是出土後始刻上，以致銘文位置的顏色與周邊顏色不同（圖 37），與真正的殷商時期的青銅器銘文與銘文處顏色自然也就顯著不同（圖 37A）。從其出土地與高明的合金配方[39]觀察，像是北魏時期被發配至其地的敕勒工匠奉命製作的。

---

34 據說，宮殿宗廟建築基址 80 多座。

35 酈道元《水經注》卷九〈洹水〉「《魏土地記》曰：鄴城南四十里有安陽城，城北有洹水東流者也。」

36 在殷墟的灰坑中無馬骨的發現，這說明殷地無馬；即使後來因需要而引進了少量馬匹，自不可能拿來殉葬；且帶墓道的墓是周以後才出現的葬制；故殉有 18 匹馬的 M1001 與殉有 28 匹馬的 M1004 墓不可能是殷人墓葬。另外，M1001 墓盜坑內有開元通寶銅錢、瓷片、鐵釘、鐵矢、鐵塊等。

37 2017 年大司空村東發現的 18 座敕勒人墓葬被誤為匈奴人墓葬。

38 1984 年在洹河北岸的西北崗也發現一單體甗內盛著人頭。

39 銅 84.77%，錫 11.64%，鉛 2.89%。

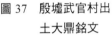

圖 37　殷墟武官村出
土大鼎銘文

圖 37A　　婦好墓青銅器銘文

「酒池肉林」現象顯示殷人尚無婚姻制度，據《貴州通志》卷七記載，直到清代貴陽、遵義的花苗仍保有相似的風俗，「每歲孟春合男女於野，謂之跳月，擇平壤地為月場，鮮衣艷裝，男吹蘆笙，女振響鈴，旋躍歌舞謔浪終日，暮挈所私而歸，比曉乃散。」故在王位繼承上採兄終弟及，無兄弟則傳子，殷人所謂的父子實為舅甥，兄弟則包括表兄弟。有學者說「殷代實際存在的親族制度是父系專一婚制」[40]，也有說「商代是父系社會，但商人的父與子卻是一種類分制，即不分直系旁系的親屬稱謂，[41]」都是證據不足的猜測；如果是父系社會，怎麼會有「二父」（實為二位舅父）、「三父」、「四父」、「多父」；「大父」、「中父」等現象的出現。殷人的母系社會類似臺灣原住民阿美族與卑南族，女性雖是家中主宰，但家族的對外代表卻由男性負責，女性無法參加部落的公共事務，部落中的政治、軍事、司法、宗教等公共事務由男性負責[42]。婦好墓出土大批財物，說明：

1. 女人是一家之主，掌握經濟大權；

2. 死亡時無女繼承，或已夭折；

3. 殷商是一非常商業化的族群，婦好服務的對象是全面的，不分貧富與族群；有錢的送青銅器，沒錢的送貨貝；從銅器銘文觀察，有些銅器是轉

40 李學勤〈論殷代親族制度〉，《文史哲》1957 年第 11 期，頁 36。

41 趙林〈論商代父子〉，《漢學研究》第 21 卷第 1 期，頁 20。

42 《臺灣女人》網，http://women.nmth.gov.tw/information_49_39688.html

送的。

　　據卜辭推測，婦好曾懷孕生女[43]，卻不知丈夫何人；就連周人所稱的帝辛的配偶也不知是何人，甲骨文中自然也就沒有「后」字，這些都是沒有婚姻制度的證據。死後墓地面積 20 餘平方公尺（5.6X4）、深 8 公尺，這可能是因殷商社會階級分化不明顯，20 餘平方公尺已屬大墓；不知何時有人在墓地上方挖坑倒垃圾，可見婦好與甲骨刻辭中經常提到的「母辛」、「妣辛」未必是同一人；殷人以天干取名，同名之人必定不少。將壓在婦好墓上一座 30 平方公尺大小的建築物說成「母辛宗」（祭祀墓主的享堂），是沒有根據的，殷墟的陵墓上並未發現祭祀性建築[44]。引起儒家興趣與高度讚揚的堯舜禪讓應是東夷族群母系社會的權位傳承的另一種方式。

　　甲骨文與金文是不同的文字，兩者的關係是借鑑而非傳承，早期的金文比甲骨文的繪圖性更強更接近原始文字，後期的金文則可能借鑑了甲骨文，這也就是為何大多數的金文與甲骨文相異，小部份的與甲骨文相似。古人所說的倉頡造字指的應該是早期金文；1987 年中國大陸官方公布的說法也是金文的出現比甲骨文早[45]，遺憾的是官方並未公布所掌握的證據。

43　《殷墟文字丙編》247：甲申卜，殼，貞，婦好娩，嘉。王口占曰：其唯丁娩，嘉。其唯庚娩、弘吉。三旬又一日甲寅娩，不嘉，唯女。

44　楊寶成《殷墟文化研究》，臺灣古籍出版社，2004 年，頁 113。

45　李少林主編《中國藝術史》，第二章第一節 2.金文，內蒙古人民出版社，2006。

第三章　敕勒人東遷

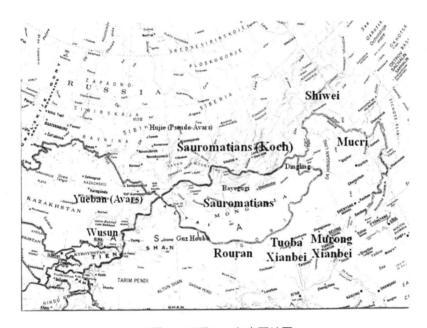

地圖一　西元 357 年東亞地圖

第一節　到達西伯利亞與外蒙古時間

一、到達時間的推測

　　西元四世紀中葉，有支人口超過百萬的遊牧民族，「駕高車，逐水草，」千里迢迢由烏克蘭翻越烏拉山來到西伯利亞與外蒙古。

　　《晉書》卷 110〈慕容儁載記〉（西元 357 年秋七月），「遣撫軍（將軍）慕容垂、中軍（將軍）慕容虔、護軍（將軍）平熙等率步騎八萬討丁

零、敕勒於塞北，大破之，俘斬十餘萬級，獲馬十三萬匹，牛羊億萬頭。」

　　由上述記載的鮮卑人與敕勒人第一次發生衝突的時間推算，敕勒人到達東亞的時間大約在西元 350 至 355 年之間。這是中國文獻上，第一次出現有關敕勒的記載。慕容垂等所攻擊的「塞北」，應該就在今內蒙古呼倫貝爾草原與外蒙古東北部；內蒙古呼倫貝爾新巴爾虎右旗境內的 30 多處石板墓群與外蒙古東北部的石板墓群（圖 38），應該就是這批丁零人的墓園；他們的原住地應該在外貝加爾地區，在鮮卑人南遷後，也逐漸向南遷徙至呼倫貝爾草原與外蒙古東部；可能因長期侵犯慕容鮮卑的牧場，於西元 357 年遭到慕容鮮卑的攻擊。內蒙古呼倫貝爾滿州里市的扎賚諾爾墓群與陳巴爾虎旗的完工墓群應該就是移居當地的敕勒人的墓園。

圖 38　內蒙古呼倫貝爾地區的石板墓，取自新巴爾虎右旗政務網

　　在吉林省榆樹市老河深中層墓地中，亦有「鄂爾多斯」銅鍑與鐵鎧甲片的出土，這顯示當年也有一些敕勒部眾移往粟末靺鞨。老河深墓地出土的六件有特色的飛馬形鎏金銅飾牌式帶扣，與滿州里的扎賚諾爾墓出土的二件飛馬形鎏金銅飾牌式帶扣高度相似，均為腰帶上的皮帶頭，略呈長方形，二個為一套配合使用；飾牌正面浮雕一飛馬神獸形象，神獸吻部有一彎角上翹，

近似犀牛角，昂首揚尾，雙翼展開，四蹄騰雲，造型十分生動[1]（圖 39）。由於這種飛馬飾牌式帶扣僅在老河深中層墓群與扎賚諾爾墓群中發現，而且兩地的棺木構造、葬式、與陶器的質地、製法及形制也相同[2]，僅葬者的頭向略有不同（老河深頭向西北，扎賚諾爾頭向北，可能是季節不同，太陽方位不同所造成的誤差），這表示老河深的敕勒部落極可能來自滿州里的扎賚諾爾，離開扎賚諾爾的原因可能是受到柔然的壓迫。

圖 39　吉林省榆樹老河深出土飛馬形鎏金銅飾牌式帶扣，取自《榆樹老河深》圖 58

二、離開烏克蘭草原時間的推測

依據博斯普魯斯王國於西元 341 年滅亡，及匈奴人於西元 350 年前後開始渡過伏爾加河的時間推測，最有可能的時間應該在西元 340 之前。博斯普魯斯王國被何人所滅，西方文獻無記載，據判斷，滅於阿蘭人之手，可能性最大。

第二節　敕勒馬特人來到亞洲東部的證據

至於敕勒馬特人來到東方的證據，可以從下列在米努辛斯克、巴澤雷

1　吉林省文物考古研究所編《榆樹老河深》，《文物出版社》，1987 年 4 月（北京），頁 63-64。

2　同上，頁 113。

克、圖瓦、外蒙古、中國發現的敕勒人從歐洲帶來的墓藏物中得到證實：

1. 在巴澤雷克，發現了明顯是源於希臘-羅馬人的、有鬍鬚的木製與皮製怪狀面具，有些面具源自貝斯神[3]，這些面具無疑是辛梅里安-博斯普魯斯王國境內的希臘人的製品；類似的面具在米努辛斯克盆地也有發現[4]。

2. 在外蒙古烏蘭巴托附近的諾恩烏拉，科茲洛夫（Col. K. Kozlov）探險團在此發現了一位「匈奴王子」墓，墓中有一塊希臘織布上描繪著一個上唇留著鬍鬚的男人，其鬍鬚長度是人體長度的四分之三，無疑是辛梅里安-博斯普魯斯王國的某位大藝術家的作品[5]。

3. 在阿爾善二號（Arzhan 2）墓中發現 431 枚來自遙遠的波羅的海的大琥珀珠（圖 40）[6]。

4. 在外蒙古烏蘭巴托附近的諾恩烏拉（Noin Ula），發現的地毯有敕勒人特有的日內瓦十字形紋（圖 41）[7]。

圖 40　波羅的海大琥珀珠項鍊

圖 41　有日內瓦十字形紋地毯，外蒙古烏蘭巴托歷史博物館藏

3　Otto J. Maenchen-Helfen, *The World of the Huns*, University of Californiza Press, Berkeley, CA. 1973, p. 243.

4　"At pazyryk too are found bearded mascarous（masks）of well-defined Greco-Roman origin, which were doubtless inspired by the Hellenistic Kingdom of the Cimmerian Bosporus," Rene Grousset, *The Empire of Steppes*, translated by Naomi Walford, 1970 Rutger University Press, New Brunswick, N. J., p. 18.

5　Ibid., p. 25.

6　麥克‧愛德華（Mike Edwards）〈西伯利亞的斯基泰人〉"National Geography"，2003 年 6 月，pp. 32-49。

7　向達譯〈俄國科斯洛夫探險隊外蒙古發現記略〉，《東方雜誌》，第二十四卷（1927 年），第十五號，頁 51-62。

　　5. 在中國内蒙古、河南發現敕勒馬特人特有的長馬矟矟頭（圖 42），長度自 21 公分至 53.5 公分不等；超長的矟頭的設計可能是為增強穿刺時的力量與速度。

　　敕勒馬特人在歐洲時，以使用馬矟（騎槍）聞名於世，一些重裝騎弓手亦獲配備馬矟；起初重裝騎弓手使用馬矟，名叫 "longche" （希臘語）或 "hasta" （拉丁語）；後來他們使用長度較長、重量較重的重馬矟，這種重馬矟即是著名的 "kontos" （希臘語）或 "contus" （羅馬語）， 圓形直徑約 2 至 3 釐米，長度至少達到 3 米，有些重馬矟甚至長達 4 米半（15 英尺）；由於這種重馬矟的重量不輕，騎弓手必須以雙手揮動它[8]。受到東魏敕勒戰士使用敕勒長矟的影響，南朝南梁也試圖將馬矟的長度由 1 丈 8[9]增長為 2 丈 4（一尺合 23.1 公分，計 5.54 公尺）[10]，比敕勒長馬矟還長約 1 公尺。

圖 42 　敕勒長馬矟矟頭，河南出土

第三節 　離開烏克蘭草原原因

　　敕勒馬特的羅克索拉尼部、烏戈爾部與斯基泰王者部受到哥特人的威脅，加上西元四至五世紀，氣候乾燥，水草稀少[11]，最後被迫放棄烏克蘭草

8 　〈弓騎兵〉，《維琪百科》，http://zh.wikipedia.org/wiki/%E5%BC%93%E9%A8%8E%E5%85%B5

9 　劉熙《釋名》卷四篇二十三〈釋兵〉「矛長丈八尺曰矟。馬上所持，言其矟矟便殺也。又曰激矛，激，截也，可以激截敵陣之矛也。」。

10 《梁書》卷三十九〈羊侃傳〉：「大同三年，車駕幸樂游苑，侃預宴。時少府奏新造兩刃槊成，長二丈四尺，圍一尺三寸，高祖因賜侃馬，令試之。侃執槊上馬，左右擊刺，特盡其妙，高祖善之。」

11 H. C. 威爾斯著，吳文藻、謝冰心、費孝通譯《世界史綱》，第五篇〈羅馬帝國的興亡〉，遠足文化事

原，由今烏克蘭北部向東方移動，越過低平的烏拉爾山中段後，繼續向東另尋安身立命之地。在乾燥的氣候與哥特人的威脅二者之中，到底是哪一個因素扮演著關鍵性的角色，迫使敕勒人全部搬離烏克蘭草原，讓後人無跡可尋？由哥特人約爾達內斯（Jordanes）寫的歷史書中從未提到哥特人與敕勒馬特人間有任何戰爭的發生一事推測，氣候的因素可能扮演著關鍵性的角色；再者，敕勒人的重裝甲騎兵雖然不適於在森林中與哥特人作戰，但如在草原作戰，哥特人未必是敕勒人的對手；嚴重的乾旱，迫使他們必須遷移，另到他處找尋水草。博斯普魯斯王國的滅亡及匈奴人對阿蘭王國的攻擊可能都與氣候的乾旱有關；嚴重的乾旱使得草原民族騷動起來，匈奴人突然對阿蘭人展開攻擊，以便從阿蘭人處獲得災害的補償，阿蘭人則轉而攻擊哥特人，哥特人則轉而攻擊泰發力人（Taifali）與薩爾馬特人（Free Sarmatians）[12]。

敕勒馬特人離開烏克蘭草原一事，西方文獻並無記載。對敕勒馬特人在烏克蘭草原神秘消失一事，有些西方學者推測可能在西元 374 年匈人渡過頓河時，被匈人趕往西方與日耳曼部落混合了；也有俄羅斯學者認為可能參加了匈人部落，匈奴王國解體後與斯拉夫人混合了。但為何被匈人趕往西方的阿蘭人、東哥特人、西哥特人、汪達爾人及其建立的國家與其最後的結局，西方文獻都有相當詳細的記載；即使人口不多的「自由薩爾馬特」部人，也偶爾有所提及；唯獨對敕勒馬特人，這個比阿蘭人、哥特人人口多的多、高傲又自負的民族，不但無片言隻字的記載，就是連一點蛛絲馬跡的殘跡也找不到，顯見敕勒馬特人被匈人趕往西方或與斯拉夫人混合的猜測是欠缺根據的。

敕勒人駕「高車，逐水草，」千里迢迢的由西方來到西伯利亞與外蒙古，當他們想要繼續南下尋找較佳的生活空間時，因與東方的遊牧民族發生

業有限公司，臺北（2006 年 11 月），頁 480。

12　Otto J. Maenchen-Helfen, *The World of the Huns*, University of California Press, Berkeley, CA. 1973, p. 33.

利益衝突而遭到攻擊；這次的東、西遊牧民族間的衝突，由於雙方的組織動員能力與整體戰鬥力有相當懸殊的差距，西方來的遊牧民族不敵，遭到了失敗，淪為階下囚，有約五十萬眾先後於西元 399 年及 429 年被北魏從外蒙古及外貝加爾地區俘或騙至內蒙古一帶從事耕牧。

另有約五十萬眾受柔然役使的敕勒人，則於西元 487 年脫離柔然的控制，由西西伯利亞、南西伯利亞遷至新疆東部建立了高車國，後被突厥征服；西元 630 年唐滅東突厥後，殘餘的敕勒人被唐朝移往今內蒙古鄂爾多斯遊牧；西元 721 年及 722 年因「苦於賦役」，兩度發生暴動，暴動被鎮壓後，殘餘的高車人五萬餘口被強制移往河南南部務農。

西元 399 年及 429 年被北魏由外蒙古及外貝加爾地區俘至內蒙古一帶從事耕牧的敕勒人，在當地生活了約一百年，終於等到了翻身的機會；奴役他們的鮮卑人，逐漸因內部腐敗而於西元 523 年發生了六鎮暴動，他們適時地參加了這場動亂；在動亂中，由於他們忠誠、個性狂野、武藝超群、勇敢善戰，逐漸脫穎而出，成為東魏、西魏的開國元勳或高級將領。當他們進入中原後，受到漢文化的薰陶而逐漸漢化，他們有些也取了漢姓並與漢人或漢化胡人通婚；在強勢的漢文化的籠罩下，他們刻意的隱瞞自己的身世，再加上歷史記載的不完整與錯誤，以致一千五百年來，中國人一直不知他們來自何處？他們的部落名稱如何發音？他們給中華民族帶來什麼影響？以往的中國歷史文獻，受到政治勢力的干擾，刻意的把他們當作丁零人或鐵勒人；這種張冠李戴的結果，使得傳統歷史文獻的相關記載，產生嚴重錯誤，使得國人讀到西元 429 年到西元 551 年的北朝史時，有時一頭霧水，不知所云，連史學大師陳寅恪也沒研究清楚。這些錯誤已無法從傳統文獻中找出正確答案，必須借助考古發掘、DNA 檢驗與西方文獻的記載，以補中國文獻的不足。

第四章　歐洲時期敕勒人

第一節　敕勒馬特人的原居地

　　西方文獻第一次提到敕勒馬特人的是希臘史學家希羅多德（Herodotus 484-425 BC）所著的《歷史》一書，書中對敕勒馬特人著墨不多，在有限的敘述中，全都是一些無根無據的傳說，顯見其對敕勒馬特人瞭解有限，只提到西元前六世紀時，敕勒馬特人住在頓河以東，與斯基泰人隔河相鄰，並可能曾於西元前 512 年協助過斯基泰人抵抗過波斯皇帝大流士（Darius the Great）對斯基泰人的攻擊。

　　考古證據顯示，敕勒馬特人的發源地在伏爾加河下游地區。西元前七世紀至西元前四世紀，敕勒馬特部落在頓河以東、托博爾河（Tobol）以西之間遊牧，並有少數的部落向東遷徙來到中國新疆喀什，建立了疏勒國。

第二節　歐洲時期的部落

　　敕勒馬特人的原始部落有三：烏戈爾（Ugri）部、埃阿熱格斯（Iazyges）部與羅克索拉尼（Roxolani）部。

一、西元前四世紀到西元後一世紀間

　　西元前 339 年斯基泰人受到馬其頓國王菲律普二世（Philip II）的攻擊，斯基泰國王阿提亞斯（Ateas）被殺，二萬多斯基泰男女及大批的牛、馬被馬

其頓擄走[1]，斯基泰王國解體。其後，敕勒人逐漸渡過頓河西移，由於黑海沿岸優良草場的爭奪，雙方發生衝突，斯基泰戰敗；一部份斯基泰人逃到黑海西側的多布羅加〔Dobrudja，今羅馬尼亞康斯坦察（Constana）、圖爾恰（Tulcea）與保加利亞多布里奇（Dobrich）、錫利斯特拉（Silistra）〕，後為羅馬併吞；一部份逃到克里米亞（Crimmea），後來在西元一世紀時，曾建立過一個新王國。此次斯基泰人與敕勒馬特人間的衝突，應該是局部性的衝突，並非斯基泰人與敕勒馬特人間的全面性戰爭；衝突的雙方應局限於居住在黑海北岸的斯基泰部落與敕勒馬特中的埃阿熱格斯部之間，原居於烏克蘭中部的斯基泰部落，並未受到波及，他們與當地的敕勒馬特人和平相處，並逐漸成為敕勒馬特的一個部落。所謂雙方的衝突使得斯基泰王國的大部份淪為荒漠[2]，應屬後代文人的誇誕描述。

　　西元前二世紀時，敕勒馬特人埃阿熱格斯部進駐到亞速海（Sea of Azov）畔；烏戈爾部進駐到烏克蘭北部今日的基輔（Kiev）附近第聶伯河（Dniper）河畔；斯基泰王者部的餘部仍然居住在其原住地，即烏克蘭中部，並逐漸與敕勒馬特人混合，成為敕勒馬特人的重要分子；羅克索拉尼部則移居至頓河以東[3]。

二、西元一世紀至西元四世紀

　　在西元前一世紀末，埃阿熱格斯部移居至多瑙河北岸，而羅克索拉尼部則移居至第聶伯河與頓河之間。西元前 16 年，埃阿熱格斯部入侵多瑙河下

1　Trogus Pompeius, *Justinus, Expitome*, Book IX, Chapter II, www.tertullian.org/father/justinus_08_prologi.htm

2　Diodorus Siculus, *Historical Library*, Volume 2.43, "Many years later this people became powerful and ravaged a large part of Scythia, and destroying utterly all whom they subdued they turned most of the land into a desert."

3　Strabo, *Geometry*, Book VII, Chapter 3, Article 17,
　　http://www.perseus.tufts.edu/cgi-bin/ptext?doc=Perseus%3Atext%3A1999.01.0198&query=book%3D%232

游，但被羅馬擊敗[4]。

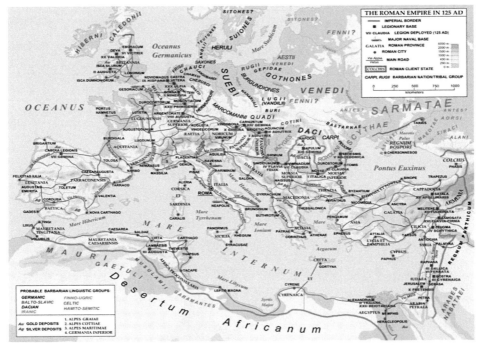

地圖二　西元二世紀的羅馬帝國與周邊地圖（取自維基百科）

1.埃阿熱格斯（Iazyges）部

西元一世紀中葉，埃阿熱格斯部西移至匈牙利，而羅克索拉尼部則移居至多瑙河河口[5]，原埃阿熱格斯部居住之地，他們中間隔著奧爾特（Aluta or Olt）河[6]；烏戈爾部與斯基泰王者部仍停留在烏克蘭未動。

西元 106 年隨著羅馬達西亞省（Dacia Province）的建立，埃阿熱格斯部與羅克索拉尼部間的聯繫管道被切斷，埃阿熱格斯從此陷入孤立狀況，與羅

4　R. Brezezinki, M. Mielczarek, "Who were the Sarmatian?" http://ossetians.com/eng/news.php?newsid=412&f=3&PHPSESSID=28d1156505a6

5　Richard Brzezinski, *The Sarmatian Between 600 B.C. to 450 A.D.*, Oxford: Osprey Publishing（September 2002）, p. 9.

6　Jordanes, *The Origin and Deeds of Goths*, Chapter 12, Article 74, http://www.ucalgary.ca/invandersp/courses/texts/jordgeti.html

克索拉尼部間的聯繫必須仰仗羅馬的批准。

　　西元 167 年至西元 180 的馬科曼尼（Marcomanian）戰爭期間，埃阿熱格斯部與當地的日耳曼部落結盟與羅馬對抗，在西元 173 年至西元 174 年冬春之際，埃阿熱格斯部在結凍的多瑙河上，被羅馬擊潰，造成重大傷亡。西元 175 年，埃阿熱格斯部與羅馬簽訂和平條約後，依約派遣了八千人的騎士替羅馬效命，其中大部份被派往英國[7]；這可能就是後來英國亞瑟王（King Arthur）與圓桌武士（Knight of the Round Table）故事的源頭。

　　西元三世紀至四世紀間，羅馬與埃阿熱格斯部發生多次戰爭，埃阿熱格斯部是勝少敗多；每次戰役結束後，羅馬將被俘的埃阿熱格斯部人安置在羅馬領土之內從事農業；羅馬皇家檔案之一的 Notitia Dignitatum 檔案在義大利與高盧之間列有十八個與薩爾馬特名稱有關的薩爾馬特人安置地點[8]。

　　還有一些停留在多瑙河北岸的匈牙利平原未被羅馬人征服的薩爾馬特（埃阿熱格斯）殘部，被稱之為「自由薩爾馬特」（Free Sarmatians），他們與另一支日耳曼夸德（Quadi）部落連手不時對羅馬邊境進行騷擾性的劫略；他們曾於西元 374 年，摧毀了兩支召募自潘諾利亞（Pannonia）與摩西亞（Moesia）的羅馬軍團[9]；西元 376 年前後，西哥德人在受到匈奴人的攻擊後，西哥德酋長亞拉里克（Athanaric）曾對停留在高卡蘭德〔Caucaland，今羅馬尼亞、外西凡尼亞（Transsilvnia）與巴納特（Banat）〕的薩爾馬特部落曾進行代償性的攻擊[10]；西元 384 年二月以後，就很少再有他們的消息了，應該是大部份已遷地為良。

7　Cassius Dio, *Roman History*, Book 72, "they promptly furnished as their contribution to the alliance eight thousand cavalry, fifty-five hundred of whom he sent to Britain."

8　Richard Brzezinski, *The Sarmatian Between 600 B.C. to 450 A.D.*, Oxford: Osprey Publishing（September 2002）, p. 13。依據 Y-DNA，現在的巴黎大區（Ild-de-France）有約 0.5%的敕勒人（Sarmatians）後裔。

9　Ammianus Marcellinus, *Roman History*, London: Bohn（1862）Book 29, Chapter VI, pp. 503-543.

10　Otto J. Maenchen-Helfen, *The World of the Huns*, University of California Press, Berkeley, CA. 1973, p. 33.

2.羅克索拉尼（Roxolani）部

　　羅克索拉尼部是敕勒馬特部落中比較落後保守的部落，西元前一世紀，他們仍在使用生水牛皮製的頭盔與鎧甲，盾牌則是柳條編製的[11]。西元一世紀時，已有少數部落的少數富有的族長有了鐵製的頭盔與鎧甲[12]，絕大部份的部落仍然使用「獸骨作成的矛頭與箭頭，用山茱萸樹製弓、箭；當他們遇到敵人時，他們用繩套套住敵人，然後把敵人拖下馬；他們的鎧甲是將修整好的馬蹄片，用牛、馬的筋非常整齊的縫在皮甲或麻衣上，有似蟒蛇的鱗片或鳥的羽毛，也就是中國人所謂的魚鱗甲；敕勒馬特人用馬蹄製成的鎧甲，不但美觀而且實用，其效果與銅、鐵製作的鎧甲沒有多大的區別。[13]」

　　羅克索拉尼部是敕勒馬特部落中最東的一部，西元前二世紀時進住頓河以東，西元前 107 年曾協助在克里米亞的斯基泰人攻擊切爾松尼斯城（Chersones），但被蓬土斯（Pontus）的將軍丟番圖（Diophants）擊敗[14]。

　　在西元前一世紀末，埃阿熱格斯部移居至多瑙河北岸，而羅克索拉尼部則移居至第聶伯河與頓河之間。

　　西元一世紀中，埃阿熱格斯部西移至匈牙利，而羅克索拉尼部則移居至多瑙河河口，與埃阿熱格斯部隔著奧爾特河而居。西元 69 年春天當多瑙河上的冰溶化時，因地面泥濘，馬匹行動不便，九千名羅克索拉尼突擊戰士在摩西亞（Moesia）被羅馬第三軍團（Legio III Gallica）擊潰，傷亡慘重[15]。

11　Strabo, *Geometry*, Book VII, Chapter 3, Article 17, "They use helmets and corselets made of raw ox-hides, carry wicker shields, and have for weapons spears, bow and sword; and most of the other barbarians are armed in this way."
　　http://www.perseus.tufts.edu/cgi-bin/ptext?doc=Perseus%3Atext%3A1999.01.0198&query=book%3D%232

12　Tacitus, *Historiae*, Book 1, Chapter 79, "Attack of the Roxolani," "These coats are worn as defensive armour by the princes and most distinguished persons of the tribe," Translated by AlfredJohn Church and William Jackon Brodribb, http://www.romansonline.com/Src_Frame.asp?DocID=His_Bk01_79

13　*Pausanias,* Book I, Chapter 21, Sec. 5-6, http://www.theoi.com/Text/Pausanias2B.html

14　R. Brezezinki, M. Mielczarek, "Who were the Sarmatian?" http://ossetians.com/eng/news.php?newsid=412&f=3&PHPSESSID=28d1156505a6www.209.85.175.104

15　Tacitus, *Historiae*, Book 1, Chapter 79, "Attack of the Roxolani," translated by AlfredJohn Church and William

西元 85-86 年間，羅克索拉尼部擊潰了一支羅馬軍團。在西元 85-88 年及 101-105 年的羅馬與達西亞王國戰爭期間，羅克索拉尼部協助達西亞對抗羅馬[16]。

西元 260 年，羅馬自立皇帝雷加里安努斯（Regalianus 260 AD）在與羅克索拉尼部作戰時陣亡，死因不詳[17]。

西元 270 年後，由於羅馬人受到哥特人的威脅而被迫放棄達西亞省後，羅馬人與敕勒馬特人已不再是鄰居，羅馬文獻也就不再有關於羅克索拉尼部的記載了。

3.烏戈爾（Ugri）部與斯基泰（Royal Scythians）部

西元前 339 年斯基泰人受到馬其頓國王菲律普二世（Philip II）的攻擊，斯基泰國王阿提亞斯（Ateas）被殺，斯基泰王國解體。其後，敕勒人逐漸渡過頓河西移，烏戈爾部進住到烏克蘭北部今日的基輔附近第聶伯河河畔；原來的斯基泰王者部的餘部則仍停留在烏克蘭中部，並與烏戈爾部逐漸融合成為敕勒人的一部份；西元前三世紀，斯基泰此一名稱，已從烏克蘭消失；斯特拉博將他們改稱之為巴錫列人（Basileians）。

移居烏克蘭中、北部的烏戈爾部與斯基泰王者部，因不與羅馬接界，雙方鮮少接觸，西方的文獻幾乎把他們給忘了。西元二至三世紀，由於水草的豐美，他們在烏克蘭草原享受了一段美好的日子；這可由在西伯利亞、外蒙古發現豐富的墓藏文物得到證明。西元四紀中葉，由於氣候的乾燥[18]，以及哥特人的入侵，他們被迫離開他們自西元前三世紀起已居住了五、六百年的

Jackon Brodribb, http://www.romansonline.com/Src_Frame.asp?DocID=His_Bk01_79

16 Richard Brzezinski, *The Sarmatian Between 600 B.C. to 450 A.D.*, Oxford: Osprey Publishing（September 2002）, p. 9.

17 Robert Vermaat, "Late Roman Timeline 301AD-400AD," http://www.fectio.org.uk/articles/timelineth.htm

18 H. C. 威爾斯著，吳文藻、謝冰心、費孝通譯《世界史綱》，第五篇〈羅馬帝國的興亡〉，遠足文化事業有限公司，臺北（2006 年 11 月），頁 480。

家園。

　　考古證據與 DNA 排序檢測顯示，除了少數部落向西北移往今天的芬蘭與波羅的海三小國外，大部份的部落向東翻閱烏拉山到達東亞。

第三節　歐洲時期的名稱

　　敕勒這一民族在西方有兩種名稱，一為希臘語 Sauromatae，另一為拉丁語 Sarmatae。西元前五世紀，希臘的史學家希羅多德（Herodotus 484-425 BC）在其所著的《歷史》一書中將這一民族稱之為 Sauromatae；西元二世紀的希臘史學家鮑桑尼亞（Pausanis）在其所著《描述希臘》一書中也用 Sauromatae；但希臘史學家波里比阿（Polybios 203-120 BC）與羅馬的史學家塔西佗（Tactitus 56-117 AD）在他們所著的《波里比阿》與《日耳曼尼亞志》書中，則將這一民族稱之為 Sarmatae。一個民族有兩種不同的讀法，令西方的學者非常困惑，不知 Sauromatae 與 Sarmatae 到底是一個民族的兩種不同讀法或兩個不同的民族。西方學者對此有三種不同的見解：

　　1. 認為希臘文 Sauromatae 就是拉丁文 Sarmatae；持此見解的有哥特歷史學者約爾達內斯（Jordanes，50.265），希臘史學家普林尼（Pliny the Elder 23-79 AD，6.7.19）；

　　2. 認為 Sauromatae 與 Sarmatae 是二個不相同的民族；持此見解的有俄羅斯學者羅斯托茲夫（M. I. Roslevtzeffi，1870-1952 AD）；

　　3. 認為 Sauromatae 與 Sarmatae 是不同的部落；Sarmatae 由 Sauromatae 部與 Sarmatae 部合組而成；持此見解者有俄羅斯考古學者格雷科夫（B. N. Grakov）。

　　像敕勒馬特這麼一個人口超過百萬的大部落，他們的活動範圍西起維斯杜拉河、多瑙河下游，東到伏爾加河，北到北極圈，南到黑海、里海之濱以及高加索。在這麼廣大地區遊牧的民族，它的構成的分子難免複雜，自然會

有不同的方言產生；筆者認為 Sauromatae 與 Sarmatae 二種不同的讀音，只不過是不同部落的不同方言所造成的差異罷了。西元前五世記，希臘史學家希羅多德所接觸的駐紮在頓河東岸的部落是烏戈爾（Ugri）部，他們自稱為 Sauromatae；西元前二世紀希臘人接觸駐紮在第聶伯河（Dnieper）與頓河（Don）之間的部落，與羅馬人在西元一世紀後在多瑙河下游接觸的部落都是埃阿熱格斯（Iazyges）部，埃阿熱格斯部自稱為 Sarmatae；西元二世紀希臘人接觸的駐紮在第聶伯河與頓河之間的部落是羅克索拉尼（Roxolani）部，他們也自稱為 Sauromatae；這就是希臘羅馬歷史地理學者斯特拉博（Strabo 63BC-24 AD）在他著的《地理》一書中，有時用 Sauromatae，又有時用 Sarmatae，但決不同時使用 Sauromatae 與 Sarmatae 的真正原因了。斯特拉博在其《地理》一書中曾用過 Iazygian Sarmatians（IV 17）一詞，但從未在烏戈爾或羅克索拉尼後加上過 Sarmatians 一字，故可能只有埃阿熱格斯部自稱為 Sarmatians，而烏戈爾與羅克索拉尼則自稱為 Sauromatians；這也就是西元四世紀的羅馬史學家阿米安努斯·馬塞尼努斯（Ammianus Marcellinus AD 330-395）在其所著《羅馬歷史》中，將住在匈牙利的埃阿熱格斯部的部落稱之為薩爾馬特人（Sarmatian，17.12.2），而將從多瑙河下游至頓河間居住的羅克索拉尼部、斯基泰部與烏戈爾部稱之為敕勒馬特人（31.2.13）的真正原因了。

　　從俄羅斯考古學者的著作中，筆者發現他們普遍不知誰是敕勒馬特人，誰是沙勒馬特人，與二者之間的關係；自羅斯托茲夫開始，他們甚至將南烏拉爾地區的阿蘭人或奧斡斯人（Aorsi）的墓葬當作了「沙勒馬特人」的墓園，這也就是為什麼羅斯托茲夫認為敕勒馬特人與沙勒馬特人間無血緣關係，因為他認為「沙勒馬特人」來自東方，是伊朗人的一支，「沙勒馬特文化」屬於伊朗文化的範疇[19]；俄羅斯考古學者斯米爾諾夫（K. F. Smirnov）也

19　Marina G. Moshkova, *Nomads of the Eurasian Steppes in the Early Iron Age,* Chapter 5 "History of the Studies of the Sauromatian and Sarmatian Tribes," Zinat Press, Berkeley, CA. 1995, pp. 90-91.

發現南烏拉爾地區出土器物上的動物造型與塞種-馬薩格泰的動物造型高度相似[20]，如沒有動物相互爭鬥的場景[21]及幾何形圖案。格雷科夫認為敕勒馬特人與「沙勒馬特人」有血緣關係，與「沙勒馬特人」是由原來的敕勒馬特人部落與原來的「沙勒馬特人」部落合組而成的見解，應該是建立在對傳統文獻的誤讀與對考古資料的誤解的基礎上。

西元十六世紀，有一批波蘭立陶宛聯邦（Polish-Lithuanian Commonwealth）的波蘭貴族自稱是薩爾馬特（Sarmacja）人的後代，從他們描述的薩爾馬特人特徵——熱愛自由（Love of Freedom）、熱忱待客（Hospitality）及一顆善良的心（Kind-heartedness）等觀察，確實是薩爾馬特人的特徵；從他們的名稱觀察，他們有可能是在匈牙利平原消失的「自由薩爾馬特」人後代；因為在烏克蘭草原的同族敕勒人自稱為敕勒馬特（Sauromatae）而非薩爾馬特。[22]

由於敕勒馬特（Sauromatae）或薩爾馬特（Samatian）均為他稱而非自稱，故敕勒人在歐洲時的正確自稱應為敕勒馬賈（Sauromacja）或薩爾馬賈（Sarmacjia）。DNA 排序檢測顯示，波蘭人中確有 4.5%的敕勒人後裔。

第四節 塞種是亞洲的斯基泰人？

自波斯帝國大流士一世將斯基泰人稱之為塞種之一以來，古代西方的歷史學者，從希臘史學家希羅多德以降，一直認為斯基泰人就是歐洲的塞種，塞種就是亞洲的斯基泰人。斯基泰人與塞種到底是什麼關係，這是個令現代學者十分困擾的難題；造成混淆不清的始作俑者是波斯人與希羅多德；古波

---

20 Vladimir V. Dvornichenko, *Nomads of the Eurasian Steppes in the Early Iron Age*, Chapter 7 "Sauromatian Culture", Zinat Press, Berkeley, CA. 1995, p. 115.

21 Ibid., p. 114.

22 依據 Y-DNA，現在的波蘭人口中有約 4.5%的敕勒人（Sarmatians）後裔。

斯人將斯基泰人稱之為「黑海邊的塞種」；希羅多德則認為斯基泰人來自中亞，受到馬薩格泰人的攻擊，渡過伏爾加河到達南俄草原。

波斯帝國大流士一世陵的納克澤羅斯塔姆（Naqshe Rostam）銘文中，列有四種不同塞種[23]，他們是：

1. 飲豪麻汁的塞種（Saka Haumavarga）；
2. 戴尖帽的塞種（Saka Tigrakhauda，圖 43）；
3. 住在黑海邊的塞種（Saka Paradraya），也就是狹義的斯基泰人；
4. 住在粟特以外的塞種（Saka beyond Sogdia），也有人稱之為東方塞種。

圖 43　帶尖帽的塞種，改繪自波斯帕賽波里斯淺浮雕

上述四種塞種中，只有第一類與第二類的塞種曾被波斯帝國征服，波斯人對他們可能比較瞭解，波斯銘文中對他們二者的分類也可能比較可信。從波斯人對塞種的分類中，我們可以推知並不是所有的塞種都戴尖帽，否則波斯人對其統治下的兩支塞種所作的分類變得毫無意義；波斯人將他們統治下的兩支塞種，雖然頭飾不同，但均冠以塞種之名，可見這兩支塞種之間，應該存在一些共同性，如語言與風俗習慣等，否則均冠上塞種之名，也無意義。現在有些西方學者認為馬薩格泰人是塞種的一支，也就是戴尖帽的塞種；筆者認為如果馬薩格泰人就是戴尖帽的塞種的話，則所謂戴尖帽的塞種應該不是塞種的一支；從希羅多德與斯特拉博的著作中對馬薩格泰人的描述中，實在看不出馬薩格泰人和塞種間有共同的風俗習慣與宗教信仰；如馬薩格泰人戴著那種造型奇特、令人留下深刻的尖帽的話，以希羅多德與斯特拉博的著作中對馬薩格泰人的描述的詳

23　"History of Iran: Darius The Great's Inscription at Naqshe Rostam," Iran Chamber Society, www.iranchamber.com/.../darius/darius_inscription_naqshe_rostam.p...

細程度而言，是不可能沒有記載的。

第三類與第四類塞種是依地理位置所作的分類，而且波斯人也從未統治過他們，對他們的所知自然有限。原住在今日中國新疆西部與哈薩克斯坦東部之間的塞種，在西元前 177 年未被月氏趕走前，應可歸類為第四類──東方的塞種。如果東方的塞種也戴那種造型奇特、令人留下深刻的尖帽的話，《漢書》卷 96〈罽賓傳〉就不太可能沒有提及。據中國文獻《晉書》卷 105 與 107 對隨匈奴部落入居中原的塞種羯人部落的描述可知，東方塞種的三大特徵為：祆教信仰、收繼婚與死後火葬。從俄羅斯考古工作者對阿姆河下游的土米克-基奇吉克（Tumek-Kichijik）塞種墓葬中（土葬、火葬各半）土葬者頭骨分析顯示，它與中國文獻中的羯人相似，都是眼窩很深的高加索人種[24]；又據《漢書》卷 96〈西域記〉「自宛以西至安息國，雖頗異言，然大同，自相曉知也。其人皆深目，多須髯。」及《大唐西域記》卷一〈窣利地區──颯秣建國〉「兵馬強盛，多諸赭羯；赭羯之人，其性勇烈，視死如歸，戰無前敵」的記載看來，各塞種部落之間的外貌和個性也很類似，說的是可以互相溝通的伊朗語系語言，再加上共同的祆教信仰，可以說東方的塞種很可能是在西元前六世紀前後來自鹹海附近的塞種部落移民；他們向東移居的原因，有可能是為逃避來自波斯的攻擊。由於戴尖帽的塞種不信祆教[25]，故東方塞種不可能是戴尖帽的塞種的一支。

受到《新唐書》卷 221〈西域記下〉將「拓羯」解釋為戰士的影響，有些學者亦將「赭羯」解釋為戰士或勇士；但這種解釋與《大唐西域記》的本意顯然並不契合，《大唐西域記》〈颯秣建國〉所說的「諸赭羯」，指的應該是「各種不同部落的赭羯」，「其性勇烈，視死如歸」則是塞種部落的種族性，故「拓羯」或「赭羯」應解釋為塞種較妥；不宜看到「其性勇烈，視

24　Leonid T. Yablonsky, *Nomads of the Eurasian Steppes in the Early Iron Age*, Chapter 14 "The Material Culture of the Saka and Historical Reconstruction," Zinat Press, Berkeley, CA. 1995, p. 229.

25　"History of Iran: Words of Darius the Great in Biston's (Behistun's) Inscription," Iran Chamber Society, www.iranchamber.com/history/darius/darius_inscription_biston.php

死如歸，戰無前敵」等字，望文生義將其解釋為戰士或勇士；西元一世紀隨著匈奴部落進入中的羯人，可能就是「赭羯」的另譯或簡譯。日本學者藤田豐八（1869-1929 AD）認為「赭羯」這一特稱的起源是 Sacae（Sake）或者是它的訛譯[26]；筆者認為可能是塞種部落中的一種方言的發音，譯為漢音後與原音可能有點差距，但訛譯的可能性不大。

　　第三類的斯基泰人與第四類的東方塞種之間，無論是在外貌、宗教信仰還是喪葬習俗方面都完全不同，可能僅因斯基泰人戴著與戴尖帽的塞種相似的帽子，波斯人也將他們冠上塞種之名，這顯示波斯人對塞種此一名稱使用的隨意性，在鹹海附近的塞種墓地中自然也發掘不到「斯基泰三要素」器物 —— 馬具、兵器與野獸紋[27]；斯基泰人與塞種不屬同一文化系統，自不應將斯基泰人視為塞種的一支。

26　〔日〕藤田豐八著，楊鍊譯《西域研究》，第十一章〈論「釋迦」「塞」「赭羯」「糾軍」之種族〉，商務印書館，1971 台一版，頁 170。

27　Leonid T. Yablonsky, *Nomads of the Eurasian Steppes in the Early Iron Age*, Chapter 14 "The Material Culture of the Saka and Historical Reconstruction," Zinat Press, Berkeley, CA. 1995, p. 229.

第五章 敕勒人來到中國

第一節 如何來到中國

一、被代國或北魏軍隊俘擄

1. 西元 363 年冬十月「帝（什翼犍）討高車，大破之，獲萬口，馬牛羊百餘萬頭。」

這次討伐的原因，可能是高車人侵犯了拓跋鮮卑的傳統牧場，即《北史》〈高車傳〉所謂的「每侵盜于魏」；高車人是新來的遊牧民族，他們當然不會知道那裡是拓跋鮮卑的傳統牧場。這次拓跋鮮卑的收獲相當豐碩，抓到一萬高車人，馬、牛、羊百餘萬；這是第一次俘虜高車人的歷史記載。

西元 376 年「（前秦）苻堅遣其大司馬苻洛率眾二十萬及朱肜、張蚝、鄧羌等諸道來寇，侵逼南境。代王什翼犍使白部、獨孤部禦秦兵，皆不勝，又使南部大人劉庫仁禦之；庫仁者，衛辰之族，什翼犍之甥也，與秦兵戰於石子嶺，庫仁大敗；什翼犍病，不能自將，乃帥諸部奔陰山之北。高車雜種盡叛，四面寇鈔，不得芻牧，什翼犍復渡漠南。[1]」

由此段記載可知，西元 363 年被拓跋鮮卑所擄獲的一萬高車人利用代國遭到前秦攻擊的機會，全面叛亂，並逃走回外蒙古的根據地了。外蒙古諾音烏拉發現的五銖錢、漆耳杯、銅鏡、帶中國式圖案的紡織品[2]，與俄羅斯外貝

1　《魏書》卷 1〈昭成帝本紀〉「建國三十九年」

2　向達譯〈俄國科斯洛夫探險隊外蒙古發現記略〉，《東方雜誌》，第二十四卷（1927 年）第十五號，頁 51-62。

加爾地區發現的五銖錢可能都是直接或間接來自代國。

2. 西元 393 年春三月「帝西征，次鹿渾海（今外蒙古鄂爾渾河谷），襲高車表紇部，大破之，獲生口，馬、牛、羊二十餘萬頭。[3]」

這是《魏書》第一次提到高車人在外蒙古的根據地及部落名稱，及第二次提到擄獲高車人。目前在塔米爾河（Tamirin Gol）匯入鄂爾渾河河口以西，巴特曾格勒縣（Battsengel Sum）以東所發現的「匈奴」墓地，應該就是表紇部的墓地。

3. 西元 399 年春正月，魏主珪北巡，分命大將軍常山王遵等三軍從東道出長川（今內蒙古、興和西北），鎮北將軍高涼王樂真等七軍從西道出牛川（今內蒙古烏蘭察布盟境內之塔布河），珪自將大軍從中道出駁髯水（今內蒙古察合爾右翼後旗境），以襲高車。二月「諸軍同會，破高車雜種三十餘部，獲七萬餘口，馬三十餘萬匹，牛羊百四十餘萬。驃騎大將軍衛王儀督三萬騎別從西北絕漠千餘里，破其遺迸七部，獲二萬餘口，馬五萬餘匹，牛羊二十餘萬頭，高車二十餘萬乘並服玩諸物。[4]」

這是一場戰果豐碩的戰役，俘虜了將近十萬高車人，馬匹三十五萬餘，牛羊百六十餘萬頭。由記錄看來，這支高車部落一共有四十多個大、小部落，大部份（三十多）部落已在寒冬時節到杭愛山南麓避寒，少數部落則可能停留在今外蒙古西北部烏蘭固木市（Ulaangom）附近避寒，昌德曼山墓地可能就是這批敕勒人的墓園。文中提到的「服玩諸物」應該就是斯基泰-薩爾馬特式的金、銅器；這些都是漢代征伐匈奴時，從未有過的戰利品。

二、被北魏「哄騙」來到內蒙古

西元 429 年五月，北魏太武帝拓跋燾率軍突襲柔然獲大勝後，八月回程

3　《魏書》卷 2〈太祖本紀〉「登國五年春三月」。

4　《魏書》卷 2〈太祖本紀〉「天興二年二月」。

中抵達漠南時，聽到新歸附的高車人提供的情報說：東部高車的部落屯駐在
已尼陂（今俄羅斯、外貝加爾地區），人口繁盛，牲畜眾多，距魏軍只有一
千餘里。太武帝獲悉上述情報後，不顧司徒長孫翰、尚書令劉絜等的反對，
派遣左僕射安原等及新附高車共萬騎對他們展開「攻擊」。東部高車部落受
到北魏大軍的突然「襲擊」，放棄抵抗，「投降」北魏軍的有「數十萬」[5]。

　　這次北魏的出擊本以柔然為打擊目標，由於太武帝不夠英明果決，怕有
伏兵，不敢追擊，致使毫無防備且臥病中的柔然可汗大檀得以「徐西遁」[6]。
在回師途中，聽到了另一個次要打擊目標出現時，毫不猶豫的派遣了一萬多騎兵
轉而「攻擊」在已尼陂的高車部落，卻獲得了豐碩的戰果；但《北史》記載
的高車被俘人數相當模糊，「數十萬」這一數字，令人不知到底是多少人。
高車人數十萬眾竟然被只有一萬左右的北魏騎兵俘虜，而且這一萬騎兵中還
有不少是新歸附的高車騎兵，造成這種戰果的原因，應該不是戰鬥的結果，
有可能是被北魏的軍隊招撫來的；至於東部高車人何以願意接受招撫；我們
推測原因如下：

　　1. 經過長途跋來到外貝加爾地區的東部敕勒部落，由於在當地無法獲
得銅、鐵的供應，已快到無武器可用的地步；在外貝加爾、外蒙古的敕勒人
的墓葬中，很少有敕勒人特有的長馬稍及西亞戰斧出土（見圖 105），武器的
缺乏可見一般；由於缺乏銅的供應，他們製作的牌飾式帶扣的重量也由原來
的每片100-110克遽降為18-20克；原來牌飾上的動物圖案也簡化成簡單的幾何
圖案，與原本的圖案已不再相似[7]。

　　2. 東部高車可能以烏戈爾部為主，該部自西元前三世紀移居烏克蘭北
部後，已很久沒打過大仗了；

5　《魏書》卷103〈蠕蠕傳〉。《北史》〈高車傳〉的記載為數十萬落，有誇大不實之嫌，故不採用。

6　《資治通鑑》卷 121「可汗先被病，聞魏兵至，不知所為，乃焚穹廬，以車自載，將數百人入南山。民畜窘聚，方六十里無人統領，相去百八十里，追兵不至，乃徐西遁，唯此得免。」

7　Sergy Miniaev, "Archaeology of the Xiongnu in Russia: New Discovery and Some Problem," http://www.archeo.ru/eng/themes/xiongnu/archaeology.htm

　　3. 鮮卑人已普遍使用馬鐙，而敕勒人仍未普遍使用馬鐙，雙方的戰鬥力有相當的差距；

　　4. 鮮卑軍隊有嚴密的組織與紀律，敕勒人組織鬆散，只能進行小規模的戰鬥，「無都統大帥」，「鬥無行陣，頭別衝突，乍出乍入，不能堅戰」；

　　5. 來到外貝加爾地區的敕勒人，東有室韋，南有鮮卑、柔然，生活空間有限；加上人口眾多，資源相對不足，尤其是該地冬季漫長，使得來到該地的敕勒人生活非常困窘；北魏「攻擊」的時間在陰曆九月，該地漫長的冬季正在降臨，一聽到北魏邀請他們到比較溫暖的漠南草原去生活，條件優厚，當然也就紛紛接受招撫；保持敕勒人的原有部落組織、擁有武器及來去自由應該是當時北魏承諾的條件，而不可能是「唯高車以類粗獷，不任役使，故得別為部落」；同年五至七月因戰敗被俘的柔然人，即無法享受聚族而居的權利。由於他們是接受招撫，成為北魏「新民」[8]，而非戰敗被俘，無大功可記，自然也就沒有人數的統計；加上到底有多少人願意接受招撫南下，並不清楚，只好概略的說是「數十萬」；俄羅斯考古工作者在外貝加爾地區原高車人居住的城址中發現可觀的農業工具，這說明有些人抱著不妨到漠南看一看，不好再回來的心態；

　　6. 由於在外貝加爾地區的東部高車是受到北魏的「邀請」而來，《魏書》〈蠕蠕傳〉中自然也就沒有人員與牲畜擄獲的數字；而《北史》〈高車傳〉卻有「高車諸部望軍而降者數十萬落」，但卻只「獲馬牛羊亦百餘萬」的不合理記載；這不但說明了被李延壽改編後的《北史》〈高車傳〉記載的不合理，同時也間接證明了《魏書》〈蠕蠕傳〉才是魏收的原著；

　　7. 北魏軍隊中新歸附的高車人的居間溝通協調，對這次的招撫任務，發揮了巨大的作用，他們的目的也許是為了拯救他們的同胞脫離苦難。

　　西元 429 年十月，北魏太武帝拓跋燾返回首都平城；把柔然汗國、高車各部落降附的百姓遷徙到漠南，安置在東起濡源（今河北、承德東），西到

_____

8　《魏書》卷28〈劉絜傳〉。

五原、陰山的三千里廣闊草原上，命他們在這裡耕種、放牧，政府向他們徵收賦稅[9]；太武帝拓跋燾命令長孫翰、劉絜、安原以及古弼共同鎮守安撫他們。這數十萬高車人的加入，使得北魏的國力獲得突然顯著的提升；北魏依仗著增強的經濟力與軍力，於西元 431 年滅赫連夏，436 年滅北燕，439 年滅北涼，443 年滅（後）仇池，統一了北方；並自西元 435 年起開始經營西域。

　　由東部高車部落來到漠南後，除放牧外，還有人從事耕種的這段記錄看來，東部高車的部落中除了牧民外，應該還有從事耕種的部落。俄羅斯考古學者在外貝加爾地區的伊沃爾加城址（Ivolga Fortress）及都連村（Dureny-1、2 Settlement）遺址附近都發現可觀的農業工具，包括鐵犁鏵、鏟頭、鋤、鐮等[10]；斯特拉博在《地理》一書中曾提及烏戈爾部中有些部落兼營農耕[11]，這批從事半耕種半畜牧兼從事手工業的定居部落，有可能就是他們的後代。據希羅多德在《歷史》一書的記載，西元前五世紀時在烏克蘭栽種的農作物有穀物、洋蔥、韭、扁豆和稷[12]。據《北史》〈高車傳〉的記載，高車人到了漠南幾年以後才知道穀物可食，可見當年在外貝加爾地區兼營農業的部落，生產的穀物與稷的數量不多。另據《新唐書》〈黠戛斯傳〉的記載，黠戛斯人在南西伯利亞栽種的穀物有「禾、粟、大小麥、青稞，步磑（音位，石磨）以為面糜」，「穄以三月種，九月獲，以飯，以釀酒」，「而無果蔬」。

　　這些在外貝加爾地區從事農耕的敕勒部落，他們的房子是半地穴式，地面距地表深 1.14 米，地面經夯實。有些房址的東墙和南墙用磚坯砌築；房子

9　《資治通鑑》卷 121「徙柔然、高車降附之民于漠南，東至濡源，西暨五原陰山，三千里中，使之耕牧而收其貢賦。」

10　烏恩《北方草原考古學文化比較研究——青銅時代至早期匈奴時期》，科學出版社：北京，2008，頁302。

11　Strabo, *Geography*, Book XII, Chapter III, Article 17, http://www.perseus.tufts.edu/cgi-bin/ptext?doc=Perseus%3Atext%3A1999.01.0198&query=book%3D%232

12　Herodotus, *Histories*, translated by Aubrey de Selincourt, Penguin Books, c1972, England, Book 7, verse 20 p. 277.

東北角發現灶址，均用石板砌築，由火室、火坑和煙道組成[13]。

六鎮暴動發生後，在北魏統治下的敕勒人，屬於長期被壓迫的一群；他們除了要繳納貢賦外，還要被徵調作戰[14]。六鎮暴亂發生後，除小部份加入北魏朝廷平亂的一方外，大部份都參加了反叛的一方；反叛的一方最後雖然失敗了，他們都成為戰俘，被分頭押領帶往并（太原）、肆（代縣）二州；但他們後來卻在一個野心家高歡的領導下，參與建立了東魏政權。另有一部份出身武川鎮的敕勒人及原被安置在河西（今鄂爾多斯）、高平（今寧夏、固原）等地的敕勒人，參與了西魏政權的建立；南梁承聖三年（554 AD）11月，西魏攻陷南梁都城江陵時，手扼南梁元帝之背的長壯胡人，及梁王詧所指揮的鐵騎應該就是西魏軍隊中的敕勒戰士[15]。由於敕勒人勇敢、善戰、忠誠，他們是世界上最好的戰士之一，所以他們有些人很快的就脫穎而出，成為東魏、西魏的開國元勳或高級將領；如果西元 534 年賀跋岳未被高歡慫恿侯莫陳悅暗殺的話[16]，高車人賀跋家族有可能成為北周皇帝。

在東、西魏及其後的北齊、北周對峙期間，由於西魏、北周的疆域比較小，土地也比較貧瘠，財政比較困窘，北周的敕勒戰士仍然穿著傳統長皮甲，不過鬍鬚倒是都剃掉了（圖 44A）。《隋唐嘉話》〈補遺〉載「後魏末，周、齊交爭，周人貧甚，嘗獲一齊卒，喜曰：『得一將』何以知之？曰『著繒禪』（無內裡的絲質單衣）。」由 44A 圖北周武士的穿著可作為北周財政困窘的見證。穿著這種只適合在冬季的長皮甲的高車戰士，到了夏季那就只好袒胸消暑了（圖 44B）。

13　烏恩《北方草原考古學文化比較研究──青銅時代至早期匈奴時期》，科學出版社：北京，2008，頁 299-300。

14　《魏書》卷 4〈世宗本紀〉「詔發高平敕勒騎赴長安。」

15　《資治通鑑》卷 165「魏軍士度壓牽其轡，至白馬寺北，奪其所乘駿馬，以駑馬代之，遣長壯胡人手扼其背以行，逢于謹，胡人牽帝使拜。梁王詧使鐵騎擁帝入營，囚于烏幔之下，甚為詧所詰辱。」

16　《魏書》卷 80〈賀跋岳傳〉「岳既總大眾，據制關右，憑強驕恣，有不臣之心。齊獻武王惡其專擅，令悅圖之。悅素服威略，既承密旨，便潛為計。」

　　由於參加了六鎮暴動，敕勒人逐漸脫離了他們的原有部落與放牧生活，成為士兵或將軍或開國元勳，而逐漸與漢族、鮮卑族等融合，並開始學習漢語，最後成為唐人，成為中華民族大家庭的一員。在敕勒人參與六鎮暴動前，絕大多數的敕勒人不但不懂漢語，連鮮卑語也不會說；西元 523 年六鎮暴動發生時，由於長流參軍于謹會說敕勒語，在他的奔走策反下，說服了西部敕勒酋長乜列河反正，使得亂事得以早日平定。

圖 44A　西魏武士（敕勒族，　　圖 44B　夏天時的西魏武士（敕勒
　　　　　西安出土）　　　　　　　　　　　　族，西安出土）

三、主動投靠

　　或因受到漠南較溫暖的氣候、較豐美水草與北魏厚待投誠者政策的引誘，或因與柔然結了深仇，有些高車部落選擇了投靠北魏，如：

　　1. 西元 400 年十一月，「高車姪利曷莫弗敕力鍵率其九百餘落內附，拜

敕力鍵為揚威將軍，置司馬、參軍，賜穀二萬斛。[17]」

2. 西元 401 年，「高車解批莫弗幡豆建復率其部三十餘落內附，亦拜為威遠將軍，置司馬、參軍，賜衣服，歲給廩食（政府所配給的糧食）。[18]」

3. 西元 402 年被拓跋鮮卑痛擊的柔然酋長社崙率其部落遠遁漠北，侵佔了高車人在外蒙古中南部的地盤。此時敕勒斛律部部帥倍侯利率領族人對柔然展開襲擊失敗後，投靠北魏。[19]

4. 西元 429 年五月，北魏突襲柔然時，一些高車部落也配合北魏趁機攻擊柔然，以報復曾受到的虐待，事後這些高車部落也都投靠了北魏。

5. 西元 505 年十二月，蠕蠕、高車民他莫孤率部來降[20]。

6. 西元 508 年秋，高車別帥可略汗等率眾一千七百內屬[21]。

四、被唐朝俘虜安置

西元 545 年（西魏大統十一年），高車出兵討伐柔然，卻在半路上，遭到突厥人的伏擊，高車國從此滅亡；五萬餘落、二十多萬的高車人從此成為突厥人的奴隸，替突厥人先擊柔然（552-555 AD），次滅嚈噠（557-558 AD），東走契丹（560 AD 前後）。

至於高車國的敕勒人在東突厥的統治下，駐紮何地？中國文獻並無記載，這應與西魏以後的史官不知在其西邊還有一與北魏王朝有 50 年朝貢關係的高車國的存在有關。由今外蒙古後杭愛省的海爾汗縣（Khairkhan）的 Gol mod-1 大型墓葬與溫都爾烏蘭縣（Undor-Ulaan）的 Gol mod-2 大型墓葬中的

17　《魏書》卷 2〈太祖本紀〉「天興三年秋七月壬子」。

18　《魏書》卷 103〈高車傳〉。

19　同上。

20　《魏書》卷 8〈世宗本紀〉「正始四年十有二月、甲子」。

21　《魏書》卷 8〈世宗本紀〉「永平三年九月、丙辰」。

馬具都是鐵製的，連棺柩外亦普遍使用三根鐵條箍紮[22]等現象觀察，它們應該是敕勒人在外蒙古地區的晚期墓葬，也就是說西元 551 年至 601 年間當東突厥將其牙帳由新疆東北部遷至外蒙古的杭愛山南麓時，原高車國的敕勒人的駐紮地應該就在今後杭愛省的海爾汗縣與溫都爾烏蘭縣一帶；製作鐵器所使用的鐵塊可能來自黠戛斯；突厥人將他們放在杭愛山以北並分處兩地，當然有分散力量防止向南逃走的用意。西元 601 年以後，啟民可汗在內蒙古定襄（今清水河縣）建牙時，由內蒙古涼城毛慶溝墓地出土的帶各種動物、幾何紋飾的鑄鐵板（或銅板）組合而成的重型腰帶（圖 45），與哈薩克斯坦伊塞克高車國皇后墓出土的重型腰帶相似，及 Y-DNA 排序 N 的檢測結果[23]兩點觀察，西元 601 至 630 年間[24]，東突厥的統治下的敕勒人的居住地可能就在今內蒙古涼城一帶。至於西元 551 年被突厥征服時的五萬餘落，到西元 630 年被唐朝政府移居到六胡州（今鄂爾多斯）的高車人只剩約五萬餘人的原因，應該是在替突厥的開疆拓土的征戰中，被突厥人當作先鋒敢死隊蒙受了重大傷亡，及因反叛遭到了大量屠殺。

圖 45　內蒙古涼城毛慶溝 M43（左）與 M60（右）兩座墓中出土的由鑄鐵板或銅板組合而成的重形腰帶，取自田廣金、郭素新著《鄂爾多斯青銅器》，頁 245、249

22　〔蒙〕德・額爾德尼巴特爾〈匈奴貴族墓特點〉，《鄂爾多斯青銅器國際學術研討會論文集》，科學出版社（北京），2009 年 12 月，頁 425。

23　Yinqiu Cui, Hongjie Li, Chao Ning, Ye Zhang, Lu Chen, Xin Zhao, Erika Hagelberg, Hui Zhou, "Y Chromosome in the West Liao River Valley, Northeast China," *BMC Evolutionary Biology* 13, Article number:216(2013).

24　大陸考古工作者認為毛慶溝墓的年代為東周時期，見楊建華、曹建恩〈毛慶溝墓地的兩種墓葬所反應的不同社會結構〉。

1.羈縻時期

　　貞觀四年（630 AD）唐朝軍隊平定東突厥後，為了防範突厥人的復辟，乃將投降的突厥部落中最有戰鬥力的原高車國部落（圖 46）安置在「河曲」地區中西部，四周都有唐朝軍隊駐守。唐朝在那裡建置六個羈縻州──魯、麗、塞、含、依、契六州，以管理當地的高車牧民，時人籠統稱作「六胡州」，在行政上劃歸靈州都督府監管。調露元年（679 AD）之前，「六胡州」的刺史分別由各部落首領擔任，屬於羈縻性質，這種行政模式穩定了近五十年[25]。

圖 46　六胡州時期的高車人與二輪「高車」，大英博物館藏中國文物

2.唐朝政府派員擔任長官時期（679-704 AD)

　　調露元年（679 AD），因單于大都護府管內突厥族阿史德溫傅、奉職二部發動叛亂，唐廷為恐「河曲」的高車牧民受到突厥的煽動，將「六胡州」行政管理模式，改由中央政府派員充任「六胡州」的行政長官──刺史；這就標誌著六州從此轉變為正州，仍舊隸于靈州都督府[26]；此後，「河曲」高車

25　張廣達〈唐代六胡州等地的昭武九姓〉，《北京大學學報》，1986 年 2 期。

26　同上。

人移居區域的行政建置維持了 25 年，迄長安四年（704 AD）為止。

3.建置「匡、長」二州及蘭池州都督府時期（704-722 AD）

　　據《舊唐書》〈地理志〉載：長安四年（704 AD），唐朝調整「六胡州」的行政建制，把魯、麗、塞、含、依、契六州合併為匡、長二州。延至神龍三年（707 AD），增置蘭池都督府，管轄蘭池、匡、長三州，州之下則以「六胡州」居民為基礎分置六縣，仍舊隸于靈州都督府[27]。蘭池都督府駐地「在鹽州白池縣（今內蒙古、鄂爾多斯市鄂托克前旗）北八十里」[28]。這一建制保持十五年，至開元十年（722 AD）而廢[29]。

　　開元九年（721 AD）四月，由於「苦於賦役」，蘭池州叛胡顯首偽稱葉護康待賓、安慕容、為多覽殺大將軍何黑奴；偽將軍石神奴、康鐵頭等據長泉縣，攻陷六胡州；有眾七萬，進逼夏州（今陝西、橫山縣西）。唐朝廷命朔方大總管王晙、隴右節度史郭知運共同討伐。七月，王晙大破康待賓，殺了一萬五千人，康待賓被活捉；唐朝政府集四夷酋長，在長安城西市腰斬康待賓[30]。

　　次年，康待賓餘黨康願子再度起事，自稱可汗，張悅發兵平定叛亂後，為永絕後患，將殘餘的高車人五萬餘口全部移往河南道的許（治今河南、許昌市）、汝（治今臨汝縣）、仙（治今葉縣西南）、豫（治今汝南縣）和山南道的唐（治今河南、泌陽縣）、鄧（治今鄧州）[31]等州，「始空河南朔方千里之地」[32]。

　　開元 26 年（738 AD）二月，唐玄宗敕令「河曲六州胡坐康待賓散隸諸

27　《新唐書》卷 41〈地理志一〉。《舊唐書》卷 38〈地理志一〉。

28　《元和郡縣誌》卷 4〈關內道四〉第 106-107 頁。

29　艾沖〈唐代河曲粟特人六胡州治城的探索〉，《民族研究》，2005 年第六期。

30　《資治通鑑》卷 212「開元九年」。

31　八件在本區發現的葬儀用帶倒鈎銅矛頭應斷代為西元 738 年後。

32　《舊唐書》卷 8〈玄宗本紀上〉。

州者，聽還故土，」於「鹽（治今陝西、定邊縣）、夏（治今陝西、橫山縣西）之間，置宥州（治今內蒙鄂托克旗境）以處之。」這道未經中央或地方官員呈請而由皇帝直接下敕令赦免過去的叛亂犯的作法，在歷史上是空前絕後的，唐玄宗的動機，不免令人好奇；對已移居河南南部的高車人而言，已不具實質意義；經過了十六年，移居河南南部的高車人，早已由牧民轉行成為農民，恐已不適應遊牧生活了，如何回去，又那來的馬、牛、羊等牲畜放牧；再者，原有的牧地早已被另一遊牧民族党項族盤據，為了管理這些党項牧民，開元 18 年（730 AD），已復置匡、長二州[33]，至此，連放牧之地都沒有了，回到哪裡去？無論是以前的六胡州，還是新設的宥州，都是沒有固定轄區，以人為單位的行政管理機構，對原來的六胡州牧民而言，不具實質意義；至今我們仍然可以看到不少高鼻帶高車血統的人生活在原本的許、汝、仙、豫、唐、鄧等州。開元 26 年二月的敕令，可能是在武惠妃於開元 25 年（737 AD）十二月死後[34]，操辦喪事打造斯基泰風格石槨時（見圖 179）時，唐玄宗突然想起被強制移往河南務農的族人，單純要恢復他們的自由之身所下的敕令，至於他的族人要不要回去，他並不在意；開元 26 年的敕令對六胡州遺民唯一的正面意義就是從此恢復自由之身，可自由遷徙。

　　党項人逐漸坐大的結果，為北宋時西夏國的建立，奠定了基礎，這就是當初將高車人全部遷移所造成的後果；「自赤辭納款於貞觀，立功於天寶，思恭以宥州著節於咸通，夏雖未稱國，而王其土久矣。[35]」有些學者根據開元 26 年的敕令，就推論所有被遷至許、汝、仙、豫、唐、鄧等州的高車人已回到了六胡州故土，是缺乏事實根據的猜測罷了。

　　高平鎮（今寧夏、固原）本來就是北魏安置敕勒人的主要地區之一；西元 523 年六鎮暴動發生後，有些原居高平鎮的敕勒人向北遷徙，或有些原居

33　《新唐書》卷 41〈地理志一〉。

34　《舊唐書》卷 51〈后妃傳上〉。

35　《宋史》卷 486〈夏國傳下〉。

住在鄂爾多斯的敕勒人移居寧夏，都是正常現象；寧夏同興縣李家套子「匈奴」墓地的發現，及純鄂爾多斯式飾片在西夏國中期（西元 11-12 世紀）還在製造[36]，自然也就不足為怪了。在六胡州時期，党項人是高車人的鄰居，而且還與高車人一同參與了開元九年（721 AD）的暴動，党項人模仿了高車人的重裝甲騎兵應該也是順理成章之事。

突厥人對這批頭腦簡單又勇敢善戰的高車人，當然是非常懷念的；萬歲通天元年（696 AD）九月，後突厥默啜可汗要求「悉歸河西降戶，率其部眾為國討契丹。」武則天女皇帝雖然答應了默啜的要求，但在默啜替唐朝攻擊契丹後，武則天女皇帝只封默啜為頡跌利施大單于、立功報國可汗；卻沒有履行「悉歸河西降戶」的承諾[37]；武則天是不可能將她的族人交給突厥人的，默啜顯然是受到了愚弄。

當初唐太宗將這批高車人與其他的突厥部落隔離，單獨安置在六胡州並讓他們自治，這是任何的其他突厥部落無法享受的特殊待遇，應該是出於照顧族人的美意。隨著唐朝政府組織的日漸膨脹與腐化，對六胡州居民剝削也逐漸加劇。經過突厥人統治過七十八年的高車人，仍然跟他們的祖先一樣的熱愛自由，目無尊長，脾氣獷暴，遇到不公平的待遇時，很自然的就不顧後果的起來反抗，在唐朝政府的殘酷打擊下，被大量的屠殺，殘餘被安置在河南的僅剩五萬多人。這批高車人被移轉河南南部原因是當年五月，河南南部大雨導致河水氾濫，淹死了不少人[38]，正好由這批高車人來開墾大水後的荒地；高車人來到個又溫暖又肥沃的河南南部，當然就不願再回鄂爾多斯了。明朝的開國元勳常遇春（圖 47）的祖先就是六胡州遺民之後，他的祖先當時

36　Rene Grousset, *The Empire of Steppes*, translated by Naomi Walford, 1970 Rutger University Press, New Brunswick, N. J., p. 26.

37　《舊唐書》卷 194〈突厥上〉「萬歲通天元年，契丹首領李盡忠、孫萬榮反叛，攻陷營府。默啜遣使上言：『請還河西降戶，即率部落兵馬為國家討擊契丹。』制許之。默啜遂討契丹，部眾大潰，盡獲其家口，默啜自此兵眾漸盛。則天尋遣使冊立默啜為特進、頡跌利施大單于、立功報國可汗。」

38　《舊唐書》卷 8〈玄宗上〉載：「東都大雨，伊、汝等水泛漲，漂壞河南府及許、汝、仙、陳等州廬舍數千家，溺死者甚眾。」

被安置在今河南南陽（屬鄧州）；後遷往山東，再遷
往安徽懷遠。明中葉徐禎卿（1479-1511 AD）《剪勝
野聞》載「常開平遇春驍猛絕世，狀類獼猴，指臂多
修（長）毫。」應是正確的描述，中國古代的文人喜
將「長手長腳」的高加索人種描述成「狀類獼猴」，
如《漢書》〈西域傳〉顏師古注對烏孫人的描述為
「青眼，赤須，狀類獼猴」。常遇春不願與反叛的平
章邵榮「共生」[39]，這是高車人忠誠秉性的自然流
露。朱元璋的嫡長子太子朱標娶常遇春之女，混血兒
貌美應是因素之一。

圖 47　常遇春畫像

　　有學者說常遇春是回族，這是不正確的；目前居住在安徽懷遠的常氏族
人，沒有信回教的；造成有些學者誤以為常遇春是回族的可能原因有二：

　　1. 一些姓常的回教徒冒稱常遇春之後；

　　2. 明朝皇帝姓朱，他對軍隊戰前「殺豬」加菜、戰後「殺豬」慶功相
當敏感，在朱元璋的要求下，軍隊戰前、戰後改為殺牛、羊等。

第二節　北魏統治下的敕勒人的逃亡

　　內蒙古草原相對外蒙古與西伯利亞而言，是一個較溫暖、水草較豐美之
地，來到漠南後，對敕勒人的種族的繁衍與畜產品的增產均將有莫大的助
益，照理漠南草原應是東部高車人夢寐以求之地，他們應感到滿意才對。敕
勒人移居漠南後，北魏民間馬、牛、羊及氈皮的價格大幅下降[40]，可為畜產

39　《明史》卷 125〈常遇春傳〉「先是，太祖所任將帥最著者，平章邵榮、右丞徐達與遇春為三。而尤宿
　　將善戰，至是驕蹇有異志，與參政趙繼祖謀伏兵為變。事覺，太祖欲宥榮死，遇春直前曰：『人臣以反
　　名，尚何可宥，臣義不與共生。』太祖乃飲榮酒，流涕而戮之，以是益愛重遇春。」

40　《魏書》卷 103〈高車傳〉「歲致獻貢，由是國家馬及牛、羊遂至 於賤，氈皮委積。」

品數量大量增長的證據；但由於北魏地方官員的欺壓、雙方文化上差異及溝通不良，仍然發生了不少逃走事件，臚列如下：

1. 西元 430 年三月，一千多家的敕勒，因不滿當地官員的欺壓與侵佔其財產，發出怨言，說準備等春天草生馬肥之後，亡歸漠北。尚書劉絜與左僕射安原聽到消息後，向太武帝建議趁河水尚未解凍時，將敕勒人遷到河西（今鄂爾多斯東部）去，如此等到春天黃河水解凍後敕勒人便無法逃亡。太武帝聽到上述建議後，最初並不答應，可能是認為有違誠信；但在劉絜等一再的請求下，太武帝終於鬆動，他認為敕勒人「放散日久，譬如圈中之鹿，急則奔突，緩之自定」[41]的看法，勉強同意遷移三萬餘落的敕勒人到河西，最西到達白鹽池（今寧夏、鹽池北）；敕勒人聽到消息後非常恐懼，認為將他們遷往河西的目地是準備要殺他們，於是準備向西逃往涼州（今甘肅、武威）；為防止敕勒人逃亡，劉絜駐紮在黃河北岸的五原，安原在悅拔城（今陝西、榆林）駐紮，以防備敕勒人逃亡；但是還是有數千騎的敕勒人向北逃走，尚書令劉絜發兵追討，逃走的人因找不到食物，以彼此為枕頭，餓死在同伴的身上[42]。

由上段記載可知：

（1）敕勒人來到漠南是被「邀請」或被騙而來，如是被俘而來，那有對北魏「官員的欺壓與侵佔其財產，發出怨言」的資格；比較先進富庶的敕勒人財物，極易受到比較落後貧窮的東方遊牧民族如柔然、鮮卑與突厥人的覬覦；

（2）北魏太武帝之所以「邀請」在外貝加爾地區的敕勒人移居內蒙古，是需要這批新移民來支援北魏的邊防以彌補鮮卑人力之不足，這批人來後自然也就無法隨意離開了；

（3）敕勒人容易衝動，不是一個謀定而後動的民族。《大唐西域記》

41　《資治通鑑》卷 121「元嘉七年二月」。

42　《資治通鑑》卷 121「癸卯，敕勒數千騎叛北走，絜追之，走者無食，相枕而死。」

說「（疏勒人）人性獷暴，俗多詭詐，」可能以偏蓋全；《松漠紀聞》說「黃頭女真者，其人戇樸勇鷙，」可能比較正確。一般說來，個性獷暴的人，大多不詭詐；唐玄奘停留在疏勒國的時間不長又受到疏勒人的冷落，對敕勒人自然瞭解不深，印象也不佳。

2. 西元 430 年四月，一萬多落的敕勒逃走，魏主使尚書封鐵討滅之[43]。

3. 西元 471 年二月，北魏皇帝派殿中尚書胡莫寒選拔西部敕勒[44]的青年人做殿中武士，胡莫寒利用機會，收取大量的賄賂，引起眾怒，殺了胡莫寒及高平假鎮將奚陵。西元 471 年四月，西部敕勒叛，詔汝陰王天賜、給事中羅雲討之，敕勒詐降，雲為敕勒所襲殺，死者十之五六，天賜僅以身免[45]。高壯的身材與單純、正直的個性應該是北魏皇帝喜好雇用高車青年人做殿中武士的主要原因。

4. 西元 471 年十月，「河西（今鄂爾多斯）敕勒叛，遣（源）賀率眾討之，降二千餘落；倍道兼行，追賊黨郁朱于等至枹罕（今甘肅、臨夏），大破之，斬首五千餘級，虜男女萬餘口、雜畜三萬餘頭。復追統萬（今陝西、靖邊縣境內）、高平（今寧夏、固原）、上封（即上邽，今甘肅、天水）三鎮叛敕勒至於金城（今蘭州），斬首三千級。[46]」被俘者「徙於冀、定、相州（今河北冀州、定州、臨漳縣一帶）為營戶（軍隊奴僕）。[47]」

由河北南部一帶出土面帶愁容，頭戴尖帽的陶俑觀察，這批被遷往相州（河北、臨漳縣）的敕勒人應該有斯基泰部（見圖 32）。

5. 西元 472 年二月，東部敕勒叛奔柔然，上皇（顯祖）自將追之，至石

43　《資治通鑑》卷 121「文帝元嘉七年 4 月」。

44　自西元 429 年，敕勒人被北魏安置在東到濡源，西到五原陰山的三千里廣闊草原上後，中間以武周塞（今大同西郊）為界，武周塞以西稱之為西部敕勒，以東稱之為東部敕勒，在漠南的稱之為北部敕勒。

45　《資治通鑑》卷 133「明帝泰始七年 3 月」。

46　《魏書》卷 41〈源賀傳〉。

47　《魏書》卷 7 上〈高祖紀上〉。

磧（沙漠），不及而還[48]。

6. 西元 472 年三月，連川（今在何地，不詳）敕勒謀叛，徙配青、徐、齊、兗四州（今山東濰坊、濟南、濟寧、江蘇徐州一帶）為營戶[49]。

7. 西元 472 年十二月，柔然侵魏，柔玄鎮二部敕勒應之[50]。

8. 西元 498 年八月，高祖召高車之眾隨車駕南討，高車不願遠行，遂推表紇樹者為領袖，相率北叛，都督宇文福追討，大敗而還；又詔平北將軍、江陽王繼都督西討諸軍事以討之，繼先遣人慰勞樹者；樹者入蠕蠕，尋悔，相率而降[51]。

第三節　敕勒的正確讀音

高車在中國的正式名稱叫敕勒，它也是一句用漢語音譯的鮮卑語；敕勒的敕，據《漢語大字典》[52]它在唐代以前有兩種讀法，一種讀法為「赤」，另一種讀法為「搜」；「敕」字在鮮卑語中到底要讀作「赤」還是「搜」？讓我們先來探究一番。北魏太武帝始光二年（425 AD）利用漢字千餘「造新字千餘」[53]，用以音譯鮮卑語；既是音譯，這千餘字中當然也就不會有同音字，否則如何音譯。非常僥倖的是，拓跋鮮卑部姓氏中的發音第一個音是「赤」的還不少，有叱利氏、叱呂氏、叱門氏、叱幹氏、叱盧氏、叱奴氏、叱羅氏等姓；既然已有「叱」字讀作「赤」音，則另一可發音為「赤」或「搜」的「敕」字就不會再讀作「赤」了。再者，慕容鮮卑對敕勒這一民族留有另一

48　同上。

49　同上。

50　同上。

51　《資治通鑑》卷 141「明帝永泰元年 8 月」。

52　《漢語大字典》湖北辭書出版社、四川辭書出版社，1984 年 10 月出版。

53　《魏書》卷 4〈世祖本紀〉。

種譯法 ——「涉勒」[54]；由於「涉」與「赤」的發音相差甚遠，而與「搜」的發音較近，吾人深信敕勒在拓跋鮮卑語中，它的讀音為「搜勒」，也就是 "Sauro" 的漢語音譯，也就是 "Sauromatae" 的簡稱。敕勒是一音譯字，可能由於編寫《北史》的李延壽不通胡語，將敕勒這一鮮卑語誤為漢語，而且敕字從唐代起只剩一種讀法 —— 赤，這恐怕也就是《北史》〈高車傳〉敢將敕勒附會為赤狄之後的原因了。

第四節　疏勒人與敕勒人的關係

在張騫（Zhang Qian）西元前 129 年到達西域前，今天新疆西南部喀什地區有個高加索人建立的小國疏勒國。據《漢語大字典》引清代朱駿聲《說文通訓》〈豫部〉，「疏字可假借為搜，」故疏勒在漢代的正是讀音為搜勒，與北魏時的讀音相同。又據《辭海》「疏勒」應獨作「娑勒」，與「搜勒」讀音非常相似，應該都是 "Sau-ro" 在漢代時的音譯，也就是 "Sauromatae" 的簡稱。到了北魏時有「疏勒」和尚自稱來自「沙勒」[55]；「沙勒」的讀音與 "Sar" 比較接近，可能是："Sarmatae" 的簡稱；這顯示在疏勒國也有不同的方言，有人自稱 Sauromatae，也有人自稱 Sarmatae；不論是搜勒或沙勒，它們都是同一種族，不同的方言發音。

據《漢書》卷 96〈西域傳上〉的載「（疏勒國）人口萬八千六百四十七，勝兵二千人」。又據《大唐西域記》卷 12 載「（疏勒國）人性獷（音廣）暴，俗多詭詐，禮義輕薄，學藝庸淺，其俗生子，押頭匾匜（音梯，扁也），容貌粗鄙，文身綠睛，而其文字，取則印度，雖有刪訛，頗存體勢。」《新唐書》卷 221〈西域傳上〉載「（疏勒）生子亦夾頭取褊，其人文

54　《晉書》卷 110〈慕容儁載記〉「塞北七國，賀蘭、涉勒皆降。」

55　《魏書》卷 114〈釋老志〉「沙勒胡沙門，赴京師致佛鉢並畫像跡。」

身碧瞳。王姓裴氏，自號阿摩支，居迦師城，突厥以女妻之，勝兵二千人，俗祠祆神。」《舊唐書》卷 210〈西域傳〉載「俗事祆神，有胡書文字。」

　　疏勒人何時在新疆喀什定居，已不可考；但從疏勒人仍保有「塑頭」（Cranial Deformation）的風俗觀察，疏勒人到達喀什的時間應該在西元前五世紀之前，因為只有早期的、少數的敕勒馬特人部落才有「塑頭」的風俗[56]；在新疆地區，除疏勒人外，尚有車師人、屈支人（Kutsi 龜茲）亦有「以木押頭」習俗[57]。以紋身或彩繪作為裝飾是敕勒馬特人的傳統習俗，據普林尼（Pliny the Elder, 23-79 AD）在《自然史》的說法，敕勒男人紋身或彩繪在身體上，敕勒女人紋身或彩繪在臉上[58]；在阿爾泰地區發現的敕勒人乾屍，不論男女都有紋身，男人紋身在身體上、手臂上，女人紋在手臂、手指上；新疆洋海墓群發現的女乾屍則彩繪在手、腳上。有俄羅斯考古學者認為紋身是身分、地位的象徵[59]，顯然並不正確。移居喀什的疏勒人由於喀什是綠洲而非草原，已改為定居而不再遊牧了。在唐朝初年時，疏勒人還是信佛教的[60]，可能受了西突厥或粟特人的影響，在唐朝中、後期又改信了祆教；疏勒人的文字則借用印度文字，而有所刪改[61]。

56　Richard Brzezinski, *The Sarmatians 600 BC- AD 450*, Oxford: Osprey Publishing, September 2002, P. 13.

57　玄奘著，芮傳明譯《大唐西域記》，卷 1〈屈支國〉，臺灣古籍出版社，臺北市，2006 年 6 月，頁 5-15。

58　Pliny the Elder, *Natural Histories*, Book XXII, Chapter 2.（1），http://www.perseus.tufts.edu/cgi-bin/ptext?lookup=Plin.+Nat.+toc

59　"On his chest and back, he carried an elaborate tattoo of an elk, a symbol of power in Pazyryk culture," "This young woman, buried with such ceremony, with her body covered in tattoos, was no ordinary member of society," "Ice Mummy: Siberian Ice Maiden," PBS Airdate: Nov. 24, 1998, http://www.pbs.org/wgbh/nova/transcripts/2517siberian.html

60　玄奘著，芮傳明譯《大唐西域記》，卷 12〈佉沙國〉，臺灣古籍出版社，臺北市，2006 年 6 月，頁 846-847。

61　同上。

第五節　敕勒人的綽號——高車

　　「高車」一詞首見於魏收《魏書》卷一〈序紀〉，建國 26 年（363 AD）冬十月，「帝（什翼鍵）討高車，大破之，獲萬口，馬牛羊百餘萬頭。」由於鮮卑人有語言而無文字，北魏太武帝始光二年（425 AD）利用漢字千餘造鮮卑字，用以音譯鮮卑語，謂之「國語」[62]。「高車」係一用漢語音譯的鮮卑語或敕勒語，其原音讀作 koch，原指敕勒人所使用的車輛；歐語文字中之 Kocs, Kutsche, Coche 及 Coach 諸字俱源自「高車」[63]。敕勒人是一大量使用車輛的民族，他們「乘高車，逐水草」，車輛成群，綿延不絕，且車輪高大，輻數至多，令剛從森林來到草原，不常見到車輛的拓跋鮮卑人印象深刻，故拓跋鮮卑以敕勒人的車輛名給敕勒人取了個綽號叫「高車」。據魏收《魏書》卷二〈太祖本紀〉載：天興二年（399 AD）二月，「諸軍同會，破高車雜種三十餘部，獲七萬餘口，馬三十餘萬匹，牛羊百四十餘萬。驃騎大將軍衛王儀督三萬騎別從西北絕漠千餘里，破其遺迸七部，獲二萬餘口，馬五萬餘匹，牛羊二十餘萬頭，高車二十餘萬乘。」由前述記載，可見敕勒人車輛之多、之普遍，這是中國以前的古籍所從未記載過的現象，這是一支中國人以前所不知的新民族出現在漠北草原；這個民族「部落強大」[64]，合計有數十萬落，人口超過百萬。

　　「高車」一詞，據《北史》〈高車傳〉的解釋為「車輪高大，輻數至多」的高輪車；但考古證據顯示，高車人的高車的輪徑在 120-122 公分間，並沒有特別的高大，輪輻介於 22-26 支確是比較多而已；它與「駟馬高車」中的「高車」，指的是「高蓋車」的「高車」意思不同；它之所以被稱之為「高車」，是因為它是鮮卑語的表音文字，而不是漢語的表意文字。

62　劉學銚《五胡史》，第七章第三節，臺北南天書局有限公司，2001 年 10 月版，頁 312。

63　巴克著，黃淵靜譯《韃靼千年史》，卷三第二章，臺灣商務印書館，1971 年版，頁 111。

64　《北史》卷 98〈高車傳〉。

第六節 南朝為何稱敕勒為丁零？

　　最先說高車就是丁零的是南朝的史官；南朝的史官從未見過高車人，也未見過丁零人，可能受到《後漢書》〈南匈奴傳〉載，丁零人曾從北方襲擊北匈奴[65]，及《漢書》卷 54〈蘇武傳〉載，蘇武在北海（今俄羅斯貝加爾湖）時，「丁令盜武牛羊」等的影響，以致認為生活在匈奴之北之人，就是丁零。據《史記》卷 110〈匈奴傳〉載，匈奴以北，除丁零外，還有渾庾國、屈射（音亦）國、隔昆國、新梨國等。南朝的史官將生活在匈奴以北的民族均稱之丁零，這就跟俄國人稱中國為契丹一樣，只不過是對居住在匈奴以北的塞北民族的泛稱或是一個地理名詞而已；又《南齊書》卷59有關「丁零（高車）」的記載，都不正確，如所載「永明十年（492 AD），丁零胡又南攻芮芮（柔然），得其故地，芮芮稍南徙。」而《北史》〈高車傳〉的記載則為「太和 11 年（487 AD），豆崙（柔然伏名敦可汗）犯塞，（敕勒）阿伏至羅等固諫不從，怒，率所部之眾西叛，至前部西北（今新疆、吐魯番西北），自立為王。豆崙追討之，頻為阿伏至羅所敗，乃引眾東徙。」《南齊書》與《北史》之記載不同，自應以《北史》之記載為準，因《南齊書》之記載來自間接傳言，並不可靠。

　　長期以來，由於中國的史官，不通胡語，以致將「高車」此一原為鮮卑語的表音文字誤為漢語的表意文字，加上首先為高車人作傳的魏收《魏書》〈高車傳〉已失傳，以致後來的修史的人，接受了南朝史官的偏見，認為高車就是丁零，也就是敕勒，後來更認為就是鐵勒。如果寫於北齊文宣帝天保五年（555 AD）的《魏書》〈高車傳〉未遺失的話〔現《魏書》中的〈高車傳〉，乃抄取自《北史》〈高車傳〉〕，後來修史的人可能就不會稱高車為丁零了；魏收《魏書》卷三〈太宗本紀〉載：泰常三年（418 AD）「命護高車

65　《後漢書》卷 119〈南匈奴傳〉「時北虜衰耗，黨眾離畔，南部攻其前，丁零寇其後，鮮卑擊其左，西域侵其右，不復自立，乃遠引而去。」

中郎將薛繁率高車、丁零十二部大人北略，至弱水（今土拉河支流喀爾喀河），降者二千餘人，獲牛馬二萬餘頭。」如果唐高宗顯慶四年（659 AD）編寫《北史》的李延壽仔細看過寫於西元 648 年的《晉書》卷 110〈慕容儁載記〉的話，他可能也不會稱高車為丁零了；《晉書》卷 110 載：升平元年（357 AD）「遣撫軍慕容垂、中軍慕容虔、護軍平熙等率步騎八萬討丁零、敕勒於塞北，大破之，俘斬十餘萬，獲馬十三萬匹，牛羊億萬頭。」前述記載均將高車或敕勒與丁零並列，可見高車不是丁零。慕容鮮卑、拓跋鮮卑與高車人、丁零人都有實際的接觸，故分得清高車人與丁零人。

　　在中國出現的西丁零姓氏只有翟、洛和鮮于三個而已，如翟斌、洛支[66]、鮮于乞[67]等；出現的北丁零姓氏見於歷史文件的只有一個兒禪[68]與一個改為漢姓的嚴生[69]；而高車人中並無此四個姓氏，單從姓氏亦可推知他們是講不同語言的不同民族。

　　對寫於西元 488 年的《宋書》與寫於西元 537 年以前的《南齊書》稱敕勒或高車為丁零，與寫於西元 555 年的魏收《魏書》的說法不同，編寫於唐高宗顯慶四年（659 AD）的《北史》，採取的不是實事求是的方法加以釐清廓正，而是採取模稜兩可的辦法，稱「高車，蓋古赤狄之餘種也，初號狄歷，北方以為敕勒，諸夏以為高車、丁零。」文中的北方指的是柔然，諸夏指的是北魏與南朝。北魏初稱敕勒為高車，西元 429 年高車人大量移居漠南後亦改稱敕勒，但從未稱敕勒為丁零。編寫《北史》的李延壽，缺乏史家的求真求實精神，妄加解釋的結果，湮蓋了歷史真相，他的失職使國人至今無法正確的認識自己歷史。當俄羅斯考古工作者在西伯利亞、外蒙古發掘出大批中國先民的斯基泰-薩爾馬特文物已歷一百四十多年後的今天，中國學

66　《魏書》卷三〈太宗本紀〉「周幾特等與叔孫建討西山丁零翟蜀、洛支等，悉滅餘黨而還。」

67　《資治通鑑》卷 106「真司馬鮮于乞殺真及諸翟，自立為趙王。」

68　《三國志》卷三〈明帝紀〉「丁零大人兒禪」。

69　《晉書》卷 124〈慕容盛載記〉「奇遜與丁零嚴生、烏丸王龍之阻兵叛盛」。

者、專家竟然不知它們是中國先民的遺物，只得任由西方學者，在不知中國歷史已有記載的情況下，利用發掘出來的文物，發表一些自以為是的研究報告，中國學者不但不知參與討論，糾正其失誤，甚至還淪為西方學者的翻譯機，對一個自詡有悠久歷史記載的東亞文明古國來說，當然是相當難堪的。這現象的產生應該與一些唐代以後編寫的歷史文獻，對塞北民族做了錯誤的分類有關；只要我們改正這些後代修史者故意或無意造成錯誤，不但有助於找出這些曾在亞洲東部使用的斯基泰-薩爾馬特文物的主人，還可以解決斯基泰人、敕勒馬特人在烏克蘭神秘失蹤的千古歐洲史懸案，使國人更加瞭解自己的歷史。

　　從《北史》〈高車傳〉的內容看，它應該取材自魏收《魏書》〈高車傳〉，再加上一些李延壽的個人見解編寫而成；如果魏收《魏書》〈高車傳〉在李延壽編寫《北史》〈高車傳〉前即已遺缺的話，李延壽應該寫不出《北史》〈高車傳〉。《北史》〈高車傳〉對高車人的品行，婚、喪習俗，宗教信仰有相當深刻的描寫，它不是一篇唐朝時代的人憑空杜撰得出來的傳記，它是現在追蹤研究高車人的一篇重要文獻。西元 555 年北齊魏收在編寫《魏書》時，當時的北齊朝中尚有不少高車族出身的將領，難道不會對與漢人相貌有相當差距的高車人相貌有所著墨？李延壽是唐皇室親信，曾做過太子典膳丞、符璽郎、兼修國史，並為皇室編撰《太宗政要》[70]；魏收《魏書》卷103 原有四篇列傳——〈蠕蠕〉、〈匈奴宇文莫槐〉、〈徒何段就六眷〉、〈高車〉，其餘三篇均完好無缺，唯獨〈高車傳〉遺失，其遺失原因為何？又李延壽重新編寫《北史》〈高車傳〉的目的為何？令人不得不有些想像空間；唐代，皇帝的詔書叫做「敕」，中書省擬具的正式詔書，呈送皇帝畫一「敕」字後，即成為皇帝的命令[71]，李唐皇室對「敕」字的偏愛，也令人十分好奇；難道是李唐皇族與高車人之間有所關聯？

70　《舊唐書》卷 73〈李延壽傳〉。

71　錢穆《中國歷代政治得失》，〈第二講唐代一乙〉，http://www.uus8.com/BOOK/html/type3/46/03/0304.htm

第七節　為何《北史》稱敕勒為赤狄之後？

　　狄歷一詞首見於《北史》〈高車傳〉，《北史》以前的文獻並沒有狄歷這一民族的稱呼；它是《北史》的編寫者李延壽為了推論丁零就是敕勒，而創造出現的虛幻民族；他的推論模式如下：

　　丁零=狄歷=赤狄=敕勒。

　　據《左傳》和杜預〈注〉，赤狄種類有六：皋落氏、廧咎如、潞氏、甲氏、留吁、鐸辰，分佈在今山西東南部、河北西南部[72]，魯宣公 15 年[73]（593 BC）起已大部為晉所併吞。無論是狄，或是白狄、赤狄都是周人對北方少數民族的泛稱，而不是這些少數民族的自稱；而且赤狄的部落中也無一部落自稱或被周人稱之為狄歷，《北史》〈高車傳〉說：「高車，蓋古赤狄之種，初號為狄歷，」都是憑空杜撰之詞，李延壽這種無中生有的治史態度是不可取的；連帶的元代耶律鑄在《雙溪醉隱集》丁零詩註中稱狄歷、丁零的古音均為「顛連」，以及現代學者說：狄歷、敕勒、丁零都是譯音之轉，也都成了無的放矢。

　　（北）丁零的古音為「顛連」，「顛連」乃匈奴語「天」的發音，如此倒可說明匈奴語與（北）丁零語間的關係。至於（西）丁零的原音與《魏略》〈西夷傳〉所稱的載「丁令」可能比較相近。西丁零與北丁零相隔萬里，風俗習慣也不相同，只不過兩者的名稱發音有點相似，應該不是同一民族。

　　敕勒與丁零二詞的發音差距頗大，實在找不出二者有何關聯。丁零乃丁零人的專稱，東漢初年移居甘肅的（北）丁零人的後代至三國、東晉末年時仍被稱為丁零胡；《三國志》卷 15〈張既傳〉載「酒泉蘇衡反，與羌豪鄰戴及丁零胡萬餘騎攻邊縣。」《晉書》卷 87〈涼武昭王傳〉載「西招城郭之

72　呂思勉《中國通史》，第二十四章〈古代對異族的同化〉，http://www.guoxue123.com/new/0001/zgts/027.htm

73　《左傳》宣公十五年「六月，癸卯，晉荀林父敗赤狄于曲梁，辛亥，滅潞。

兵，北引丁零之眾，冀憑國威席捲河隴，揚旌秦川。」其餘趁匈奴衰弱之際先後南遷至代郡（治今山西、陽高西北）的（北）丁零人的後代，至北魏時仍然被稱為丁零人，繼續替北魏做傭兵；魏收《魏書》卷三〈世祖本紀〉載有「（418 AD）魏主命護高車中郎將薛繁率高車、丁零十二部大人北略，至弱水。」由漠北移居漠南的敕勒人仍自稱敕勒，北魏時居住在今內蒙古土默川平原的敕勒人並將新居地取名敕勒川；西元 487 年，移居新疆東部的敕勒人，則將其所建立的國家取名為「高車國」。沒有證據顯示，丁零人曾改稱敕勒人或敕勒人曾改稱丁零人；敕勒、丁零不是譯音之轉，而是完完全全不相同的二個民族。原住地在今俄羅斯的外貝加爾地區的北丁零人，在鮮卑人南遷後，也逐漸於西元三世紀前後向南遷徙，不料後來卻可能因侵犯了慕容鮮卑的草場而遭到攻擊，導致滅亡消失，殘部可能逃往北魏，於是乃有西元418 年「魏主命護高車中郎將薛繁率高車、丁零十二部大人北略，至弱水。」

第八節　為何《周書》將敕勒改為鐵勒？

中國的修史者，自唐太宗貞觀三年（629 AD）編寫《周書》時，即分不清敕勒與鐵勒的區別，以致將編寫於北齊天保五年（555 AD）的《魏書》卷18〈元深傳〉中所記載的敕勒改寫為鐵勒，如卷 14〈斛拔勝傳〉「會度拔與鐵勒戰歿」；卷 15〈于謹傳〉「屬鐵勒數千騎奄至」，「西部鐵勒酋長乜（音聶）列河等，領三萬餘戶並款附」等。至唐代中葉杜佑（735-812 AD）編寫《通典》時，則進一步的認為鐵勒是敕勒的訛誤[74]；換言之，鐵勒就是敕勒。到了宋仁宗慶曆四年（1044 AD）歐陽修等開始編寫《新唐書》時，不

---

74 杜佑《通典》卷 193〈邊防十五〉「十六國慕容垂時塞北、後魏末河西并云有敕勒部，鐵勒蓋言訛也。」

但認同了《通典》鐵勒就是敕勒的訛誤，且進一步認為唐代的迴紇就是隋代的韋紇，以及北魏時期的袁紇、高車。司馬光於宋神宗元豐七年（1084 AD）編寫完成的《資治通鑑》，除了依據《魏書》使用敕勒外，也依《周書》將敕勒改為鐵勒，有時還將敕勒與鐵勒任意混用；如在卷 150，有的地方依《魏書》使用敕勒，有的地方又依《周書》改用鐵勒，如「東西部敕勒皆叛魏」，「度拔尋與鐵勒戰死」，「西部鐵勒酋長乜列河等將三萬餘戶南詣深降」等；又如在卷 180 依《隋書》卷 84〈鐵勒傳〉的記載用了鐵勒一詞，到了卷 192 再度敘述時，可能為了炫耀自己的博學，不但將西突厥處羅可汗的稱號改用隋煬帝時封號「曷薩那可汗」，還將鐵勒擅自改為敕勒[75]。近年來有學者認為原《魏書》及《北史》〈高車傳〉中的「表紇氏」為「袁紇氏」的訛誤；楊家駱先生（1912-1991 AD）將其主編的《魏書》卷2、卷103及《北史》卷 98〈高車傳〉中之「表紇氏」及「表紇樹者」，依據《太平御覽》卷801 的記載，更改為「袁紇氏」及「袁紇樹者」，這種在無確切的定論前，即依據後代文獻更改原始文獻記載的作法是輕率不可接受的。

　　唐高宗顯慶四年（659 AD）編寫完成的《北史》及五代後晉天福六年（941 AD）開始編寫的《舊唐書》並無鐵勒就是敕勒的訛誤的記載；近代學者岑仲勉（1886-1961 AD）則認為「高車敕勒充其量只能為後來鐵勒的一部份，它不能包括鐵勒的全部；鐵勒是通名，不是部落的專名；[76]」換言之，敕勒不能等同鐵勒。

　　鐵勒究竟是敕勒的訛誤，還是敕勒只是鐵勒的一部份，還是二者是毫不相同的民族，讓我們先從原始文獻的記載中探索一番。

　　鐵勒一詞首見於《隋書》卷 51〈長孫晟傳〉，「（開皇）二年（582 AD），攝圖四十萬騎自蘭州入，至於周盤（今甘肅、慶陽北），破達奚長儒軍，更

75　《資治通鑑》卷 192「西突厥曷沙那可汗方強，敕勒諸部皆臣之。曷沙那徵稅無度，諸部皆怨。曷沙那誅其渠帥百餘人，敕勒相帥叛之。」

76　岑仲勉《突厥集史》，附錄〈敕勒與鐵勒、高車與回紇之別〉，中華書局，2004 年 2 月（北京），頁1058-1062。

欲南入，玷厥（達頭）不從，引兵而去。時晟又說染幹詐告攝圖曰『鐵勒等反，欲襲其牙。』攝圖乃懼，回兵出塞。」依前述記載，我們可以得出下列推論：

1. 鐵勒一詞好像是由突厥人首先使用後，再由隋人追隨使用；文中的〈鐵勒〉，依據西元 583 年隋文帝發布的討突厥詔書的說法，指的應該是獨洛河（今外蒙古土拉河）北邊臣服於東突厥的薄孤（即僕固）、束紇羅（即同羅，束為東之誤）等部落。

2. 鐵勒各部落與東突厥間的關係是羈縻關係，不負為突厥人出征的義務；「其眾微小」，「無君長，居無恆所，」也沒有力量替突厥人開疆拓土；《隋書》卷 84〈鐵勒傳〉說「自突厥有國，東西征討，皆資其用，以制北荒，」《舊唐書》卷 195〈迴紇傳〉說「後魏時，號鐵勒部落，自突厥有國，東西征討，皆資其用，以制北荒」等的說法都是沒有根據的，可能是將敕勒誤為鐵勒，張冠李戴的結果。

3. 敕勒一詞首見於西元 357 年《晉書》卷 110〈慕容儁載記〉；一個被前燕、北魏、東魏、南梁與柔然數個不同政權使用過，且已使用了約二百年的稱呼——敕勒，到了唐代竟可訛誤為鐵勒，令人有匪夷所思之感；可能是唐代的官僚史官分不清鐵勒是敕勒的區別，所造成的一種極不專業、極不用功的錯誤；當然更有可能的是《周書》主編者令狐德棻或宰相房玄齡有意造成的混淆不清。

西元 1889 年至 1912 年在蒙古高原發現了六塊古突厥碑——闕特勤碑（Kul Tegin）、毗伽可汗碑（Bilge Khan）、暾欲谷碑（Tonyukuk）、闕利啜碑（Keuli Chor）、雀林碑（Choren）、翁金（Ongin）與塞富萊碑（Sevrey），令人驚訝的是所有的碑文中竟無鐵勒一詞，中國文獻所說的鐵勒，突厥文諸碑中稱之為烏古斯；而且，這個自隋開皇二年（582 AD）開始使用的稱呼，一直使用到唐天寶三年（744 AD）迴紇帝國成立，竟然無人敢提出異議而加以修正；而且被中國人稱為鐵勒人之一的薛延陀可汗夷男還曾自稱「我本鐵勒

之小帥」[77]，以附和中國人對他們的稱呼；這種現象的產生，應該是無論是烏古斯人也好，鐵勒人也好，都是外人對他們的稱呼，而非他們的自稱，自然也就不會發生名稱上的衝突了；迴紇帝國成立後，新帝國既不稱鐵勒也不叫烏古斯，鐵勒或特勒此一名稱才不得不自然而然的從歷史上消失。至於中國人為何會將突厥人所稱的烏古斯人稱之為鐵勒人？據《舊唐書》卷 195〈迴紇傳〉的記載可知，隋代所稱的鐵勒在唐代又可讀作特勒[78]；據《新唐書》卷 215〈突厥傳上〉與《資治通鑑考異》卷七的解釋，特勒乃突厥語「子弟」之意，如是，則「鐵勒」或「特勒」可能就是「特勤」的訛誤；中國隋、唐文獻經常將「勤」誤書為「勒」，如《舊唐書》卷八〈玄宗本紀上〉載「突厥默啜遣其子同俄特勒（勤之誤）率眾寇北庭都護府」，《新唐書》卷 215〈突厥傳上〉載「統特勒（勤之誤）統胡部，斛特勒（勤之誤）統斛薛部」等等，不勝枚舉。

　　隋人中第一個知道在東突厥北方有鐵勒此一部落的，應該是於西元 580年六月奉命以汝南公宇文神慶「副使」身份護送北周千金公主出嫁突厥可汗攝圖的長孫晟；長孫晟是一位有謀略的武人，有百步穿楊、一箭雙鵰的彈射本領。長孫晟出使突厥期間，受到突厥可汗攝圖的歡迎，要求他的子弟與長孫晟結交，以便能學得百步穿楊本領；他受到突厥可汗的挽留，在突厥住了一年之久，與攝圖之弟處羅侯（即後來的莫何可汗）到處遊獵，對突厥的山川地形、部落強弱與突厥高層之間的矛盾都瞭若指掌；西元 583 年隋文帝發布的討突厥詔書中提到的一些以前的中國文獻從未記載的有關突厥的內幕資料，如「突厥之北，契丹之徒，切齒磨牙，常伺其便；達頭前攻酒泉，其後于闐、波斯、挹怛三國一時即叛；沙缽略近趣周盤，其部內薄孤（即僕固）、束紇羅（即同羅，束為東之誤）尋亦翻動；往年利稽察大為高麗、靺

77　《舊唐書》卷 199〈鐵勒傳下〉。

78　《舊唐書》卷 195〈迴紇傳〉「迴紇，其先匈奴之裔也，在後魏時，號鐵勒部落，其眾微小，其俗驍強，依託高車，臣屬突厥，近謂之特勒。」

輕所破，娑毗設又為紇支（即點戞斯）可汗所殺；與其為鄰，皆願誅剿；部落之下，盡異純民，千種萬類，仇敵怨偶，泣血拊心，銜悲積恨。[79]」應該就是來自長孫晟的報告；但因他學識欠佳，「略涉書記」[80]，將「勤」誤書為「勒」的始做俑者可能就是他；將東紇羅（同羅）誤書為束紇羅可能也是他；而且他可能也不懂突厥語特勤的意思，可能是因處羅侯在向他介紹這些烏古斯部落時同時稱呼他們為突厥的小老弟——特勤，而誤解為它是一個民族的稱呼；故「鐵勒」很可能是因誤解所創造出來的一個稱呼，它可能是特勤的訛誤，而不是敕勒的訛誤，鐵勒與敕勒是兩種毫不相同的兩個民族。

　　《舊唐書》〈鐵勒傳〉是一部替鐵勒人作傳的重要文獻，由《舊唐書》〈鐵勒傳〉的記載中，我們發現，唐代所謂的鐵勒部落他們的原居地都在西伯利亞或外蒙古北部；西元 487 年，高車人離開西伯利亞、外蒙古後，他們才陸續南遷到外蒙古、西伯利亞南部；後來又有部份的部落西遷至阿爾泰山西南與新疆東北部；在突厥強大時，他們分別臣服於東、西突厥；西元 628 年當東、西突厥衰弱時，有些西遷的部落又陸續遷到外蒙古；鐵勒的部落包括薛延陀、契苾、都播、骨利幹、多覽葛、僕固、同羅、迴紇、拔野古、渾部、思結、奚結、斛薛、阿跌、白霫等部落[81]；他們之中有烏古斯族，如迴紇等；有東胡族，如白霫；也有原匈奴部落的拔也古；後長期受突厥及迴紇統治的結果，語言已突厥化但有的部落仍保留傳統服飾。唐代就是以服飾的不同作為區別迴紇與其統治下的九姓胡的方法；唐代宗大曆 14 年（779 AD）七月下詔：「回紇諸胡在京師者，各服其服，無得效華人；[82]」「各服其服」的目標針對的應該是粟特胡、波斯胡、大食胡等商胡，以免他們冒充回紇、九姓胡，享受外交豁免權、租稅免除權及免費的食物供給等；「無得效

79　《隋書》卷 84〈突厥傳〉。

80　《隋書》卷 51〈長孫晟傳〉。

81　《舊唐書》卷 199〈鐵勒傳〉。

82　《資治通鑑》卷 225「代宗大曆十四年七月庚辰」。

華人」針對的應該是回紇、九姓胡（九姓烏古斯），以免他們誘取唐人女子為妻妾，因為回紇、九姓胡穿上唐服，也就與華人難以區別；如果是粟特胡、波斯胡、大食胡等，就是穿上唐裝，還是無法冒充華人。唐德宗建中元年（AD 780），唐德宗命令回紇使者突董率領居住在京師的回紇人及九姓胡回國，他們回途經過振武（今山西、朔縣）時，因攜帶了大批的財物及唐人女子，引起覬覦與不滿，一行千餘人被振武軍使張光晟設計殺害，華人女子，「給糧還京」，從長安收刮來的財物，則「賞賚（音賴，賜也）軍士」[83]。《隋書》〈鐵勒傳〉將原來居住在康國（即康居）北、傍阿得水的訶咥、曷㟍、撥忽、比干、具海、曷比悉、何嵯蘇、拔也未渴達等部落，得嶷海（今裏海）東西的蘇路羯、三索咽、蔑促、隆忽等部落，拂菻（東羅馬）東的恩屈、阿蘭、北褥九離、伏嗢昏等部落，也當作鐵勒部落則可能是個錯誤。《隋書》〈鐵勒傳〉的資料來源是裴矩的《西域圖記》，而《西域圖記》的資料來源是裴矩根據他在監知張掖關市時訪採西域胡商所得的材料編寫而成；裴矩對胡商提供的資料是毫無保留的全盤接受的，因為他認為「富商大賈，周遊經涉，故諸國之事罔不遍知。[84]」裴矩顯然是高估了這些胡商的知識了，連帶的《西域圖記》自然也就記載了一些市井傳聞與錯誤的資訊，有可能是「富商大賈」把當時中亞地區所有的蒙古人種的遊牧部落，如「康居北」的（西）丁零人、「得嶷海東、西」的悅般人、「拂菻東」的匈奴人都當成鐵勒人。

　　突厥人所稱的烏古斯，或中國人所稱的鐵勒，都是眾多塞北少數遊牧民族的泛稱，不是某個部落的專名，事實上也沒有一個單獨的部落自稱為鐵勒，或被人稱之為鐵勒；隋代時的鐵勒部落人口雖不多，但是它的分佈範圍卻相當廣泛，加上隋代的文獻經常只單寫鐵勒而無部落名稱的記載，使得閱讀者弄不清它指的是在什麼地方的什麼部落。唐開元中，鐵勒部落中的迴紇

83　《舊唐書》卷 127〈張光晟傳〉。

84　《隋書》卷 67〈裴矩傳〉。

漸漸強大，唐天寶三年（744 AD），迴紇骨力裴羅自立為骨咄祿毗伽闕可汗（Qutlugh Bilge Köl Qaghan），有十一都督，統十一部落（原為九姓部落，後增加拔悉密、葛邏祿二部），鐵勒或特勒此一名稱因與迴紇的自稱發生衝突，而不得不從歷史上消失。《新唐書》〈迴紇傳〉將高車袁紇（表紇）部當作迴紇的祖先，這是沒有根據的附會；高車只有表紇部而無袁紇部，表紇部的人都姓表紇，如表紇樹者，迴紇酋長則姓藥羅葛氏。敕勒是敕勒人的專名，高車則是敕勒人的綽號，未聞鐵勒也有高車此一綽號。歷史上有敕勒國而無鐵勒國；敕勒人所居之地，被稱之為敕勒國[85]，它是柔然的附國。鐵勒大約就是後來的迴紇；至於迴紇人使用的高輪車，則應該是向高車人學來的製作技術，《舊唐書》〈迴紇傳〉稱其「後魏時，其眾微小，依託高車。」

第九節　中國歷史文獻需修正的錯誤

　　西元 551 年，高車出兵討伐柔然，卻在半路上，遭到突厥人的伏擊，高車國從此滅亡；五萬餘落、二十多萬的高車人從此成為突厥人的奴隸，替突厥人先擊柔然（552-555 AD），次滅嚈噠（557-558 AD），東走契丹（560 AD前後）。《周書》卷 50〈突厥傳〉載「時鐵勒將伐茹茹，土門率所部邀擊，破之，盡降其眾五萬餘落。」《隋書》卷 84〈突厥傳〉載「當後魏之末，有伊利可汗，以兵擊鐵勒，大敗之，降五萬餘家。」《北史》卷 97〈突厥傳〉載「當後魏之末，有伊利可汗，以兵擊鐵勒，大敗之，降五萬餘家。」《周書》、《隋書》與《北史》的上述記載的原始資訊應該是來自突厥，再由北周或隋代史官補記；但突厥語文中並無鐵勒一詞，中國史籍所稱的鐵勒，突厥稱之為烏古斯，但是因為新成立的西魏及其後繼者北周的國策重武輕文[86]，

85　《晉書》卷 125〈馮跋傳〉「不煩大眾，願給騎三百足矣。得達敕勒國，人必欣然來迎。」

86　《隋書》卷 51〈長孫晟傳〉「時周室尚武，貴遊子弟咸以相矜。」

史官都是新手，沒有傳承，典籍缺乏；西元 545 年西魏承相宇文泰遣酒泉胡安諸槃陀通使一個從未與中原政權有過交往的突厥，而不曾派遣使者至與北魏政權有 50 年朝貢關係的高車國，可見西魏上下根本就不知突厥旁還有一由敕勒人建立的高車國的存在，以致把突厥人所說的敕勒誤為鐵勒；故中國史籍所稱西元 551 年亡於突厥的鐵勒事實上是敕勒（或高車）的訛誤。《梁書》卷 54〈高昌國傳〉載「其國蓋車師之故地也；南接河南，東連燉煌，西次龜茲，北鄰敕勒。」上述記載，也證實了南梁時代（502-557 AD）在高昌國北方的就是敕勒（或高車）；南梁官員的上述資訊，應該是得自嚈噠使節，這也就是為什麼《梁書》卷 54〈高昌國傳〉將高車稱之為敕勒，而不是他們慣稱的丁零了。《梁書》卷 54〈高昌國傳〉將高車稱之為敕勒，而同卷〈芮芮國傳〉則將高車稱之為丁零，可見南梁的史官與《梁書》的編寫者姚思廉（557-637 AD）也搞不清楚高車、敕勒與丁零之間的關係。李延壽編寫的《南史》卷 79《高昌國傳》與《蠕蠕傳》，則是生吞活剝的抄取自《梁書》〈高昌國傳〉與〈芮芮國傳〉，可見李延壽也搞不清楚高車、敕勒與丁零之間的關係；李延壽在《北史》〈高車傳〉稱「高車，蓋古赤狄之餘種也，初號狄歷，北方以為敕勒，諸夏以為高車、丁零。」都是應唐高宗的要求所掰出來的言不由衷之詞；與令狐德棻、房玄齡相較，李延壽是忠於原著的，他只不過是在原有文獻的記載上，盡量曲解以滿足唐高宗的要求；不像令狐德棻、房玄齡，乾脆將「敕勒」更改為「鐵勒」，以滿足唐皇室混淆世人的需要。令狐德棻與房玄齡二位官僚史家指鹿為馬的修史行徑是要受到譴責的。

　　《舊唐書》卷 199〈鐵勒傳下〉說「鐵勒，本匈奴別種；自突厥強盛，鐵勒諸部份散，眾漸寡弱。」一個在西元六世紀中葉，「眾漸寡弱」的鐵勒諸部，與柔然無冤無仇，為何要在西元 545 年去討伐柔然？他們有這個力量嗎？就地理位置而言，西元六世紀中葉以前，鐵勒部落均居住在柔然之北，突厥在柔然之南，如果鐵勒部落之一要攻擊柔然，突厥人是不可能知道的，更別說在途中邀擊了；如果西元 545 年被突厥滅亡的是鐵勒的話，那麼西元583-628 年出現在「伊吾以西，焉耆之北，傍白山的」的鐵勒部落是哪裡來

的？中國文獻第一次記錄「伊吾以西，焉耆之北，傍白山」有鐵勒部落的是《隋書》〈西突厥傳〉，依該傳的記載，西元 583-584 年阿波可汗將勢力範圍拓展至金山以南時，當地的鐵勒部落始向其臣服；這些鐵勒部落應該就是「契弊（苾）、薄落職、乙咥、蘇婆、那曷、烏讙、紇骨、也咥、於尼讙等」部落[87]，「勝兵可二萬」（圖 48）；這些鐵勒部落是何時南下的？史無記載；據判斷應該是在西元 558 年突厥擊潰嚈噠後，葉護室點

圖 48　米奈花磚上的塞爾柱突厥人像，美國華府弗利爾美術館藏

密將牙帳由金山南麓遷至一座名為艾克塔（Ektag）的山上後[88]；在嚈噠未臣服前，室點密應不敢將牙帳搬至艾克塔山；在室點密牙帳還在金山南麓時，鐵勒部落應該不敢來到「伊吾以西，焉耆之北。」又依《隋書》〈鐵勒傳〉的記載，在隋代時所有各地的鐵勒聚落中，最大的聚落，是「康國北，傍阿得水」的「訶咥、曷嶻、撥忽、比干、具海、曷比悉、何嵯蘇、拔也未渴達等」部落（姑將他們視為鐵勒部落），「有三萬許兵」；也就是說最多不過三萬餘落，而西元 545 年被突厥降服的「鐵勒」部落卻達五萬餘落，可見西元 545 年被突厥降服的不可能是鐵勒。

　　有些五胡史的研究者已發現這項嚴重歷史記載錯誤，在他們的著作中，都已自行更正[89]。鐵勒是眾多突厥化塞北少數民族的泛稱，敕勒是一個民族

87　從出土文物觀察，這批鐵勒人應該來自南西伯利亞，在北疆發現的阿凡納謝沃文化的肩石杵、石輾盤、骨針、骨錐和細石鏃與奧庫涅夫文化的鼓炳銅錐、礪石和青銅小刀等應斷代為西元六世紀下半葉。這群鐵勒部落可能就是塞爾柱突厥的前身。

88　《彌南寶史料殘卷 10,3》，艾克塔（Ektag）山，現在何地不詳；以在烏孫故地的可能性最大；不可能是沙畹（Emannel Edouard Chavannes）所考證的阿爾泰山。

89　王仲犖《魏晉南北朝史》，卷 8〈魏晉南北朝時期的邊境各族〉，頁 665「突厥主阿史那土門率領部眾，打敗併合並了高車部族五萬落。」上海人民出版社，2004 年 3 月臺版。趙丕承《五胡史綱》，頁 1447「突厥既為柔然屬下，乃鋌而捍衛主子，大破高車軍，收降高車五萬多部落。」藝軒圖書出版社，

的專稱，二者之間不存在彼此的取代性；再者，鐵勒部落中沒有敕勒，用鐵勒取代敕勒或高車是個錯誤，由此顯示出中國古代文人邏輯思辨能力的缺乏與地理知識的不足。歷史學者岑仲勉先生在其所著《突厥集史》一書中對學術界將敕勒、鐵勒混用一事，認為是對「舊史文分析不嚴，致陷於疑似或錯誤之考定。[90]」岑仲勉先生的批評當然也適用于唐、宋時期的古人，如杜佑、歐陽修、宋祁、司馬光等，甚至包括岑仲勉本人。由於中國史書將敕勒、鐵勒、丁零任意混用的結果，使得國人在閱讀西元 429 年至西元 551 年的北朝史的有關記載時，往往一頭霧水，不知所云；為正本清源計，筆者建議將史書中混用敕勒、鐵勒之處，分別修正如下：

1. 以西元 551 年六月「高車國」滅亡時為準，所有史書上於西元 552 年前記載的鐵勒均應修正為敕勒或或高車；西元 582 年以後所有史書上記載的敕勒均應修正為鐵勒。將敕勒誤為鐵勒始自貞觀十年（636 AD）編寫完成的《周書》，如卷 14「會度拔與鐵勒戰歿」；卷 15「屬鐵勒數千騎奄至」；「西部鐵勒酋長乜列河」；卷 50「時鐵勒將伐茹茹，土門率所部邀擊，破之，盡降其眾五萬餘落。」

2. 將《北史》、《隋書》、《舊唐書》、《新唐書》、〈鐵勒傳〉或〈回鶻傳〉中「自突厥有國，東西征討，皆資其用，以制北荒」的記載刪除。

3. 將現今楊家駱先生（1912-1991 AD）主編的《魏書》卷 2、103 及《北史》卷 98 中之「袁紇部」、「袁紇氏」及「袁紇樹者」，恢復為「表紇部」、「表紇氏」及「表紇樹者」。

臺北縣（2000 年 5 月）。

90　岑仲勉《突厥集史》，附錄〈敕勒與鐵勒、高車與回紇之別〉，中華書局，2004 年 2 月（北京），頁 1058-1062。

第六章　高車人的外貌與物質文明

第一節　外貌

　　敕勒人離開烏克蘭草原後向東方前進，最先出發的是在烏克蘭北部遊牧的烏戈爾（Urgi）部，其次是在烏克蘭中部遊牧的斯基泰（Royal Scythians）部，最後則是在黑海北岸遊牧的羅克索拉尼（Roxolani）部。當他們越過烏拉爾山到達西伯利亞、外蒙古後；居住在外貝加爾地區的部落可能就是烏戈爾部，居住在圖瓦共和國、布里雅特共和國、外蒙古中北部的部落可能就是斯基泰王者部，居住在阿勒泰草原、米努辛斯克盆地一帶的部落可能就是羅克索拉尼部。由於遊牧民族的草場是移動的，東來的烏戈爾部、羅克索拉尼與斯基泰部可能已發生混雜現象。

一、敕勒族

　　西方國家沒有留下一張清晰的敕勒人圖片，只有一些文字的描述，如：

　　1. 希臘歷史學家希羅多德說：敕勒人身材壯碩（Stout）、金髮（Blond），皮膚呈古銅色（因遊牧生活，常曬太陽之故）。

　　2. 羅馬詩人歐維德（Ovid）的詩中，有描寫薩爾馬特埃阿熱格斯（Iazyges）部人在冬天驅趕牛車渡過多瑙河的圖像，該人全身被皮衣與褲子包裹住，只有臉頰裸露，頭髮上的垂冰因磨擦而經常發出 Tingle 的響聲，唇下的鬍鬚因結霜而成白色[1]。

1　Ovid, "Tristia," Book III, Chapter 10：1-40 "Winter in Tomis," http://www.forumromanum.org/literature/

　　3. 羅馬歷史學家塔西托（Tacitus）說：敕勒人穿長而寬鬆的皮袍
（Long flowing robe）；敕勒人冷漠（Slovenly）、骯髒（Squalid）、相貌醜陋
（Repulsive）[2]。

　　中國文獻有關敕勒人長相的記載有：

　　1. 唐朝和尚玄奘說：（疏勒國）人性獷暴，俗多詭詐，禮義輕薄，學藝
庸淺，其俗生子，押頭匾匾，容貌粗鄙，文身綠睛。

　　2. 《北史》卷 54〈斛律光傳〉載「光字明月，馬面彪身，少言笑。」
所謂「馬面」就是「長臉」，西方人多長臉；「彪身」就是希羅多德說的
"Stout"；「少言笑」，與塔西托說的「冷漠」與唐朝和尚玄奘所說的「禮義
輕薄」相類，都是敕勒人高傲性格的表象；至於說敕勒人不愛乾淨，可能是
那時西方的遊牧民族，他們將牲畜放在他們的帳蓬四周[3]。至於高車人的高
鼻，中國的史書都略而不談，可能是一種忌諱，因國人視高鼻為龍準，如
《漢書》〈西域傳〉顏師古註形容烏孫人，稱其「人青眼，赤須，狀類獼
猴；」《新唐書》〈回鶻傳〉形容點戛斯人，則稱其「人皆長大，赤髮、皙
面、綠瞳；」《晉書》〈石季龍載記〉形容羯人，則稱其「目深」；惟獨對
鼻子的形容非常吝嗇。

　　3. 北魏太武帝拓跋燾曾經指著崔浩，介紹給投靠北魏的高車部落酋長
們說：你們看這個人瘦小文弱，既不能彎弓，又拿不動鐵矛，然而，他胸中
的智謀遠勝於百萬大軍；我雖有征討天下的志向，卻不善做決斷，前前後後
建立的功勳業績，都是這個人的智慧所賜[4]。

---

tristia1.htm

2　Tacitus, *Germania*, Chapter 17, 46, http://www.northvegr.org/lore/tacitus/001.php

3　"Round about the tents are the herds which afford the milk, cheese, and meat on which they live," Strabo, *Geography*, Book VII, Chapter 3, Article17,
　　http://www.perseus.tufts.edu/cgi-bin/ptext?doc=Perseus%3Atext%3A1999.01.0198&query=book%3D%232

4　《魏書》卷 35〈崔浩傳〉。

　　太武帝對高車酋長所講的那句話有諷刺的意思，他話中
的另一層意思就是說你們高車人，雖然身材壯碩，卻有
勇無謀。

　　中國文獻對敕勒人外貌的描述雖然簡略，但由於陶
器的普及，中國陶匠卻為敕勒人製作了不少的陶俑，年
代從北魏到唐代，唯妙唯肖，稍微彌補了一點文獻不足
的遺憾；最難能可貴的是北魏時代製作的陶俑，一件於
洛陽出土的北魏高車武士陶俑（圖 49），該陶俑著交
領、有開襟長皮甲，頭戴圓椎帽，長髮，長鬍鬚無髭，
大圓眼睛，鼻子微露孔；另一件於河南出土的北魏敕勒
武士所穿上領（亦稱圓領、盤領）長皮甲，右頸與右肩
頭間有繩索狀的結扣，腰間繫有腰帶（圖 50）；兩件陶
俑的長相、服飾與羅馬史學家塔西托筆下的薩爾馬特人
的長相、服飾相當，可見北魏時期的敕勒人的服飾與他

圖 49　北魏武士一，
　　　　敕勒族，日本
　　　　奈良天理大學
　　　　天理參考館藏

們在歐洲時相同。東魏以後的敕勒人服飾，受鮮卑與斯基泰服飾的影響，出
現了窄袖、翻領長袍（圖 51）；北朝武士的裝備也與南朝右衽寬褲的軍服
（圖 52）有顯著的差異，這可從河北磁縣東魏墓出土的東魏武士陶俑（圖
53）、北齊高洋墓武士陶俑（圖 54）得到證明；

北朝武士頭戴護耳兜鍪頭盔，身穿有護頸的明光
鎧，雲肩式裲襠，束腰著褲，足穿靴，左手按獸
面長盾，右手於側面持物。

　　唐朝和尚玄裝說：（疏勒人）容貌粗鄙；西方
有句話叫「醜陋的薩爾馬特（Sarmatian
Ugliness）」，是說薩爾馬特人有似亞洲人的露孔鼻
與斜眼；從中國出土的陶俑得知，敕勒馬特人中
確實有相當比例的人有露孔鼻（Gaping Nostril），
幾乎成了敕勒人的註冊商標；至於所謂的斜眼，

圖 50　北魏武士二，敕勒
　　　　族，河南出土

不知所指為何？如指的是東方人瞇瞇眼或杏眼，則顯然並不正確，敕勒人的
眼睛都是又圓又大的牛眼。可能是因敕勒人中有人有露鼻孔，有西方學者猜
測，敕勒馬特人帶有亞洲人血統。

圖 51　唐代敕勒人，
1970 年河北元
氏縣唐垂拱四
年（688 AD）
呂眾墓出土，
取自《中國陶
器定級圖典》，
上海辭書出版社
2008，頁 223

圖 52　東晉武
士，取
自網路
孔子學
院

圖 53　東魏武士，
河北磁縣東
魏墓出土

圖 54　北齊武士，河北
高洋墓出土，取
自朱岩石《圖說
北齊高洋墓》，
頁 95（2006）

　　至於敕勒人眼珠的顏色，應以親自到過疏勒的唐朝和尚玄裝所說的綠瞳
較為可信；希臘史學家希羅多德說敕勒人是金髮，但未指出眼珠的顏色；至
於《新唐書》所謂的碧瞳則是中國人對西方人眼珠的統稱，既可指藍瞳，也
可指綠瞳。

　　北魏後期，及東魏、西魏、北齊、北周的軍隊中都有不少的高車族出身
的將士，如斛律金、斛律光父子，賀拔勝（斛拔勝）、賀拔岳（斛拔岳）兄

弟等。東魏武定四年（546 AD）十一月，玉壁之戰後，東魏軍中謠傳丞相高歡被西魏韋孝寬以「定功弩」射殺，軍心浮動，高歡乃集體召見其軍中高級將領，並命斛律金唱敕勒歌，高歡「自和之」[5]，以鼓舞士氣，並破謠言。由前述記載中，吾人可推知東魏軍隊係以敕勒將士為主力，否則高歡不會命斛律金唱敕勒歌，且「自和之」。

　　河北高洋墓墓道壁畫的 106 個人物裡，墓道西壁第 15 人及第 42 人是最典型的高鼻濃鬚形象，具有這種特徵的人物，在 106 個人物形象中佔有的比例較大（圖 55A、B），他們與傳統的漢人形象迥然不同。從事高洋陵墓壁畫創作的楊子華、曹仲達（曹國粟特人），都是當時的一流畫家，從他們現實主義的表現手法來看，這些形象的繪製應該是有依據的[6]。筆者認為這些高鼻濃鬚形象的人物就是敕勒人或帶敕勒血統的混血兒（唯一不足之處是眉毛畫得高了）；近年來中國在河北南部、山西太原一帶發掘了不少東魏、北齊（圖 56）、隋、唐古墓，發現了不少歐洲人種的陶俑與壁畫像，但中國學者

圖 55A　河北省磁縣北齊高洋墓壁畫，斜坡墓道左壁儀杖隊列第 20-27 人，取自朱岩石《圖說北齊高洋墓》，頁 41（2006）

5　《北史》卷 6〈齊本紀〉。

6　朱石岩《圖說北齊高洋墓——遺落秋風的歎息》，重慶出版社（2006 年 5 月），頁 110-123。

圖 55B　河北省北齊高洋墓壁畫，斜坡墓道左壁儀杖隊列第 40、42
人，取自朱岩石《圖說北齊高洋墓》，頁 41、46（2006）

圖 56　〈鞍馬出行圖〉──山西省太原市郊北齊東安王婁睿墓壁畫
之一，取自中國歷史文化保護網

卻無法解釋，就是因為不知這些都是東魏高歡手下的高車武士及其後代。在
北魏的後期，在北魏六鎮的少數民族之間，由於長期比鄰而居，互相通婚已
很普遍，如鮮卑人宇文肱的兒媳婦是高車人賀拔氏，高車人李虎的兒媳是烏
桓人獨孤氏[7]。

　　有學者稱現存的唯一一首勒敕歌──「敕勒川」，係斛律金所作，也有人
說高歡命斛律金所唱之敕勒歌即為「敕勒川」。敕勒人能歌善舞，《北史》

7　《資治通鑑》卷 101「（360 年）冬十月，烏桓獨孤部、鮮卑沒奕干帥眾數萬降秦，秦王堅處之塞
南。」

〈高車傳〉載「其人好引聲長歌,又似狼嗥。」「大會,走馬殺牲,遊遶歌吟忻忻」及《北史》〈爾朱榮傳〉載「爾朱每于西林園與魏帝宴飲,及酒酣耳熱,必自匡坐唱虜歌,為樹梨普梨之曲,見臨淮王從容閑雅,愛尚風素,固令為敕勒舞,」可見敕勒人創作的歌曲與舞蹈必定不少;吾人不可因殘存且譯成漢語的敕勒歌僅存一首而推論出「敕勒川」係斛律金所作,或說高歡命斛律金所唱之敕勒歌即為「敕勒川」;「敕勒川」在今內蒙古土默川平原,屬武川鎮管轄,它應該是居住在當地的敕勒人所創作的一首牧歌。斛律金出身懷朔鎮(位於武川鎮之西),初為軍主(下級軍官),後為酋長,《北史》載「(斛律)金性質直,不識文字」,故「敕勒川」不可能為斛律金所作。

西元 1993 年七月,俄羅斯女考古工作者納塔莉亞・波洛斯馬克(Natalia Polosmak)在中國新疆與俄羅斯阿爾泰共和國邊境間無人地帶的烏科克台原(Ukok Plateau)的永凍層下發掘了號稱是 2,400 年前,頭戴三英尺(91 公分)高的高尖頂氈帽,手臂上有刺青的金髮歐羅巴人種冰凍年輕女屍,除臉部只剩皮骨外,其餘身體部份的肌肉尚稱完好;棺木係由挖空的整支松木樹幹製成;為了防腐,女屍的腦髓、內臟均已取出填充泥煤(peat)、樹皮(bark)後再用馬毛製成的線予以縫合,眼球也被取出填以毛球;在棺木外有六匹穿戴全部馬具準備隨時帶著主人出發的馬殘骸;有一具馬墊上有獅子的圖案;女屍穿著柞蠶絲(Tussah)或蠶絲製成的內衣,據俄羅斯考古學者推測,柞蠶絲非來自中國,可能來自印度,其理由是中國在 2,400 年前無柞蠶絲或野蠶絲,只有家蠶絲;在稍微彎屈的膝蓋的後方有個紅色小袋,內有木底黃銅鏡一面。在棺木的末端有一個小石盤,盤內有燒過的種子,起初以為是印度大麻(Cannabi),經檢驗後發現是香菜仔(Corianer);香菜仔燃燒後會產生濃郁的氣味,可以掩蓋屍臭。所有墓中使用的器物都是使用過的物品(包括製棺木的木材),殺的馬不是病馬就是老馬,顯示高車人是一個節儉務實的民族[8]。

8　"Ice Mummy: Siberian Ice Maiden," PBS Airdate: Nov. 24, 1998, http://www.pbs.org/wgbh/nova/transcripts/2517

　　中國陶匠也為高車婦女留下了一尊陶相（圖 57），她的鼻子形狀與俄羅斯考古工作者列昂尼德-雅布隆基博士（Dr. Leonid T. Yablonsky），依據在俄羅斯南烏拉爾地區出土的一具早期遊牧民族女性頭顱所塑造的婦人像（可能是阿蘭人，圖 58）的鼻子倒有幾分相似。

圖 57　東魏女官，敕勒族，河北南
　　　　部出土

圖 58　俄羅斯考古學者雅布隆基博士依據
　　　　頭顱骨所塑造的婦人像，取自美國
　　　　加州歐亞遊牧民族研究中心網站

二、斯基泰族

　　斯基泰人是馬上弓箭手，他們戴尖頂帽，穿寬鬆的外套（圖 59），腰繫皮帶；他們發展了一種動物藝術，這種藝術通過其風格仍然保留了對更有可塑性的自然主義形式的記憶[9]。斯基泰人的生動形象保留在庫爾奧巴（Kul Oba）的希臘-斯基泰（Greco-Scythian）式花瓶上（圖 60）。他們留著鬍鬚，戴著防禦草原寒風的護耳尖頂帽，穿著米底亞人和波斯人都很普遍的寬鬆服裝－束腰上衣和大褲子。中國陶匠也為斯基泰人留下一些陶俑（圖 61），斯基泰式的帽子也成了隋代的軍帽（圖 62）。

---

siberian.html

9　Rene Grousset, *The Empire of Steppes*, translated by Naomi Walford, 1970 Rutger University Press, New Brunswick, N. J., p. 11.

圖 59　頭戴護耳尖頂帽、手持斯基泰弓、騎乘骨利幹馬的斯基泰騎士青銅小肖像，鄂爾
　　　　多斯出土，取自江上波夫（Egami Namio）1948 著作圖版 4

圖 60　採自一個金銀合金的希臘花瓶上的斯基泰武士

圖 61　頭戴船形尖帽身穿絲袍的斯基泰　　圖 62　頭戴斯基泰式護耳尖帽
　　　　伶人陶俑，山西省壽陽縣北齊庫　　　　　　的隋代武士陶像，山西
　　　　狄回洛（葬於 562 AD）墓出土　　　　　　　出土

　　斯基泰一詞出自希臘語 Skythai，古波斯人則稱斯基泰人為住在黑海邊的塞種（Saka Paradraya），斯基泰人則自稱為 Skoloto；亞述年代記（Assyrian Chronicle）則稱斯基泰人為 Iskuza 或 Iskuzi。

　　根據英國考古工作者霍姆茲拉薩姆（Hormazd Rassam, 1826-1910 AD）西元 1852 年在亞述西元前 704 至 612 年的首都尼尼微（Nineveh），挖掘出的亞述班巴尼（Ashubanipal, 668-672 BC）王宮圖書館的楔形文字泥板（Cuneiform tablet）中的政治-宗教類檔案顯示，最遲在亞述王以撒哈頓（Esarhaddon, 680-669 BC）時代，斯基泰人即與亞述開始交往；依據泥板記載的內容，亞述王以撒哈頓曾委託祭司向太陽神（Shamash）請示，如果嫁一公主與斯基泰王帕爾塔圖阿（Partatua），帕爾塔圖阿會遵守並履行他向亞述王以撒哈頓發出的誓言嗎？[10]

　　由於斯基泰人沒有文字，他們的鄰居希臘人、波斯人與亞述人所寫有關他們的歷史都是概略的；因此必須依賴考古證據，才能找出他們的原住地。有些歷史學者說斯基泰人由北方進入烏克蘭草原；有些學者可能受了俄羅斯考古工作者在西伯利亞的巴澤雷克與圖瓦共和國發現，據說是西元前九世紀到西元後一世紀帶斯基泰藝術風格陪葬品的歐羅巴人墓葬的影響，認為斯基泰人來自中國西側的阿爾泰山；甚至有西方學者推測西元前 771 年導致中國西周滅亡的入侵犬戎，可能來自中亞[11]。

　　但根據考古證據與歷史記錄，斯基泰人的原始發源地應該是現在伊朗西北部或更西的安那托利亞（Anatolia），西元前八至七世紀遷至魯利斯坦

10　"King Esarhaddon asks, 'Regarding Partatua, King of the Iskuza who has just sent his ambassador to Esarhaddon, King of Assyria, about a princess I ask you Shamash, great lord, if Esarhaddon gives a princess to Partatua, King of the Iskuza for a wife, whether Partatua will observe and keep his oath to Esarhaddon, King of Assyria?'" W. Edward Filmer, "Our Scythian Ancestor,"
http://www.originofnations.org/old_bi_literature/our_scythian_ancestors_filmer.htm

11　"Some modern scholars have even surmised that the barbarian invasions of China that brought the Western Chou dynasty to an end in 771 BC may have been connected with a Scythian raid from the Altai that had occurred a generation or two before Scythian migration westward to the Ukrine," Encyclopedia Britannica, 2002, book 28, p. 230.

（Luristan）；在古老的年代，該地是由騎馬的遊牧民族米底亞（Medes 古波斯的一部份），以及與斯基泰人有密切關係的辛梅里安人（Cimmerians）所盤據。在魯利斯坦發現的藝術品有強烈的斯基泰風格，研究人員認為在齊維耶（Ziwiyeh）附近的墳中所發現的珍寶屬於西元前八到七世紀的斯基泰文物；齊維耶原為馬捏伊王國（Mannae）之地，此時顯然已被斯基泰人盤據[12]；魯利斯坦當時是在亞述帝國（Assyria）的統治下，斯基泰風格藝術品的出現與亞述人於西元前九到西元前八世紀入侵敘利亞、腓尼基與北以色列王國有關；戰爭結束後，被俘的工匠，依亞述的慣例，被發配至帝國境內的不同地點工作；此種興旺的藝術被稱之為新亞述藝術（Neo-Assyrian Art），歷史藝術學者也將新亞述藝術稱之為腓尼基風格；所謂的斯基泰風格，其實就是腓尼基風格。西元前 625 年，米底亞王國建立，西元前 609 年亞述帝國被米底亞與巴比倫的聯軍滅亡；曾與亞述結盟的斯基泰人，此時雖然已參加米底亞與巴比倫的聯軍，仍然遭到報復而被迫逃亡，逃難時他們將齊維耶的藝術及墓葬形式由北伊朗帶往高加索與烏克蘭[13]。

　　斯基泰人在南俄草原最早期的墓葬，根據墓中出土的希臘製器物，是被斷代為西元前 580 年的克萊門茲（Kelermes，位於庫班 Kuban 地區）與斷代為西元前 550 年至 500 年的利托義〔litoy，位於烏克蘭因古耳河（Ingul）上游〕古墓，兩處都發現了武器和其他有黃金浮雕的物品；這些都顯示出它們不僅和最早期斯基泰齊維耶的藝術風格有關，也和亞述、米底亞、烏拉爾圖（Urartu，現在的 Armenia）的藝術品有緊密的關係；例如，在這兩處墓園中出土的短劍劍鞘上，都有用黃金浮雕的動物；劍鞘的頂端有個心形的部份，旁邊有個帶孔的托架（Bracket），以便將短劍掛在腰帶上；這種構造完全複製了波斯帕賽波里斯淺浮雕（Bas-reliefs of Persepolis）上的米底亞人的穿著

12　Esther Jacobson, *The Art of Scythians*, 'Londen, New York and Koln: E. J. Brill, 1995' p. 34.

13　Kaveh Farrokh, *Shadows in the Desert: Ancient Persia at War*, Oxford: Osprey Publishing 2007, p. 60.

（圖 63）[14]；劍鞘上所浮雕的奇形怪狀的動物，部份模仿自亞述的動物；克萊門茲墓葬出土的劍的劍把上的生命樹浮雕已被確認為是烏拉爾圖人的原始設計；另一方面，在儀式用斧的把柄上所浮雕的一系列動物圖案則是標準的斯基泰藝術。

圖 63　波斯帕賽波里斯淺浮雕上的米底亞人

俄羅斯聖彼德堡艾米爾塔吉博物館前館長阿馬托夫（M. I. Armatov）在他的著作中寫道：「典型的斯基泰藝術中的動物造型源自近東藝術中最古老的動物造型；從克萊門茲克和利托義寶藏中所看到的黃金浮雕裝飾的組合中包含了生命樹，它不僅僅是模仿自古代美索不達米亞的主題，同時和相似的亞述人和烏拉爾圖人的設計也沒有任何的不同；所有的這些跡象都顯示出西元前七至六世紀來到南俄草原的斯基泰人，一定是來自高加索南部，而不是歷史學家們先前所想的是從中亞跨越伏爾加河而來。[15]」

希羅多德曾在他所著的《歷史》一書中，介紹了四個有關斯基泰人起源的故事；其中一則是斯基泰人自己的神話傳說；另一則是希臘人編造的神話

14　R. Ghirsham, *The Art of Ancient Iran*, Golden Press, New York, 1974, P. 197.

15　M. I. Artamov, *Treasure from Scythian Tombs*, translated by V. R. Kupriyanova, Thomas & Hudson, London, 1969, p. 27.

傳說；第三則是一個叫阿里斯提亞（Aristeas）的詩人，在他的長篇敘事詩〈獨眼人〉中講到的，伊塞頓人（Issedones）受到獨眼人阿里瑪斯人（Arimaspi）的攻擊後，轉而攻擊斯基泰人，斯基泰人轉而攻擊辛梅里安人；第四則傳說，也是希羅多德相信的，是馬薩格泰人（Massagatae）攻擊斯基泰人，斯基泰人轉而攻擊辛梅里安人；辛梅里安人無法抵抗，於是從提拉斯河（德涅斯特河）流域出發，經過奧提斯湖（亞速海）和攸剋星海（黑海）之間的海峽，然後沿著海岸一直逃到呂底亞（Lydia）；他們在呂底亞殺死第一代呂底亞王該基斯（Gyges），直到被第四代王阿呂阿特斯（Alyattes）趕走。有一部份斯基泰人追擊辛梅里安人，走錯了路，來到了米底亞（Medes）；後來與亞述帝國結盟，在米底亞生活了二十八年後，被米底亞人趕回南俄草原。由於新考古資料的發現，斯基泰人的發源地是伊朗西北部或安那托利亞（Anatolia），故希羅多德在他所著的《歷史》一書中所介紹了四個有關斯基泰人起源的故事，都是無根據的傳說或神話故事；這也就是為什麼羅馬政治家、思想家西塞羅（M. Tullius Cicero 106-43 BC）《論法律》（On the Laws）一書中，在賦予希羅多德「歷史之父」（Father of History）尊稱的同一句子中，批評希羅多德《歷史》一書中充滿「難以數記的編造」（Innumerabiles fabulae）的原因所在了[16]。

第二節　唐初王室婦女騎馬須戴冪䍦？

唐代婦女穿著開放，出現袒胸露臂的形象，在永泰公主墓壁畫上（圖64）出現多位梳高髻、露胸、肩披帛、上著窄袖短衫、下著曳地長裙、腰垂腰帶，類似現代西方夜禮服的唐代婦女形象。

16　劉小淩〈被誤讀的希羅多德〉，《學術批評網》，2001 年 11 月 18 日，http://www.acriticism.com/article.asp?Newsid=177&type=1001

圖 64　唐永泰公主墓壁畫，陝西省乾縣

圖 65　持冪侍女圖，昭
陵燕妃墓壁畫

這麼開放的唐代王室婦，在唐代初年騎馬出門時竟要穿戴遮蓋全身的「冪䍦」（音密其，圖 65），令人費解。據《舊唐書》〈輿服志〉，從唐高祖武德到唐太宗貞觀的四十年間，王室與王公家的婦女騎馬出門時須戴「冪䍦」「全身障蔽，不欲路途窺之。」這當然是王室的強行規定，而非王室婦女的自由選擇。

圖 66　著帷帽馳馬女俑，新疆吐
魯番阿斯塔那 187 墓出土

「冪䍦」可能源自中國西南地區的土谷渾或羌族，因其境內多沙暴，出門戴「冪䍦」有防風沙的作用。但長安附近並無沙暴，唐王室卻要王室婦女騎馬出門戴「冪䍦」的目的，應該是不願一般漢族平民百姓看到敕勒婦女金髮綠瞳，與漢族不同的長相，引起非我族類的反感。

到了高宗永徽以後（650 AD），王室與王公家的婦女嫌「冪䍦」穿戴不便，流行簡便的「幃帽」（圖 66），「拖裙到頸，漸為淺露。」咸亨二年，高宗下詔要求不要棄「冪䍦」，但成效不彰。武則天執政後，「幃帽大行，冪䍦漸息，」到了中宗繼位後，由於作風開放，再也看不到穿戴「冪䍦」的婦女了。

到了玄宗開元初期，貴族婦女又不戴「幃帽」了，「皆著胡帽，靚裝露

面，無復障蔽。」女士們戴著各種不同的胡帽（圖 67），畫漂亮的妝，讓人欣賞。北周文帝宇文泰也帶一種「垂裙覆帶」的胡帽，他戴胡帽的原因與唐朝王室婦女不同，他是因脖子上有瘤，不願讓人看到[17]。

圖 67　著胡帽馳馬女俑，西安出土

隨著唐王室與鮮卑族、斯基泰族間的長期通婚，金髮綠瞳的王室婦女已不多見，連可遮蓋頭髮顏色的胡帽也不需要戴了，大約在開元中期以後，王室婦女「露髻馳騁，」與平民百姓無異。

第三節　敕勒人的炊具——青銅鍑

西元 1983 年新疆文物考古研究所在巴里坤哈薩克自治縣蘭州灣子古石溝建築遺址發掘中，發現了一件十分精緻的青銅，高 50.5 釐米，口徑為 33 釐米，其形狀為直口折沿，腹深，雙耳直立沿上，下部為喇叭形高足（圖 68）；此類青銅相雷同的文物近年來在新疆天山南北一些地區及在哈薩克斯坦共和國等中亞草原地區也有發現[18]。筆者認為在巴里坤哈薩克自治縣蘭州灣子發現的青銅鍑應該是高車國阿伏至羅部的遺物；類似的青銅鍑在外蒙古諾因烏拉墓中也有發現（圖 69）；這兩件銅鍑與在米努辛斯克地區發現的銅鍑相似之處，在於銅鍑的外壁上都有一條帶狀紋飾[19]。

17　《隋書》卷 12〈禮儀七〉。

18　〈青銅之謎〉，《天山網》，2005 年 8 月 12 日，http://www.tianshannet.com.cn/GB/channel59/869/921/200508/12/177040.html

19　Nikolai A. Bokovenko, *Nomads of the Eurasian Steppes in the Early Iron Age*, Chapter 19 "The Tagar Culture in The Minusinsk Basin," Zinat Press, Berkeley, CA. 1995, p. 305.

圖 68　立耳銅鍑，新疆烏魯木齊博物館　　圖 69　立耳銅鍑，外
　　　　藏，取自"The Metal Cauldron　　　　　　蒙古烏蘭巴托
　　　　Recovered in Xinjiang, Northwest　　　　歷史博物館藏
　　　　China," figure 2-7

　　西元 2006 年四月 27 日，甘肅省武威市張義鎮一農民在推地時發現了一青銅鍑，其外形似一個放大的高腳杯，圈足，弧腹，腹肩部位均勻分佈著三隻「虎耳」，腹的下部也分佈有四個環扣；青銅鍑口徑為 0.87 米，腹圍 3.42 米，總高度 1.18 米，其中底部喇叭形圈足的高度為 0.17 米，直徑為 0.38 米，重達 150 多公斤。甘肅省文物鑒定委員會專家出具的〈鑒定意見〉認為，「青銅鍑具有『單純而強烈的北方草原民族文化特點，耳的虎形是典型阿爾泰、鄂爾多斯樣式，腹形、環紐也是戰國中晚期特有和多見的形式』；結合出土地背景，專家認為這一青銅鍑可能是戰國至西漢初，遊牧於河西和武威一帶的匈奴王公貴族御用之物；史載匈奴右部有休屠、昆邪諸部，其中休屠居武威姑臧（今武威市民勤縣），而這一青銅鍑的出土地就在姑臧南不遠處；專家介紹，根據器物上的煙炱（音台）和腹內壁似脂肪類的垢物來推斷，這一青銅器物可能是用來熬煮牛羊的炊具，操作時可用吊鏈懸繫，也可用石塊支墊。[20]」

　　筆者的看法與甘肅省文物鑒定委員會專家的意見不同，筆者認為這件青

────────────────

20　記者朱國亮〈甘肅武威市發現一罕見大型早期青銅器〉，《中國網》，2006 年 6 月 21 日，http://big5.china.com.cn/chinese/CU-c/1250455.htm

銅鍑可能是西元 530 年六月高平大旱[21]時，由高平（今寧夏、固原）外逃到武威的敕勒部落的遺物。據中國文獻的記載，東漢時（25-225 AD），中國周邊的少數民族吃的肉，不是生肉就是半生不熟甚至還帶血的肉[22]，而不是放在鍋裏煮的熟肉；匈奴人吃生肉或熟肉，中國文獻雖然沒有提及，但據西方文獻記載，匈奴人吃的肉是連火都不用，只是放在器物之中或馬背上稍為溫熱，未經調味的肉[23]，顯然是未用火烤過或煮過的生肉。據《魏書》〈高車傳〉的記載，在西元五世紀來到中國的高車人則吃的是熟肉，而且所有發現銅鍑或鐵鍑的地方，都是高車人曾經生活過的地方；另外，有些發現銅鍑的地方如南西伯利亞、北貝加爾森林（Cis-Baikal forest）與中亞的七河等地區，都不是匈奴人、烏桓人、鮮卑人、夫餘人與山戎（白狄）曾經走過的地方；因此，我們可以肯定的說，這些在新疆及哈薩克斯坦發現的銅鍑是高車人的炊具；在內蒙古和東北發現的銅鍑、鐵鍑也是高車人的遺物，而不可能是匈奴人、烏桓人、鮮卑人、夫餘人與山戎的遺物。考古發掘也顯示，一些與高車人有密切接觸的其他民族人士，受高車人的影響而個別的採用了銅鍑作為炊具；如 1955 年在呼和浩特市美岱村的一座北魏將軍的磚墓中出土的一件雙立耳鏤空圈足銅鍑[24]（圖 70）；以及在哈薩斯坦的角捷列克（Kok Terek）發現的雙立耳銅鍑上有代表太陽的紋飾[25]，它可能是崇拜太陽神（即天神）的嚈噠人的遺物[26]。

21　《資治通鑑》卷 154：「時高平大旱，爾朱天光以馬乏草，退屯城東五十里。」

22　《東觀漢記》卷 16〈竇固傳〉載：「羌、胡見客，炙肉未熟，人人長跪，前割之，血流指間，進之於固，固輒為啖，不穢賤之，是從愛之如父母也。」

23　"They neither require fire nor well-flavoured food, but live on the roots of such herbs as they get in the fields, or on the half-raw flesh of any animal, which they merely warm rapidly by placing it between their own thighs and the backs of their horses," Ammianus Marcellinus, *Roman History*, Book XXXI, Chapter II, Article 9, http://www.tertullian.org/fathers/ammianus_29_book29.htm

24　內蒙古考古工作隊《內蒙古文物資料選輯》，內蒙古人民出版社（1964），頁 119。

25　Leonid T. Yablonsky, *Nomads of the Eurasian Steppes in the Early Iron Age*, Chapter 14 "The Material Culture of the Saka and Historical Reconstruction," Zinat Press, Berkeley, CA. 1995, p. 213.

26　《梁書》卷 54〈滑國傳〉「事天神、火神，每日則出戶祀神而後食。」

圖 70　立耳鏤空圈足銅鍑，內蒙古呼和浩特市美岱村出土

　　除青銅鍑外，武威地區尚有敕勒青銅劍出土。敕勒青銅劍劍首有「半月型」（圖 71）、「環首」（圖 72A,B）、「觸角」（圖 72A,B,C）、「獸首」與「蘑菇」等不同造型，其中以「環首」最為常見，也是鄂爾多斯青銅小肖像（圖73）右手持劍的劍首造型。敕勒青銅劍另一重要特徵就是劍的長度大多在20-30 公分間，劍柄的長度約占總長度的五分之二；這種劍柄加長劍身縮小的劍的普遍出現，可能與北魏當局對敕勒人使用劍的長度管制有關。此時敕勒人使用的鐵器普遍偏少，可能與北魏當局僅願供給銅塊有關。殷墟被處決的敕勒人集體墓葬中，只有小形的青銅刀與管銎斧等生活工具陪葬，而無較大形的青銅劍，這就是淪為營戶後的敕勒人與自由的敕勒人間待遇的差別；殷墟被處決的敕勒人仍能保有青銅刀與管銎斧等生活工具，這可能與此時北魏軍隊已全面鐵器化，銅已不被視為戰略物資有關。

圖 71　敕勒半月型劍首青銅劍，甘肅武威出土

圖 72A　敕勒環首青銅劍，甘肅武威出土

圖 72B　敕勒環首青銅劍，鄂爾多斯出土

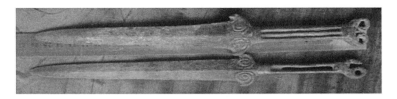

圖 73A,B　敕勒觸角式青銅劍

圖 73C　敕勒觸角式青銅劍

　　至於北京市延慶縣軍都山敕勒人墓葬中所發現的，將狗頭放在狗腿上的
殉狗現象，應該是西元 429 年被北魏安置在當地的敕勒人，受到當地烏桓部
落的影響所產生的習俗。烏桓人認為狗能「護送死者神靈歸赤山，赤山在遼
東西北數千里，如中國人死者魂神歸岱山（即泰山）也。」敕勒人在東歐與
米努辛斯克的墓葬中大多供奉羊腿，少數則供奉帶骨牛肉或馬肉，而無供奉
狗腿的發現。至於在死者臉上覆麻布，並將銅扣放置在眼睛與鼻孔位置的習

俗，在伏爾加河西元前四到六世紀的敕勒馬特人墓
葬中亦發現有類似的習俗，但因年代久遠，只剩殘
跡，已無法確定覆蓋的範圍及使用的材質[27]。

　　在烏魯木齊南六十公里的南山牧場出土了一件
造型奇特的「香菇」把手式青銅鍑（圖 75），該造
型青銅鍑在東歐則發現不少（圖 76），這提供了另
一有力旁證，證明了西元五、六世紀在新疆出現的
高車人與西元前六世紀至西元三世紀出現在烏克蘭
的斯基泰人、敕勒馬特人及西元四至五世紀匈奴部
落中原克里米亞斯基泰部落間的密切關係。

圖 74　手持環首劍的鄂爾
　　　　多斯青銅小肖像，
　　　　大英博物館藏中國
　　　　文物

圖 75　「香菇」把手青銅鍑，
　　　　新疆伊寧出土，取自
　　　　"The Metal Cauldron
　　　　Recovered in Xinjiang,
　　　　Northwest China," figure
　　　　3-6

圖 76　「香菇」把手青銅鍑，
　　　　匈牙利出土，取自 Otto
　　　　J. Maenchen-Helfen, *The
　　　　World of the Huns,* figure
　　　　34, p. 309.

27　"The graves often contained remnants of organic covering spread over the deceased." Vladimir V. Dvornichenko, *Nomads of the Eurasian Steppes in the Early Iron Age*, Chapter 7 "Sauromatian Culture," Zinat Press, Berkeley, CA. 1995, p. 105.

在新疆奇台縣碧流河鄉出土的「三足」把
手（Three-leg handle）青銅鍑（圖 77）與南西
伯利亞出土的青銅鍑造型相同，而所使用的含
砷（As）2.2%、銻（Sb）1.5%的紫銅也與南
西伯利亞地區用來製作皮帶上動物造型牌飾所
使用的紫銅成分相同[28]，這項發現可作為兩者
所使用的紫銅來源相同的證據。至於西伯利亞
的高車人在役屬於柔然時期所使用的銅、鐵應
該是由柔然提供，這是柔然控制高車人的手段
之一；而柔然的銅、鐵則來自柔然控制的今新

圖 77　「三足」把手青銅鍑，取
自 "The Metal Cauldron
Recovered in Xinjiang,
Northwest China," figure
3-5

疆及西域胡商等；不同來源或礦區的紅銅（或紫銅）成分，自然也就不會完
成相同。新疆地區所發現的銅鍑的紅銅成分不盡相同[29]，自然也就不令人意
外了；詳見北京科技大學梅建軍教授的成分分析表如下。

The results of elemental analyses of cauldron samples（wt%）

Lab. no.	Cu	Sn	Pb	As	Sb	S	O	Alloys
107	98.6	det.	det.	n.d.	det.	det.	1.8	Cu（O）
108	97.2	n.d.	det.	n.d.	1.2	0.5	Fe（det.）	Cu-Sb（S, Fe）
109	94.9	2.9	2.3	n.d.	n.d.	Cl（det.）	det.	Cu-Sn-Pb
118	98.7	n.d.	n.d.	n.d.	n.d.	1.3	det.	Cu（S）
123	96.4	n.d.	n.d.	2.2	1.5	det.	n.d.	Cu-As-Sb

Note: In this table, n.d. = no detection, det. = detected.

在中亞七河地區（Semirechye）發現的銅鍑的銅含量介於 95.4-99%之間

28　Jian-jun Mei, "The Metal Cauldron Recovered in Xinjiang, Northwest China,"《草原考古通信》No. 13, March
　　2002, http://web.kanazawa-u.ac.jp/~steppe/sougen13.mei.html

29　同上。

[30]；南西伯利亞的二十件銅鍑化學成分為十三件較純紅銅，五件含砷 1-1.5%砷青銅，一件錫青銅[31]；在外蒙古烏蘭固木（Ulangam）出土的五件銅鍑的化學分析數據為二件較純紅銅，二件略含砷的砷青銅，一件含砷 6%含銻 2%砷青銅[32]；都與中國新疆發現的二十五銅鍑中的五件的銅含量相同或相似；化學與光譜分析顯示，在中亞七河地區發現的三十具銅鍑與當地的銅礦成

圖 78　三足鼎式青銅鍑，取自"The Metal Cauldron Recovered in Xinjiang, Northwest China," figure 3-7

分相符。筆者認為不止在七河地區發現的銅鍑，甚至連中國新疆及俄羅斯西伯利亞地區發現的銅鍑，也將與中國新疆與中亞東部的銅礦成分相符。在中國新疆與中亞七河地區發現的三足鼎式銅鍑（圖 78），及在阿爾泰山捷列茨科耶湖（Lake Teletskoe）發現的放在三足架上使用的銅鍑，應該是敕勒人來到亞洲東部後，受到中國禮器——鼎的影響而產生的足型

　　在中亞七河地區發現的銅鍑的銅含量與中國新疆發現的銅鍑的銅含量相同或相似，這說明西元 516 年至 521 年高車國人避難嚈噠時，他們就是停留在七河地區；七河地區所發現的如尼文銘刻，自然也就是他們所留下來的。他們在七河地區停留的時間只有四年半左右，但卻在七河地區流下三十多尊銅鍑，可見他們很可能是被嚈噠限期離開的，而且走的相當匆促，以致來不及將存放於夏季營地的銅鍑帶走；在伊塞克湖岸所發現的三足鼎式銅鍑可能就是這種原因被留在湖邊的。在伊爾庫次克地區的安加拉河（Angara）、庫圖盧克河（Kutullaki）邊所發現的銅鍑，及在米努辛斯克地區葉尼塞河沿岸

30　Otto J. Maenchen-Helfen, *The World of the Huns*, University of California Press, Berkeley, CA. 1973, p. 321.

31　Jian-jun Mei, "The Metal Cauldron Recovered in Xinjiang, Northwest China,"《草原考古通信》No. 13 March 2002, http://web.kanazawa-u.ac.jp/~steppe/sougen13.mei.html

32　陳光祖〈歐亞草原地帶上「鍑類器」研究三題〉，《歐亞學刊》，第八輯，2008 年 12 月，頁 9。

及阿爾泰山的捷列茨科耶湖（Lake
Teleskoe）發現的銅鍑，應該是西元 487
年南下新疆時，來不及取回的。從米努
辛斯克地區岩畫顯示，敕勒人是將銅鍑
放置在營地的帳蓬外（圖79），可見它只
不過是炊具而已（圖80）；至於發現的地
點，不是在河岸就是在湖邊，這應該與

圖 79　米努辛斯克地區岩畫中的敕勒人
營地的帳蓬、銅鍑與家畜

煮肉與清潔銅鍑需用水有關，而不是有些學者猜測的與祭祀有關[33]。在米努
辛斯克博物館珍藏的數十具銅鍑中，沒有一件是從墓葬中發掘而來，這說明
在米努辛斯克地區生活的敕勒人銅資源的缺乏；在七河地區發現的三十餘件
銅鍑中，有二件來自墓葬，這說明自敕勒人來到新疆後，銅的供應量已十分
充裕。如果銅鍑是帶有神聖性質的祭器的話，就不太可能出現在墓葬中。

圖 80　努辛斯克地區皮薩拿亞山谷（Pisannaya Gora）岩畫中，站在銅鍑旁手
持鐵勾烹煮中的敕勒人，Otto J. Maenchen-Helfen, *The World of the
Huns,* figure 52, p. 326.

俄羅斯考古工作者猜測在西伯利亞發現的銅器，可能是用在南西伯利亞
的克拉斯諾亞爾斯克邊區（Krasnoyarsk krai）南部的露天銅礦、錫礦所冶煉
的銅塊、錫塊所鑄造[34]。俄羅斯考古工作者在做以上猜測前，應先解答：

33　Otto J. Maenchen-Helfen, *The World of the Huns*, University of California Press, Berkeley, CA. 1973, p. 330.

34　Nikolai A. Bokovenko, *Nomads of the Eurasian Steppes in the Early Iron Age*, Chapter 19 "The Tagar Culture in

1. 在南西伯利亞創造安德羅諾沃（Andnorovo）文化與卡拉蘇（Karasuk）文化的人們，他們的銅、錫的冶煉遺址在何處？

2. 他們使用的銅的成分與克拉斯諾亞爾斯克邊區南部的銅礦成分是否相符？

3. 創造塔加爾文化的人們，他們的鐵礦來自何處？冶煉遺址在何處？

4. 創造塔加爾文化的人們，與米努辛斯克附近蘇拉克（Sulak）地區發現的如尼文銘刻，及在卡拉-尤瑟（Kara-yus 或 Pisannaya gora）山谷所發現的岩畫中的頭戴圓盔、手揮長槍的重裝騎兵間的關係；

5. 在南西伯利亞創造安德羅諾沃文化、卡拉蘇文化與塔加爾文化的人們，來自何處？後來移往何地？

南西伯利亞的原住民是烏古斯人的一支，他們到西元六世紀前還停留在「無君長，居無恆所，隨水草流遷」的社會文化融合極低的小型氏族部落階段，怎麼會有煉銅、煉鐵的技術。來到西伯利亞的敕勒人，由於在當地得不到金屬的供應，從柔然人處補充的金屬也是數量有限，從歐洲帶來的金屬則逐漸消耗減少，他們只好改用木箭或骨鏃；如果如俄羅斯考古工作者所猜測的南西伯利亞在西元前 2,500 年前，當地人已會開礦煉銅，就不可能有此一現象的發生。

根據米努辛斯克盆地新石器時代初期遺址的出土器物〔石刀（長方形的棱柱體裝石片）、石斧（刃部作半圓形，兩面加工）、樹葉形尖狀器〕，與食物殘餘（馬、鹿、牛、鼺、兔、沙雞）觀察，是不可能直接過渡到金屬時代，兩個階段在發展水準上有很大的差距，是無法銜接的[35]；在米努辛斯克盆地烏古斯人的墓葬中，所發現的紅銅鍛塊、細銅片、紅銅鬢環、紅銅針筒與紅銅刀等，也應該是從高車人處交易得到的或用交易來的紅銅塊自行打造的。陶

The Minusinsk Basin," Zinat Press, Berkeley, CA. 1995, p. 305.

35 吉謝列夫《南西伯利亞古代史》，中國社會科學院考古研究所圖書資料室譯，新疆人民出版社，1981 年出版，上冊頁 7-10。

器的造型也受敕勒人的影響，除了傳統的蛋形尖底器（圖 81）外，也出現球形圜底器，平底器甚至彩陶；紋飾也由有節奏地重複同一母題（松針紋、窩紋或斜線），而出現幾何形和折線幾何形的圖案花紋，這種紋飾上的重大變化，不可能是由原來花紋和結構的複雜化的內部發展規律發展而來[36]。

圖 81　奧米努辛斯克盆地阿凡納謝沃文化墓葬中出土的蛋形尖底陶器，
取自《南西伯利亞古代史》圖參 18 及圖肆 1,2,3,4

　　俄羅斯考古工作者在南西伯利亞所發掘的阿凡納謝沃文化（Afanasevo Culture）墓葬與奧庫涅夫文化（Okunev Culture）墓葬，就是不同氏族部落的烏古斯人的墓葬；該墓葬的年代應在西元四世紀中葉以後，而不是俄羅斯考古工作者所推測的西元前 3,500-1,500 年；墓葬中出現的紅銅與彩陶應該是向遷至當地的敕勒人交易而來；烏古斯人是高鼻子的蒙古人種，而不是前蘇聯人類學者傑別茨（G. F. Debet）推斷的「特異性」高加索人種[37]；既然奧庫涅夫文化是蒙古人種文化，與其相似的阿凡納謝沃文化也不可能是高加索人種文化。

　　俄羅斯考古工作者捷普樓霍夫（S. A. Teploukhov）所作的所謂的安德羅諾沃文化、克拉蘇文化與塔加爾文化的分類，是單純的依據墓地表面的直觀現象，並沒有劃分的實在證據；他把注意力主要集中於墓葬的封土和封土上面平壘或豎埋的石板組成的圍牆的結構變化[38]。墓塚形態的多樣化，是敕勒

36　同上，下冊頁 43。

37　同上，上冊頁 20。

38　同上，頁 90。

人墓葬的特徵之一，所謂的安德羅諾沃文化、卡拉蘇文化與塔加爾文化應該都是來到南西伯利亞的敕勒部落下不同氏族部落的次文化，它們之間的關係是平行的與同時代的，而不是捷普樓霍夫所猜測的垂直的與傳承的；這就是為什麼所有的所謂的安德羅諾沃文化或卡拉蘇文化或塔加爾文化的文物，都可在中國境內五到十三世紀的敕勒人墓葬中發現，有些還帶如尼字母的原因所在了；它們是整群的文化遺存，而不是零星的器物。那些在中國境內所發現的所謂的安德羅諾沃文化或卡拉蘇文化或塔加爾文化的文物，都是西元四與五世紀由來自外蒙古、外貝加爾與西伯利亞的敕勒人及其後代子孫所製作使用的。在外蒙古、外貝加爾與西伯利亞出土的所謂的安德羅諾沃文化或卡拉蘇文化或塔加爾文化的短劍、箭頭、馬銜和馬鑣的形制，與黑海沿岸草原和頓河-伏爾加河地區出土的斯基泰和薩爾馬特器物相似，造型藝術品也彼此相似；它們都是西元四世紀中葉來自烏克蘭的敕勒人及其後代子孫所製作使用的，它們不是吉謝列夫（C. B. Kiselev）所猜測的於西元前十五世紀起來自中國的移民所帶來的影響[39]。

所謂的塔施提克文化（Tashtyk Culture）應該是黠戛斯人（Kyrgyz）的北方鄰居骨利幹人（Quriqan，哈卡斯人的祖先之一）的文化[40]，它的年代應在西元七世紀以後，而不是俄羅斯考古學者所推測的西元前一世紀至西元後四世紀；墓葬中出現的帶有漢式動物圖像、雲紋飾及漢字的絲綢[41]，應該是來自唐王朝從貞觀 21 年（AD 647）至延載元年（AD 694）的賞賜[42]。

沒有證據顯示阿凡納謝沃文化或奧庫涅夫文化或塔施提克文化與安德羅

39　同上，上冊頁 71-72。

40　《舊唐書》卷 195〈迴紇傳〉「以迴紇西北結骨為堅昆府，其北骨利幹為玄闕州」。玄闕州在今克拉斯諾亞爾斯克邊區（Krasnoyarsk krai）；《新唐書》卷 217 下〈骨利幹傳〉載「骨利幹處瀚海北」，同卷〈黠戛斯傳〉載「堅昆，……，東至骨利幹，南吐蕃，西南葛邏祿」，可見《新唐書》把骨利幹的方位弄錯了。

41　吉謝列夫《南西伯利亞古代史》，中國社會科學院考古研究所圖書資料室譯，新疆人民出版社，1981年出版，下冊頁 48。

42　《新唐書》卷 217 下〈骨利幹傳〉。

諾沃文化或卡拉蘇文化或塔加爾文化間有傳承關係。從人類學的觀點，傑別茨認為米努辛斯克盆地阿凡納謝沃居民與安德羅諾沃居民之間不可能有直接繼承關係[43]。可能是由於烏古斯人的高鼻，致使傑別茨誤將在一具前阿凡納謝沃時期的烏古斯女性頭骨斷定為歐羅巴人種和蒙古人種特徵的混合類型[44]。

　　考古所能獲得的資料是局部的，是支離破碎的，是不可能用來塑造古代史的。如果吉謝列夫靠「發掘工作做的很少」，「所獲得的資料還有許多不足之處，最主要的原因是許多墓地都曾經遭到嚴重盜掘。……出土頭骨十分稀少。[45]」以及一些誤讀的中國歷史知識，所推論出的《南西伯利亞古代史》是可信的，則中國文獻中自西元前一百年起關於西伯利亞的見證記錄，都成了天方夜譚。

第四節　戰馬與重裝騎兵

　　據俄羅斯考古工作者在西伯利亞墓葬中發掘的陪葬馬顯示，敕勒使用的戰馬有兩種，一為體型較大的純種汗血（Sweats blood）馬，數量較少，另一種是體形較小，外形酷似現在土庫曼馬中的亞玻型（Yabou type）馬[46]；他們都是敕勒人由烏克蘭帶來的良馬；敕勒人是使用重裝甲騎兵的民族，重裝甲騎兵需要能載重又善跑的亞玻馬；一般的草原蒙古馬，耐力好，跑不快，爆發力不足，不足以勝任重裝甲騎兵。西元 363 年起拓跋鮮卑將高車人俘虜到內蒙古時，亞玻馬自然也就被帶到中國來了。北魏、東魏、西魏、北齊、北周受敕勒人的影響而裝備了的重裝甲騎兵。《三朝北盟會編》卷 218〈韓世

43　吉謝列夫《南西伯利亞古代史》，中國社會科學院考古研究所圖書資料室譯，新疆人民出版社，1981年出版，上冊頁 52。

44　同上，頁 8。

45　同上，頁 55。

46　"The Pazyryk Horse," http://www.turanianhorse.org/prehistoric.html#paz

忠墓誌銘〉載「北方之俗，壯士善騎健馬，披鐵衣數重，上下山坡如飛。」其所使用的馬匹，應該都是亞玻馬。

　　血液鑑定顯示，在巴澤雷克墓葬中發現的體型大的馬是汗血馬；汗血馬只產於烏茲別克斯坦的費爾干那盆地（Ferghana Valley）與伊朗北部戈勒斯坦省（Golistan Province）的戈爾甘河（Gorgan River）沿岸一帶[47]；因此我們可以推知，敕勒人所使用的汗血馬，應該是由斯基泰人從伊朗帶至烏克蘭的伊朗汗血馬，而不是大宛汗血馬。

　　外貝加爾伊沃爾加49號房址及鄂爾多斯西溝畔墓地發現的鐵鎧甲片，每片鐵片上有三對穿孔，用以連接後而成鎧甲；除鐵甲外，還有鐵護腿[48]；這些鐵鎧甲片應該都是敕勒人由歐洲帶來的，這說明敕勒人在烏克蘭的部落的重裝甲騎兵，在來到亞洲前已開始普遍使用鐵鎧甲而不再是馬蹄製成的鎧甲。從北魏重裝騎兵陶俑（圖82）觀察，似有穿著鐵護腿；但敦煌第285窟的西魏壁畫中的重裝甲騎兵並未穿著鐵護腿（圖 83）；考古證據顯示，遼、金與西夏的重裝騎兵也未著鐵護腿。至於敕勒人開始使用鐵鎧甲的時間，依羅馬史學者塔西托在其所著《歷史》（Hist. 1.79）一書的記載，應該是在西元一世紀，當時也只有極少數部落中極少數的人有能力裝備鐵鎧甲。

　　從滿城中山靖王劉勝墓、徐州獅子山楚王墓、漢長安城未央宮和武庫遺址以及杜陵陵園遺址出土的鐵鎧及鐵甲片顯示，在漢文帝以後，有些地方藩王與皇宮的禁衛軍已裝備了鐵鎧甲，但這些鐵鎧甲都不是西漢騎兵的裝備。在高車人來到中國前，中國騎兵的騎士與馬匹的裝甲都是皮製的；西漢時期的主要敵人是匈奴，對付使用「素弧骨鏃」、無「脩（長）戟強弩」的匈奴[49]，皮甲就夠了，沒有發展鐵鎧甲的動機與必要，騎兵穿上鐵鎧反而喪失了

47　Louise L. Firouz, "The Other Horse in the Pazyryk Kurgans,"

48　烏恩《北方草原考古學文化比較研究──青銅時代至早期匈奴時期》，科學出版社：北京，2008，頁305。

49　桓寬《鹽鐵論》卷9〈論功〉第52。

機動力；再說這時的漢馬或匈奴馬都還不具備擔當重裝騎兵馬的素質條件。

圖 82　北魏重裝騎兵陶俑，西安草
　　　　場坡出土，寧波博物館藏

圖83　敦煌壁畫（285 窟）中的西魏
　　　　重裝甲騎兵

　　在呼和浩特二十家子所發現的中型與大型鐵甲片，它們的規格 11 x 3.4 cm，4.6-5 x 2.7-3.4 cm 與長安武庫出土的鐵甲片 11 x 2 cm，5 x 2-3 cm 的規格並不相符；二十家子所發現的鐵甲片，應該不是西漢步兵的鎧甲，而是北魏重裝騎兵的鎧甲片。顯微組織分析顯示，呼和浩特二十家子所發現的鐵甲片，與1980 年在大興安嶺東麓拓跋鮮卑祖居「嘎仙洞」發現的北魏太平真君四年（443 AD）年中書侍郎李敞致祭時留下的鐵器均為塊煉鐵[50]。

　　吉林省榆樹市老河深中層墓群中，亦有「鄂爾多斯」銅鍑與鐵鎧甲片的出土；顯微組織分析顯示，老河深墓地出土的的鐵鎧甲片為炒鋼製品；炒鋼有可能來自西元五世紀初落入高句麗控制的今鞍山地區（屬漢遼東郡）的鐵礦。從遼寧桓仁五女山城（西元三年前的高句麗王城）出土的鐵器的金相分析顯示，大多為生鐵鑄造[51]；而且迄今未在中國境內發現屬於高句麗的煉鐵遺址，可見高句麗不會煉鐵，他們在西元五世紀初因後燕滅亡（407 AD）而

50　陳建立〈漢鐵器的金屬學研究看中國古代東北地區鐵器和冶鐵的發展〉，《北方文物》，2005 年第 1 期，頁21。

51　賈瑩等〈五女山城高句麗鐵器金相學初步探討〉，《文物保護與考古科學》，2007 年第 3 期，頁 16-25。

控制今鞍山地區的鐵礦前，所使用的鐵器均係外購。由於炒鋼技術的使用，使得高句麗冶煉的鐵的質量得到大幅的改進，並自西元六或七世紀時開始有多餘的鐵器出口到周邊地區；這可能就是西元六世紀起，高句麗敢與中原王朝對抗的憑藉，最後終於導致滅亡；《孫子兵法》第三篇〈謀攻〉說「小敵之堅，大敵之擒也。」高句麗的下場，就是最佳例證。

目前在歐洲東部出土的鎧甲片有六十多片，除了極少數的銅鎧甲片外，大多為鐵鎧甲片；它們的規格從 2 x 1.5cm 到 6-8 x 2cm 不等；形狀多為矩形，底角則為圓形（圖 84A）[52]。但移居匈牙利的薩爾馬特部落，因受到羅馬人的封鎖，得不到外界的銅、鐵供應，他們在西元四世紀中葉仍然在使用獸甲製成的鎧甲片嵌入亞麻製的上衣[53]。高車人重裝甲騎兵使用的馬都是閹割過的馬，如此在出擊前才不會因嘶鳴露出行蹤，也不會在戰場上看到牡馬因興奮而亂跑[54]。

圖 84A　底角為圓形的矩形的金代　　圖 84B　遼、金鐵鷂子的頭盔、鐵甲、
　　　　　鐵鎧片，東北地區出土　　　　　　　馬銜與配劍，遼寧出土

52　Richard Brzezinski, *The Sarmatian Between 600 B.C. to 450 A.D.*, Oxford: Osprey Publishing（September 2002）, p. 21.

53　"They carry long spears, and wear breastplates made of horn scraped and polished, let into linen jackets, so that the layers of horn are like the feathers of a bird," Ammianus Marcellinus, *Roman History,* London: Bohn（1862）Book 17, Chapter XII, Article 2, pp. 123-159.

54　"Their horses are chiefly geldings, lest at the sight of mares they should be excited and run away, or, when held back in reserve, should betray their riders by their fierce neighing," Ammianus Marcellinus, *Roman History*, London: Bohn（1862）Book 17, Chapter XII, Article 2, pp. 123-159.

在冷兵器時代，重裝甲騎兵主要功能就是衝毀敵人陣形，打擊敵人士氣，是古代的人肉坦克；其裝甲具有承受一定攻擊的能力，通過衝鋒產生的速度、衝擊力對敵人陣地製造壓制性的突破；《宋史》卷 486〈夏國傳下〉載「以鐵騎為前軍，乘善馬重甲，刺砍不入，用鉤索絞聯，雖死馬上不墜；遇戰則先出鐵騎突陣，陣亂則衝擊之，步兵狹騎以進。」西夏重裝騎兵在戰場上的運用，就是標準重裝騎兵戰術的實踐。重裝騎兵的功能當然並不局限於正面陣地戰，

圖 85　北魏高車重裝騎兵陶俑，河南洛陽出土

優秀的戰場指揮官，自須因時因地制宜的發揮重裝騎兵的優點，而避免暴露其速度慢、不耐久戰的缺點。《魏書》〈高車傳〉所載「頭別衝突，乍出乍入，」指的就是高車重裝騎兵，「不能堅戰」就是不耐久戰。從洛陽地區出土的北魏高車重裝騎兵陶俑（圖 85）觀察，胸甲是將鐵鎧甲片嵌入亞麻製上衣，腰間用繩索繫緊，騎兵臉頰與額頭分別畫有數個似英文 V 和 U 字形彩繪。兩襠鎧與明光鎧應該就是根據這種胸甲發展而來。

高車重裝甲騎兵第一次出現在中國戰場上，應該就是西元 422 年十月至西元 423 年五月北魏趁南宋武帝劉裕死亡後進攻河南之戰，《魏書》卷 26〈尉古真傳〉「太宗幸幽州，詔（尉）眷輔世祖居守；後征河南，督高車騎，臨陣衝突，所向無前，賊憚之。」高車重裝甲騎兵第二次出現在中國戰場上應該就是西元 430 年十一月北魏對赫連夏之戰，《魏書》卷 28〈古弼傳〉「赫連定自安定（今甘肅、涇川縣南）率步騎二萬來救，與弼等相遇，弼偽退以誘之；世祖使高車敕勒馳擊定，斬首數千級；弼乘勝取安定。」全副武裝後的重裝甲騎兵，就像一座鐵浮屠，對步兵與輕騎兵構成心理壓力，可迫使經驗不足的對手不戰自潰。《三朝北盟會編》卷 72〈別錄〉「先是應天

帥胡直孺以東道總管領兵一萬來勤王，至襄邑（今河南、睢縣）遇鐵鷂子百餘騎，一萬之眾，不戰而潰。」

重裝甲騎兵的裝甲很重，事實上他需要助手的幫助才能穿上鎧甲和上馬；如果一個騎士從馬上摔下來，憑自己的力量是站不起來的；《資治通鑑》卷 284 載「契丹主坐大奚車中，命鐵鷂四面下馬，拔鹿角而入，奮短兵以擊（後）晉軍。」「（後晉）李守貞亦令步兵盡拔鹿角出門，步騎俱進，逐北二十餘里。鐵鷂既下馬，蒼皇不能復上，皆委棄馬及鎧仗蔽地。」這是一次因輕敵，將重裝騎兵充當步兵使用，以短擊長，慘遭敗績的戰例。

唐代初年，因隋末的戰亂，國馬不足，纔得牝牡三千匹於赤岸澤（今陝西、大荔縣西南）[55]；加上重裝甲騎兵造價高、機動性不及輕騎兵的缺點，以及唐代步兵已裝備了剋制重裝甲騎兵的長槍與陌刀，故未裝備重裝甲騎兵。陌刀是一種長柄雙刃大刀，專門用來砍擊敵人馬匹的脛（小腿）骨；唐代最有名的陌刀將就是唐玄宗、肅宗時的李嗣業，「每戰必為先鋒，所向摧北。[56]」

唐代以後的遼、金、西夏等遊牧民族都裝備了重裝甲騎兵；遼、金稱重裝甲騎兵為「鐵鷂子」（圖 84B）；西夏稱之為「鐵林騎」，「以豪族子弟親信者為之」。重裝甲騎兵雖然不是戰場的萬靈丹，但是遼、金、西夏的重裝甲騎兵在對宋朝的作戰中都產生了輝煌的戰果，《三朝北盟會編》卷 218〈韓世忠墓誌銘〉載「北方之俗，壯士善騎健馬，披鐵衣數重，上下山坡如飛，矢刃不能傷，故常以騎兵取勝。」西元 1227 年成吉斯汗征西夏時，可能就是在攻打位於今甘肅清水附近與宋、金交界處的西夏軍事重鎮時，被西夏的鐵林騎衝刺落馬，傷重不治而亡；西夏人發射的弓箭不太可能射到受到重重保護的成吉斯汗；六十多歲的鐵木真也不太可能參與短兵接觸的戰鬥，中

55　《資治通鑑》卷 212「初，隋末國馬皆為盜賊及戎狄所略，唐初纔得牝牡三千匹於赤岸澤，徙之隴右，命太僕張萬歲掌之。」

56　《新唐書》卷 138〈李嗣業傳〉。

亂箭的可能性也不大；唯一能衝到他身旁的只有西夏的鐵林騎；傳說中的成
吉斯汗打獵時遇虎，馬驚摔落致傷，所謂的虎可能就是重裝騎兵的偽托。成
吉斯汗的陣亡是導致元代不修夏國史、夏後主李睍投降參拜成吉斯汗遺體後
立即被殺，及党項族也被滅族的主要原因。如果不是六月發生的大地震[57]，
頑強善變的西夏人未必會依約投降。有人說夏後主李睍的被殺，是成吉斯汗
的臨終囑咐，這種說法與蒙古人不殺降的傳統是不符的，成吉斯汗臨終前還
交代「假道于宋」以伐金[58]，可見他死前頭腦還很清晰，應該不會下殺俘
令，比較可能的是成吉斯汗的陣亡使憤怒的蒙古人放棄了原則。

　　元代時，因重裝甲騎兵不適合蒙古人的長途遠征，故為輕騎兵取代。蒙
古人在與金、西夏的征戰中，學到了對付重裝甲騎兵的戰術，這就是蒙古人
西征時能以輕騎兵戰勝歐洲的重裝甲騎兵的原因所在了。

　　「昭陵六駿」是唐太宗李世民在削平群雄，建立唐朝的征戰中所乘六匹
坐騎的寫真石雕。六駿分別雕鑿在六塊巨大的長方形石料上，每塊約高 1.71
米、寬 2.05 米、厚 0.3 米，採用減底浮雕手法。它原置於昭陵後山北司馬門
內，名字依次為：青騅，什伐赤，特勒驃，颯露紫，拳毛騧，白蹄烏。1914
年，六駿中的「颯露紫」與「拳毛騧」被賣運到美國，現藏於費城賓夕法尼
亞大學博物館，其餘四塊現存於西安碑林博物館。

　　有人說，從馬種上觀察「昭陵六駿」中有四匹是突厥馬，有一匹是古代
裏海地區「亞利安」馬種，另一匹有明顯的阿拉伯馬的「雙江脊」成分，是
阿拉伯馬系與中亞馬系的雜交種馬[59]。但是從純粹的生物學角度來判斷，它
們卻基本上屬於一類，比如說頭大，頸粗而短，身體寬廣，四肢粗壯，鬃毛
和尾毛比較發達；有匹馬好像有突厥名或特勒（鐵勒）名，似乎來自東突厥
或特勒（鐵勒）；但不管它們的原始來處是北魏或突厥或特勒（鐵勒），它們

57　吳廣成《西夏書事》卷 42「地大震，宮室多壞，王城夜哭。」

58　《元史》卷 1〈太祖本紀〉。

59　葛承雍〈唐昭陵六駿與突厥葬俗研究〉，《中華文史論叢》，1999 年第 60 輯。

應該都是敕勒人從烏克蘭帶來的亞玻馬的後代，它們名稱的最後一字也都與它們的毛色有關；至於西元 508 年高車國向北魏進貢的五匹龍馬及突厥可汗使用的「千里馬」，應該就是高車人從烏克蘭帶來的汗血馬的後代。

　　中國帝陵中為什麼只有昭陵立有戰馬石刻？唐太宗李世民的父系祖先是敕勒人，敕勒人受斯基泰人的影響，也有將愛馬陪葬的習俗；唐太宗在其陵墓外，刻有六駿浮彫，自然也就不令人意外了，六駿浮雕應該是高車人殉馬習俗的中國化。六駿打結的尾毛與修剪成城垛狀的鬃毛，應該都是高車人帶來的馬匹裝飾方法；其中馬尾打結的原始來源可能是西元前三世紀時來自波斯的影響；而鬃毛修剪成城垛狀的原始來源則可能是西元一世紀時來自阿蘭人的影響，城垛的形狀基本上有三角形與矩形兩種[60]。正在替受傷的六駿之一「颯露紫」拔箭的丘行恭腰掛的滴漏型（hourglass）箭袋顯示（圖86），它與阿爾泰邊疆區的巴爾瑙爾（Barnaul）某地出土，被斷代為西元四世紀的項鍊垂飾上頭戴圓盔身穿鎧甲正在射箭的武士腰掛的箭袋（圖 87）相似[61]，也與被斷代為西元五世紀的米努辛斯克的塔什巴（Tasheba）墓葬石柱上岩刻的騎士腰掛的劍袋相似[62]；這些圓盔、弓、

圖86　丘行恭與六駿之一的「颯露紫」，現藏費城賓州大學博物館

鎧甲與箭袋都是敕勒人的裝備。有學者說，無論是突厥貴族，還是一般牧民，死後都要與馬共葬，只是數量多少不同；但突厥是火葬的民族，他們的

60　Richard Brzezinski, *The Sarmatian Between 600 B.C. to 450 A.D.*, Oxford:Osprey Publishing　（September 2002），p. 36.

61　Otto J. Maenchen-Helfen, *The World of the Huns*, University of Californiza Press, Berkeley, CA. 1973, p. 243.

62　Ibid.

馬匹也是與主人的屍體一同火化後再擇時埋葬；高車人則是將整匹馬陪葬；即使突厥有將與馬共葬的習俗，這與唐太宗又有何關？李唐又不是突厥人。

圖 87　青銅項鍊垂飾上頭戴圓盔身穿鎧甲正在射箭的武士，取自
Otto J. Maenchen-Helfen, *The World of the Huns,* figure 12A, p. 243

據美國肯塔基大學從血液研究的結果顯示，英國純種馬（Thoroughbred）的基因與亞玻型馬最接近；如此，則英國純種馬有可能是西元 175 年，薩爾馬特人帶到英國的亞玻型馬培養出的後代[63]。

第五節　敕勒人的車輛

敕勒人最初是將車輛當作寢車用，它有四個輪子，車輪是用整個木頭塊製成，無輻條；貨車上裝著用毛毯製成的帳篷。早期的四輪車只能在平坦的路面上行駛，用牛拖拉。從一輛現存放在俄羅斯聖彼德堡國立艾爾米塔吉博物館，1929 年出土於俄羅斯阿爾泰巴澤雷克的一輛四輪木製「高車」（圖 88），車輛係由車廂（輿）和四個 32 輻條的車輪構成，輪軸無迴轉裝置。車廂與輪軸牢固地相聯結，輪高 1.5 米，車廂上方有篷；車廂上有專設的座

63　西元 175 年，羅馬派遣 5,500 名薩爾馬特重騎兵至英國駐防（Dio Cassius Book 72）。

位，座位是用樹枝編成並鋪有氈毯，座位上方的四角有四隻氈製的天鵝。前軸上繫一大弧形木，大弧形木上繫轅；轅的前端繫衡，衡兩旁有兩個叉形的軛，可套兩匹馬；兩匹服馬的兩旁，還有兩匹驂馬，以皮索和木棒牽引車身。因前軸和車廂牢固地相聯結，所以轉彎時的角度必然很大。製造這種四馬駕的馬車，只使用了白樺樹和皮索，並未使用絲毫金屬。該墓中，隨葬的除這輛馬車以外，同時還有四匹馬[64]。前輪與後輪的間距卻只有五公分，這說明這輛車只能在平地上行駛；但車輛可輕易的拆卸，用馬匹載運[65]。

根據滾動摩擦理論，摩擦阻力與輪子半徑成反比，輪子越大，牽引越省力，但上下車不方便；從力學原理考慮，在輪輻截面和形狀相同的情況下，輻條數量增多，承載能力加大，也使輪牙更圓，受力均勻，滾動更為平穩，但製造難度相應增加[66]。敕勒人設計的「高車」顯然是為了長距離遊牧之用，對敕勒人能從遙遠的東歐來到西伯利亞、外蒙古擔當了關鍵性的角色。

圖 88　四輪「高車」正、側面，高 3 米，取自艾米爾塔吉博物館網站

古代的四輪貨車雖然載貨量較大，但僅能在平坦的道路上行駛。從羅馬詩人歐維德（Ovid）的詩以及考古證據顯示，敕勒人所使用的車輛應該是二

64　〔蘇〕S. I. 魯金科〈論中國與阿勒泰部落的古代關係〉，內蒙古教育出版社，http://www.im-eph.com/gb/whjl/2006-06/02/content_763.htmwww.im-eph.com

65　取自艾米爾塔吉博物館網站資料。

66　楊青、吳京祥、程學華〈秦陵銅車馬典型構件分析〉，《科學月刊雜誌社》，1991 年 11 月，263 期（臺北）。http://163.20.22.161/Science/content/1991/00110263/0017.htm

輪車為主，四輪車為輔；二輪車可以在崎嶇的路上行駛，速度也快。目前在西伯利亞出土的二輪高車有二架；一在西西伯利亞的阿爾泰地區（可能因腐朽嚴重，俄羅斯考古工作者未公布該車輛的部件資料）[67]，另一架在外貝加爾地區的查拉姆墓地[68]；敕勒人的二輪高車，有的用牛拖，有的用馬拉；從查拉姆墓地發現的二輪高車及中國內蒙古出土的牌飾顯示，敕勒人的二輪高車也有用三匹馬拉的，未見有用四馬拖拉的「駟馬安車」。從查拉姆墓地七號墓、伏爾加河下游的波利脫狄勒斯克（Politotdel'skoe）第十二號墓塚群第九號墓[69]和殷墟發現的二輪高車，以及大英博物館館藏的黑陶二輪高車顯示，敕勒人的二輪高車的車輪直徑在120-122公分，輞的厚度在為6-8公分，輻條介於 22-26 支，輻條厚度在 3-4 公分；至於牌飾上敕勒二輪車的輻條只有六至八支，那應該是為遷就牌飾的規格所做的變通。查拉姆墓地七號墓與伏爾加河下游羅斯托夫州的波利脫狄勒斯克第十二號墓塚群第九號墓發現的二輪高車的車輪直徑都是 120 公分[70]，輻條也極可能都是 22 條，這說明了西元四至五世紀居住在外貝加爾地區的敕勒人，與西元前六至三世紀間停留在伏爾加河下游的敕勒部落間的密切關係。

　　俄羅斯考古工作者認為在查拉姆墓地七號墓發掘出的三馬「高車」的結構與裝飾與中國漢代馬車非常相似，很可能就是漢朝皇帝賜予匈奴單于的禮物；但如果是漢朝皇帝賜予的話，以匈奴單于的身分，該馬車應該會有下列特徵：

　　（1）由四匹馬拖拉的「駟馬安車」；

　　（2）有絲質的華蓋；

67　Nikolai A. Bokovenko, *Nomads of the Eurasian Steppes in the Early Iron Age*, Chapter 18 "Scythian Culture in The Altai Mountains," Zinat Press, Berkeley, CA 1995, p. 291.

68　Sergey Minyaev, L. Sakharovskaya, "Han chariot from the Tsaraam cemetery（summary）," http://Xiongnu.ru/page=43

69　Otto J. Maenchen-Helfen, *The World of the Huns*, University of Californiza Press, Berkeley, CA. 1973, p. 216.

70　Ibid.

（3）有非常厚的深紅色髹漆；

（4）車子的金屬配件用金或銀或銅製造；

（5）車上的圖案為龍、鳳、虎、豹等。

查拉姆墓地七號墓發掘出的「高車」的特徵，與漢代「駟馬安車」不同之處如下：

（1）該馬車最多可由三匹馬拖拉；

（2）髹漆塗的不厚，顏色有黑色與紅色兩種；除髹漆外，該車尚塗有紅色、綜色、深紅色與白色的漆；

（3）車蓋的架子是小木枝製成，架子上面的車蓋覆以皮革（或氈），車蓋下層襯以布；

（4）車蓋內部及軛桿與軛頭上漆有幾何圖案；

（5）車子的金屬配件以銅及鐵製造；

（6）車子的牽引系統由兩支轅，兩支橫木與三具軛頭（yoke-head）構成。

西漢馬車在西元前二世紀以前，都是由二馬或四馬或六馬拖拉的單輈（音舟）馬車，西元前二世紀後始出現單馬雙轅的輕便馬車，但從未出現三馬双轅兩橫木三軛頭的馬車（東漢以後出現的三駕馬車，應該是雙轅單輈，驂馬不負輈。）查拉姆墓地七號墓的三馬「高車」，無論從結構或從裝飾看，都不可能是漢代賜予匈奴單于的馬車；它應該是敕勒人於西元四世紀中葉由烏克蘭帶到外貝加爾地區的馬車；西元 429 年東部高車移居內蒙古後，這種馬車及帶有這種馬車的牌飾式帶扣（圖 89）出現在內蒙古，自然也就順理成章了。

據外蒙古學者德‧額爾德尼巴特爾（D. Erdenebaatar）稱，在外蒙古的所發現的大型「匈奴」墓葬中，均有車輛殘跡的發現；可能因腐朽嚴重，未見有車輛部件資料的公布，只籠統的說與中國戰車非常相似[71]。西漢時期賜

71　〔蒙〕德‧額爾德尼巴特爾〈匈奴貴族墓特點〉，《鄂爾多斯青銅器國際學術研討會論文集》，科學出

與匈奴單于的馬車非常有限，而且賜予的地點均是在內蒙古的匈奴王庭，要將馬車橫越沙漠到達外蒙古，不是件容易的事；故不太可能有那麼多的漢代馬車出現在外蒙古的「匈奴」墓中；外蒙古學者連墓中的車輛的數據都不清楚，又怎麼知道這些車輛與與中國戰車非常相似？事實上，這些所謂與「中國戰車非常相似」的馬車，極可能與查拉姆墓地七號墓發掘出的「高車」一樣，也是高車人的「高車」而不是中國的漢代馬車；據魏收《魏書》卷二〈太祖本紀〉載，天興二年（399 AD）二月，北魏曾在外蒙古西北某地擄獲「高車二十餘萬乘」，故只有高車人才有可能在外蒙古或外貝加爾的大型墓葬中陪葬車輛。

圖 89　三馬拖拉二輪高車牌飾式帶扣，內蒙古出土，取自 Rostovtsev 1929, pl. XI, 56

第六節　嚈噠（滑國）族源之探索

自北魏高宗文成帝太安二年（456 AD）起至北周明帝二年（558 AD），

依中國文獻的記載，嚈噠王室一共派遣了二十多批使節向北魏（十六次）、
南梁（三次以上）、西魏（二次）、北周（一次）朝貢；北魏也曾遣使嚈噠三
次，北魏肅宗神龜二年（519 AD）北魏使者崇立寺比丘惠生至嚈噠時，此時
的嚈噠已是中亞、南亞的霸主，有薩珊波斯、康居、于闐、疏勒等三十餘國
稱臣納貢，但嚈噠王看到北魏的使者依然是拜受詔書，可見嚈噠王室與中國
王朝的密切關係；這種密切關係的源頭，值得我們認真的去探討。由於北
魏、南梁均與嚈噠或滑國有直接的使節往來，《魏書》卷 102〈嚈噠傳〉與
《梁書》卷 54〈滑國傳〉中有關嚈噠國或滑國的描述值得重視。可惜的是梁
元帝蕭繹以湘東王出任荊州刺史時（526-539 AD），曾畫有外國使節形貌並
有題記敘述土俗本末的〈職貢圖〉已失傳；《梁書》〈滑國傳〉有關滑國的記
載，從其內容觀察，應該是根據裴子野的〈方國使圖〉而不是蕭繹的〈職貢
圖〉，這表示姚察、姚思廉在編寫《梁書》〈滑國傳〉時，蕭繹的〈職貢圖〉
已失傳，有可能是在都城江陵被西魏攻陷前夕（554 AD），被梁元帝蕭繹下
令焚其藏書時一併燒掉了[72]。裴子野曾將滑國猜測為於永建六年（131 AD）
幫助東漢班勇平定北匈奴而被封為親漢侯的車師後部王子八滑之後[73]；但由
《梁書》〈滑國傳〉的記載內容看來，後來當他與滑國使節接觸後，已修正
他原來的猜測，而認為滑國就是原來的車師後部。由於南梁未曾派遣使節至
嚈噠，不知是翻譯錯誤或是溝通不良，《梁書》〈滑國傳〉有兩種怪物的記
載，如兩腿駝（可能是駝鳥）及有角驢（可能是犛牛）。由於梁元帝蕭繹與
裴子野係好友，裴子野的〈方國使圖〉題記上的資料有可能部份來自梁元帝
蕭繹的〈職貢圖〉；現今南京故宮博物院所藏的所謂〈梁職貢圖〉殘卷圖
像、題記可能就是裴子野的〈方國使圖〉殘卷。

72　《資治通鑑》卷 165「帝入東閣竹殿，命舍人高善寶焚古今圖書十四萬卷。」

73　《梁書》卷 30〈裴子野傳〉「是時西北徼外有白題及滑國，遣使由岷山道入貢。此二國歷代弗賓，莫
　　知所出。子野曰：『漢穎陰侯斬胡白題將一人。服虔《注》云：白題，胡名也。又漢定遠侯擊虜，八滑
　　從之，此其後乎。』時人服其博識。敕仍使撰〈方國使圖〉，廣述懷來之盛，自要服至於海表，凡二十
　　國。」

　　嚈噠的人種，依《魏書》〈嚈噠傳〉的記載，在當時有兩種說法，主流觀點認為是大月氏之種類，但也有少數人認為可能是來自塞北的高車別種；《梁書》則認為滑國是原來的車師後部，人種為車師別種；不論是大月氏之種類，還是高車別種或是車師別種，他們都是高鼻深目的高加索人種，頭髮顏色也相似；但如果嚈噠人是高車別種的話，則嚈噠人就會向高車國一樣，只向北魏朝貢而不會向毫無瓜葛的南梁朝貢，也不太可能會於西元 500 年左右向高車國窮奇部展開突擊，更不會「其國無車，有輿」[74]；故嚈噠人應該是《魏書》〈嚈噠傳〉或《隋書》〈挹怛國傳〉所說的「大月氏之種類也」，或《梁書》〈滑國傳〉所載的「車師別種」；不論是大月氏之種類，還是「車師別種」，他們人種都是吐火羅人（大月氏人）或以吐火羅人為主。又據《梁書》〈滑國傳〉載「其言語待河南人譯然後通」，可見滑國語與吐谷渾統治下的鄯善語相似，他們都屬於吐火羅語（大月氏語），故嚈噠人以使用吐火羅語的車師別種可能性較大。

　　《梁書》〈滑國傳〉將滑國人稱之為車師別種而不稱之為車師人，應該是他們只是車師的一部份而不是全部；又據《魏略》〈西戎傳〉，滑國的民眾除了車師後部外，尚有東且彌、西且彌、單桓、卑陸、蒲類、烏貪等國的民眾；其中有高加索人種的吐火羅人與塞種，如車師人與蒲類人等，也有蒙古人種，如原在河西走廊遊牧後遷往今新疆東部的原匈奴部落單桓國。考古證據顯示，車師人以高加索人種為多數，蒙古人種及混血人種為少數；如在原車師國境內所發掘的阿拉溝墓葬，在發現的 58 具完整的人頭骨中，「其中具有西方形態的占 85%」[75]；在吐魯番火焰山北的蘇貝希人墓葬，在發現的 19 具成年人的頭骨中，「其中 12 具劃入歐羅巴人種範圍，劃入蒙古人種的是七具，包括三具混血種」[76]；裴子野的〈方國使圖〉中出現東方人面孔的滑國

74　《魏書》卷 102〈嚈噠傳〉。

75　韓康信〈中國古代居民的種族人類學分析和維吾爾的體質特點〉，《西域研究》，1991 年 2 期，頁 1-13。

76　王博〈吐魯番盆地青銅時代居民種族人類學研究〉，《交河古城保護與研究》，新疆人民出版社

使節（圖 90），自然也就不令人意外了。考古證據顯示，車師人中吐火羅人種為淺棕髮、藍瞳，可能來自裏海北部[77]。造成《魏書》〈嚈噠傳〉認為嚈噠人可能是來自塞北的高車別種的原因，有可能是因為當時的北魏官員或外交使節分不清淺棕髮的嚈噠人與金髮的高車人有何不同。

　　由於車師人長期受匈奴與漢朝輪流統治的結果，故養成他們視匈奴與漢朝為主人的心態，他們即使到了南亞的巴克特里亞（Bactria），建立了一個強大的王國，甚至於令薩珊波斯稱臣納貢，他們仍不忘記派遣使節來向他們祖先以前的主人朝貢，這當然也有衣錦還鄉的炫耀心態。由於他們是以高加索人種為主，又曾是匈奴的一部份，沾染上匈奴人的風俗習慣，且自稱匈奴，故又被人稱之為白匈奴；東羅馬史學家普魯柯比（Procopius, 500-565 AD）對嚈噠人描述如下「嚈噠人是匈奴人中唯一膚色較白、面貌不醜陋的一支，

圖 90　剪髮戴纓絡（項圈）的嚈噠使節，南梁裴子野繪

他們的生活方式不似他們血親般野蠻；他們在一位國王的統治下，他們有一部合法的憲法，他們跟羅馬人、波斯人一樣，在處理他們內部與鄰國的事物時，遵守權利與正義。[78]」

　　嚈噠之名，可能來自嚈噠國國王厭帶夷栗陁，拜占庭文獻則稱之為

（1999），頁 387-395。

77　林梅村〈吐火羅人的起源與遷徙〉，《西域研究》，2003 年第 03 期，頁 9-23。

78　"They are the only ones among the Huns who have white bodies and countenances which are not ugly. It is also true that their manner of living is unlike that of their kinsmen, nor do they live a savage life as they do; but they are ruled by one king, and since they possess a lawful constitution, they observe right and justice in their dealings both with one another and with their neighbours, in no degree less than the Romans and the Persians," Procopius, *History of the Wars*, with an English translation by H. B. Dewing, Book I, "The Persian Wars," Chapter III, http://en.Wikisource.org/wiki/History_of_the_wars

Hephthalites，《梁書》則將嚈噠稱之為滑國。由《後漢書》與《魏略》的記
載觀察，在東漢至三國時期，新疆東北部只有車師後部，而無滑國；車師是
《漢書》對 Guz 的漢語音譯，《史記》譯為姑師[79]，滑（音古）國可能也是
Guz 的音譯；裴子野將 Guz 音譯為滑國，最初可能是他沒想到車師的原音就
是 Guz；後來可能是為了面子，將錯就錯，以免遭同儕恥笑不夠「博識」。可
能是為了確定到底該國叫嚈噠（挹怛）或
滑國，於隋煬帝時奉命出使西域的韋節抵
達挹怛國時，曾親問其國人，得到的答覆
是挹闐[80]；至於在改名為嚈噠前何不續稱
車師的原因，可能是車師之名沒有匈奴來
的響亮。至於他們的一妻多夫制應該是他
們的傳統，從土魯番勝金村勝金店古墓所

圖 91　二角帽，新疆吐魯番勝金店古
　　　墓群出土，取自 CCTV 影片

出土的車師人墓葬中的二角帽（圖 91）及附近的岩畫顯示（圖 92），在後車
師人西南遷河中地區前，已採用了一妻多夫制。由於木冠飾有一定的重量，
它應該不是日常生活的頭飾，而是在參加重要禮儀時的佩戴。

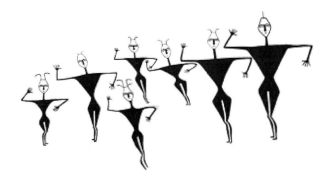

圖 92　岩畫上頭戴一角帽、二角帽、三角帽、四角帽的車師婦女，
　　　新疆昌吉州呼圖璧縣康家石門子岩畫

79　《史記》卷 123〈大宛列傳〉。姑、車漢代同音。

80　《通典》卷 193〈邊防九〉〈西戎五〉「韋節《西蕃記》云：親問其國人，并自稱挹闐。」

　　可能是聽到了西元 429 年柔然遭到北魏痛擊，西元 431 元年赫連夏為北魏所滅，與西元 431 年北涼王沮渠蒙遜遣子入侍等消息，北魏太武帝太延元年（435 AD）西域突然有九國向北魏朝貢；在大鴻臚官員的堅持下，北魏太武帝終於決定向西域派遣使節；但第一次的任務並未成功，西元 435 年第一批使節王恩生等二十餘人剛開始渡流沙時即被柔然的巡邏隊捉走；後在太武帝的強力要求下，王恩生等人才被柔然可汗釋回。太延三年（437 AD）北魏又另外派遣使者董琬、高明等再度出訪，為免再度碰到柔然的巡邏隊，改變行走路線，「出鄯善，招撫九國，厚賜之」，「便道之國可往赴之」；這次的任務相當成功，不但拜訪了曾來朝貢的龜茲、疏勒、烏孫、悅般、渴槃陀、鄯善、焉耆、車師（前部）、粟特等九國，又接受了烏孫國的推薦，去了破洛那（大宛）、者舌（石國）等二國；當董琬、高明回國時，一共有十六國使節隨同前來貢獻，但十六國中並無車師後部等國家；《魏書》〈西域傳〉也只有車師前部而無車師後部的傳記，原車師後部管理下的小國也只存且彌國而不再有東、西且彌國之分；此後的中國文獻也不再有車師後部的記載，可見車師後部及其治下的小國已在西元 435 年以前外遷至他處；《西亞洲遊牧民族歷史年表》依據西方史料將嚈噠西遷河中地區（阿姆河與錫爾河流域之間）的時間定在西元 420 年至 425 年之間是正確的[81]。車師後部等國西遷的原因應與柔然多次對烏孫的攻擊有關；這些原臣服於柔然又位居柔然攻擊烏孫路途中的小國，在柔然進攻烏孫時，不但需提供後勤支援，可能還需派兵參戰，在不勝其擾的情況下，只有遷地為良。西元 437 年董琬等到烏孫時，烏孫已因「數為蠕蠕所侵」，由「赤谷城」（今吉爾吉斯共和國伊塞克湖東南）「西徙蔥嶺山中」[82]。

　　突厥人應該是在車師後部搬離後，才進入金山之南的，不是《隋書》

81　"Chronological Historical Reference to the dynamic of the horsemen of Western Asia," Updated Sept. 18, 2005, http://users.cwnet.com/millennia/1000ad.htm.ttpistorical Referenceh

82　《魏書》卷 102〈烏孫傳〉。「西徙蔥嶺山中」應為「南徙蔥嶺山中」之誤，蔥嶺在赤谷城南。

〈突厥傳〉所說的「世居金山」；如果突厥人在漢代時即已入居金山之南的話，以《漢書》對單桓國、《後漢書》對德若國等只有幾百人的西域小國都有記載的情況研判，是不可能沒有記載的。突厥阿史那氏的原居地，依據《周書》卷 50〈突厥傳〉「每歲率諸貴人，祭其先窟，又以五月中旬，集他人水，拜祭天神，於都斤西五百里，有高山迥出，上無草樹，謂其為勃登凝黎（今別盧哈山，Belukha mountain），夏言地神也」的記載觀察，突厥阿史那氏的祖居地應在阿爾泰山脈的別盧哈山附近，而不是有些學者所猜測的葉尼塞河上游一帶；考古發掘也找不到突厥阿史那氏曾在葉尼塞河流域居住的遺跡。

有學者據《梁書》〈滑國傳〉載「其言語待河南人譯然後通」的記載，認為滑國說的可能是鮮卑語而推論滑國是乙弗鮮卑人西遷所建立的國家；前述見解，不但欠缺證據，顯然也與《魏書》〈嚈噠傳〉或《隋書》〈挹怛國傳〉所說的「大月氏之種類也」，或《梁書》〈滑國傳〉所載的「車師別種」不符。《魏書》〈嚈噠傳〉、《隋書》〈挹怛國傳〉及《梁書》〈滑國傳〉都是古人留下的見證記錄，不宜輕易否定。

日本學者松田壽南在其所著的論文〈阿爾泰山與嚈噠族〉一文中，根據佚書的記載，將現存《魏書》〈嚈噠傳〉中有關的記載從「嚈噠國，大月氏之種類也。亦曰高車之別種，其源出自塞北。自金山而南，在于闐之西。」復原修正為「嚈噠國在于闐之西，高車之別種，其源出於塞北，自金山西南，至文成帝時已八九十年矣。[83]」不知有日本學者松田壽南在其所著的論文〈阿爾泰山與嚈噠族〉一文中所提的佚書是何書，居然可據之將現行的《魏書》〈嚈噠傳〉加以修正？又修正後的〈嚈噠傳〉是否較現行的〈嚈噠傳〉的記載更合理？更有助於找出嚈噠的族源？讓我們來比對研究一下。如將現行《魏書》〈嚈噠傳〉中的記載的嚈噠人從大月氏之種類或高車別種修改為高車別種後，與《魏書》〈嚈噠傳〉中「其語與蠕蠕、高車及諸胡不

83　錢伯泉〈關於嚈噠族源問題的新探索〉，《西北民族研究》，2003 年 1 期，頁 13。

同」的記載恐有衝突矛盾之處；因既是高車別種，則不應完全不受高車的影響，而有與高車完全不同的語言、風俗習慣；又據依據《魏書》〈嚈噠傳〉編寫的《通典》〈嚈噠傳〉之記載為「嚈噠國，或云高車之別種，或云大月氏之種類。其源出於塞北。自金山而南，在于闐之西。」二者的記載，基本相同，可見現行《魏書》〈嚈噠傳〉的記載並無訛誤。至於松田壽南修改後的《魏書》〈嚈噠傳〉將嚈噠南遷的時間定在北魏文成帝（452- 465 AD）繼位前的八、九十年，即西元 362 年與 372 之間，不但得不到西方文獻的支持，也與《梁書》〈滑國傳〉「元魏之居桑乾也，滑猶為小國，屬芮芮」的記載不符；滑國曾臣屬柔然，柔然帝國的成立在西元 402 年，滑國自不可能於西元 362 年與 372 之間南遷河中地區；松田壽南修正後的《魏書》〈嚈噠傳〉沒有現行的《魏書》〈嚈噠傳〉的記載合理，松田壽南根據的佚書應該是本毫無價值的偽書；現存《魏書》〈嚈噠傳〉應該是未經《北史》編寫者修改的北齊魏收原著，對探索嚈噠的族源來說，十分珍貴，不宜修改。筆者對現行《魏書》〈嚈噠傳〉的標點符號點法倒有點意見，筆者認為「自金山而南」後應為分號或句點，「高車之別種」後應為逗點；因為如是大月氏的種類，其源應出自金山東南，而不會「其源出於塞北」，只有「高車之別種」，才有可能「其源出自塞北」[84]。

第七節　假阿瓦爾是柔然殘部？

自從東漢和帝永元三年（91 AD）二月大將軍竇憲遣左校耿夔、司馬任尚出居延塞（今內蒙古、額濟納旗東北），圍北匈奴單于於金微山（今新疆東北部與外蒙古交界處阿爾泰山），單于西走，漠北產生權利真空狀態。原居匈奴東邊的鮮卑人，由東而西，遷入此一漠北草原，他們與未隨北匈奴西

84　依據考古證據，高車人最早之源應是伏爾加河下游，而不是塞北。

遷的外蒙古原住民（東胡族）十餘萬落混合後，均自稱鮮卑人[85]；他們利用東漢末年天下大亂的機會，逐漸遷移到氣後條件較佳的漠南草原西部，即今內蒙古河套東北、陰山以北一帶向西擴展到今內蒙古額濟納旗一帶；漠北已成地廣人稀之地，只有少數的原住民部落如拔也古稽、賀術也骨國與豐曆辰部落等還停留在外蒙[86]；這給高車人的進駐外蒙古中、北部創造了機會。

　　這批在漠南草原西部的「鮮卑人」經過三百年的融合，已自成一新民族，後來在社崙的組織領導下，於西元 402 年建立柔然帝國；全盛時期的領域，西至焉耆，東接高句麗，南臨大漠，北到西伯利亞。

　　西元 552 年一月柔然在懷荒鎮（今河北、張北縣北）北邊受到突厥酋長土門（552-553 AD）的襲擊，柔然頭兵可汗阿那瑰自殺，太子菴（音岸）羅辰等逃亡北齊，餘眾立頭兵可汗從弟登注次子鐵伐為可汗；西元 553 年二月鐵伐被契丹所殺，餘眾改立登注為可汗，不久登注又被部下大人阿富提等所弒，改立登注長子庫提為可汗[87]。

　　另有一批柔然人則於沃野（今內蒙古、五原）立頭兵可汗阿那瑰的叔父鄧叔子為可汗；西元 553 年二月鄧叔子部於沃野北方的木賴山被突厥乙息記可汗擊潰，鄧叔子及殘部三千人逃亡北周。

　　西元 553 年十一月柔然庫提部受到突厥木杆可汗的攻擊，舉國投奔北齊；北齊文宣帝高洋率兵自晉陽出發迎接柔然，將他們安置在馬邑川（今山西、朔縣南）後，改立阿那瑰子菴羅辰為可汗，並對停留在朔州（今山西、大同西南）的突厥展開追擊，突厥不敵，向北齊請和[88]，此後十年，突厥不敢南下寇齊。西元 554 年三月菴羅辰叛逃北走；四月柔然寇齊肆州（今山西、忻州西北），北齊文宣帝高洋自將擊之，虜三萬餘口，獲菴羅辰妻子，

85　《後漢書》卷 80〈鮮卑傳〉。

86　《魏書》卷 103 卷〈蠕蠕傳〉：「其西北有匈奴餘種，國尤富強，部帥曰拔也稽，舉兵擊社崙，社崙逆戰於頞根河，大破之，後盡為社崙所并。」「斛律北并賀術也骨國，東破豐曆辰部落。」

87　《北史》卷 98〈蠕蠕傳〉。

88　《資治通鑑》卷 165「元帝承盛二年 11 月」。

菴羅辰超越巇谷，僅以身免[89]；西元 555 年七月，齊主高洋率輕騎五千追擊柔然至懷朔鎮（今內蒙古、固陽），高洋親犯矢石，頻戰，大破之，至於沃野（今內蒙古、五原），獲其酋長及生口二萬餘，牛羊數十萬[90]；從此以後，中國歷史上就再也沒有柔然的消息了，菴羅辰也不知所終。

　　從中國文獻的記載看來，柔然帝國是在南方的北齊、北周、西方的突厥與東方的契丹夾擊下，部落分散，殘部向東北方逃亡，但是遺憾的是中國文獻卻未交代柔然殘部最後逃往何處。西元六至七世紀初的東羅馬史學家席摩克（Theophiract Simocatta）遺留下來的著作中則說：被突厥擊敗的蠕蠕，部份逃竄到桃花石（Tabgac，可能指鄧叔子等逃亡北周），部份逃竄到勿吉（Mucri）。

　　據席摩克自述，他對突厥和桃花石的認識來自西元 598 年突厥達頭致東羅馬皇帝莫利斯（Maurice, 582-602 AD）的國書[91]，顯然有虛誇成分，一件國書那能容納那麼多資料；他應該是利用了拜占庭的官方檔案，其中包括東羅馬史學家彌南寶（Menandro）自西元 568 年起從突厥與拜占庭雙方使臣那裡收集並整理的資料，而記載了柔然殘餘勢力逃亡勿吉（隋代後譯為靺鞨）[92]。

　　席摩克遺留下來的著作，彌補了中國文獻未交代柔然餘部逃往何處的遺漏。西元 870 年前後，唐懿宗咸通末年出現在漠南的靺鞨別部 —— 達靻[93]，可能就是西元 555 年逃往勿吉的柔然人的後代，過了幾百年後他們的後代又回到了漠南；《宋書》卷 95〈索虜傳〉載「芮芮一號大檀，又號檀檀，」文

89　《資治通鑑》卷 116「元帝承盛三年 4 月」。

90　《資治通鑑》卷 116「敬帝紹泰元年 7 月」。

91　Michael Whitby, *The Emperor Maurice and His Historian: Theophylact Simocatta on Persian and Balkan Warfare*, Oxford University Press USA, 1988, p. 315.

92　H. W. Haussig, "Theophylakts Exkurs Uber die Skythischen Voke," *Byzantion*, 23（1953），pp. 292-293。

93　《資治通鑑》卷 253 胡注引宋白曰：「達靻者，本東北之夷，蓋靺鞨之部也。唐咸通末，有首領每相溫、于越相溫部，帳于漠南，隨草畜牧。」

中的大檀或檀檀可能就是南北朝時南朝史官對達靼所作的漢音異譯。

　　但席摩克遺留下來的著作經與中國歷史文獻比對後，也產生了下列爭議：

　　1. 將柔然稱之阿瓦爾；

　　2. 將突厥滅亡嚈噠（Abdel）的時間定在擊敗柔然之前；

　　3. 認為（假）阿瓦爾是烏古斯人；烏古斯人最早的領袖為 Ouar（Var）與 Khounni（Chunni）二人，有些部落也將他們的部落稱之為 Ouar（Avar）與 Khounni（Chunni）。有小部份的 Oua（Avar）與 Khounni（Chunni）部落的人在西元 557 年逃離突厥的控制，逃往外高加索地區；當地的 Barselt、Onogurs、Sabir 等部落的人誤以為他們是西元 461 年曾攻擊他們祖先的阿瓦爾人（Avar）而陷於恐懼之中，於是派出代表送以厚禮以期獲得（假）阿瓦爾人的保護免遭攻擊；（假）阿瓦爾人獲知上情後，於是非常樂意的開始冒稱自己就是阿瓦爾人，並將 Ouar 部落改稱 Avar，Khounni 部落改稱 Chunni。

　　席摩克遺留下來的著作將柔然稱之為阿瓦爾，以致有西方歷史學者認為西元六世紀中葉在西方出現的假阿瓦爾人就是中國史上的柔然的殘部。上述見解不但與席摩克的著作不符，也得不到中國的文獻的支持。殘餘的柔然部落攜家帶小翻越阿爾泰山安全地通過突厥人的勢力範圍，經中亞到達歐洲，實在是件不太可能的任務；殘餘的柔然部落以往東北逃亡勿吉的可能性較大。東羅馬史學家席摩克遺留下來的著作，是根據東羅馬史學家彌南寶從雙方使臣那裡收集的資料，加以編寫的；外交使節所說的話難免有吹噓誇大不實之處，如突厥使節粟特人馬尼亞克（Maniach）在答覆拜占庭皇帝查士丁尼二世（Justin II）的詢問時稱：突厥國內酋長共有四人，而全國大權則總歸大葉護（Dizaboul 即室典密 Istami）[94]；事實上葉護室典密是排名在大可汗木杆之下的第二號的突厥領袖；再加上席摩克本人的寫作風格除喜作誇大的描

94　《彌南寶史料殘卷 10,1》（Fragments of The History of Menander the Guardman 10,1）。張星烺編《中西交通史料匯篇》，第一冊，1930 年，北京輔仁大學圖書館，頁 105。

述外，又受當時拜占庭史學家好古風氣的影響，將當代的名稱都用古代的名稱加以表述[95]，如將突厥人、阿瓦爾人等東方遊牧民族均稱之為斯基泰人等，以致使席摩克所留下的史料，語意不明確，難以正確解讀，我們對席摩克遺留下來的史料，不可不加檢驗地當作信史。

　　突厥-粟特使節馬尼亞克與拜占庭皇帝查士丁尼二世的對談中，將假阿瓦爾稱之為阿瓦爾，並稱已將嚈噠徹底消滅，它的目的應該都是為了吹噓自己的戰功，利用東羅馬對東方一知半解的瞭解，所編寫出來的真中有假，假中有真的國書，以期東羅馬對新興的突厥帝國刮目相看，以達到與東羅馬共同夾擊薩珊波斯，及將北周、北齊貢獻的中國蠶絲銷售至東羅馬的雙重目的。在東羅馬的認識中阿瓦爾是東方遊牧民族中最強者，故將假阿瓦爾冒稱之為阿瓦爾。至於突厥-粟特使節馬尼亞克致東羅馬國書所使用的「斯基泰文字」，應該就是突厥鄂爾渾如尼文字，而不可能是馬尼亞克所熟悉的粟特文；在拜占庭的觀點中，粟特文應不算斯基泰文字；且使用粟特文，反令拜占庭懷疑突厥是個沒有文字的野蠻國家，不利馬尼亞克任務的達成。

　　為了克服席摩克根據西元 598 年西突厥使節呈遞的國書而編撰的史書，將嚈噠滅亡的時間訂在擊敗柔然之前，與中國史書不相符的矛盾，有些學者認為西元 598 年西突厥國書所稱的 Abdel，應該是中國史籍所稱於西元年 551 被突厥滅亡的鐵勒[96]；這種削足適履的治史態度是不可取的。突厥人將擊敗柔然的時間定在滅亡嚈噠之後，那是因為在嚈噠滅亡後，柔然仍未消失，他們逃到了勿吉東部，還在那裡建有城堡。至於鐵勒被突厥所滅的最原始記載

95　"Theophylact's bombastic style is responsible for many obscurities in his work. Like most Byzantine historians, he was fond of tradition and employed archaic names to refer to describe contemporary peoples and places," *The History of Thophylact Simocatta*, An English Translation with Introduction and Notes（Oxford, 1986）by Michael and Mary Whitby, pp. 188-190.

96　"Theophylact's bombastic style is responsible for many obscurities in his work. Like most Byzantine historians, he was fond of tradition and employed archaic names to refer to describe contemporary peoples and places," *The History of Thophylact Simocatta*, An English Translation with Introduction and Notes（Oxford, 1986）by Michael and Mary Whitby, pp. 188-190.

應該是來自《周書》卷 50〈突厥傳〉所載「時鐵勒將伐茹茹，土門率所部邀擊，破之，盡降其眾五萬餘落。」《周書》的這段記載的原始資訊應該是來自突厥，但突厥語文中並無鐵勒一詞，中國史籍所稱的鐵勒，突厥稱之為烏古斯；但是因為新成立的西魏及其後繼者北周的史官都是新手，沒有傳承，典籍缺乏，他們根本就不知在新疆北部曾經還有一個敕勒人所建立的高車帝國的存在，以致把突厥人所說的敕勒誤為鐵勒；故中國史籍所稱西元 551 年亡於突厥的鐵勒事實上是敕勒（或高車）的訛誤；當然也不能排除是《周書》主編者令狐德棻或宰相房玄齡有意造成的混淆不清。

　　柔然人應與西元 461 年前西遷的阿瓦爾人及西元 557 年西遷的假阿瓦爾人無關。由於他們都是來自東方的蒙古種遊牧民族，他們之間有相似的風俗習慣、宗教信仰以及作戰方法自然也是極為正常現象。至於西元 461 年前西遷伏爾加河以東的阿瓦爾人，應該與西元 448 年後中國文獻就不再有記載的悅般人有關；依據東羅馬拜占庭史學家普利斯古（Priscus Rhetor）的記載，西元 461 年，居住在西西伯利亞的阿瓦爾等部落受到外來的攻擊，大批阿瓦爾人被殺，約有二十萬眾被迫離開故土西遷，在西遷的路途中他們攻擊了 Sabirs 部落，Sabirs 被迫渡過伏爾加河轉而攻擊 Saragur、Ugor and Onogurs 等部落；阿瓦爾的主要部落有 Auar（Avar）、Chun（Hun）、Kotzagir 等[97]。《魏書》卷 102〈悅般傳〉說：悅般之先，「匈奴北單于之部落也，為漢車騎將軍竇憲所逐，北單于度金微山，西走康居，其羸弱不能去者住龜茲北。地方數

97　"A great fog arose from the sea scaring people and this was followed by countless number of vultures descending on the people. For this reason they had to leave this land and were forced to attack the Sabirs . Because the Sabirs lost their lands they in turn attacked the Saragur, Ugor and Onogurs. These in turn asked for an alliance and land from Byzanteum.' This legend is also found in similar form in the old Hungarian Chronicles also describing the cause of the Hungarian migration. The vultures are often explained as the Petchegen Turks, whose totem was the sea hawk, who defeated and conquered the Avars forcing them to flee. A lot of the Avars died in these battles and some 200,000 left their lands. In their westward migration the Avars absorbed many of the smaller fragmented Turco-Hunish tribes like the Utigur and Kutigurs as well as the Ugor nations（Saragur, Onogur, Ugor）and the Sabir elements. Their main tribes were the Auar [Avar], Chun [Hun], Kotzagir," "Chronological Historical Reference to the dynamic of the horsemen of Western Asia." Updated Sept. 18, 2005, http://users.cwnet.com/millennia/1000ad.htm。ttpistorical Referenceh

千里，眾可二十餘萬。涼州人猶謂之『單于王』。」從東、西雙方的文獻比較後發現，西方文獻所說的阿瓦爾與中國文獻所說的悅般的居住地的位置與人口數相似；西方文獻是以阿瓦爾部落中最大的部落 Auar 的名稱，將這批西遷的部落稱之為阿瓦爾；西方史料中也提到這批西遷的部落中似有匈奴部落的存在，與中國的文獻記載相似。《魏書》〈悅般傳〉載「自是（與柔然）相仇讎，數相征討；」「真君九年（448 AD），遣使朝獻；……；是歲再遣使朝貢，求與官軍東西齊契討蠕蠕；世祖嘉其意，命中外諸軍戒嚴，以淮南王為先鋒，襲蠕蠕。」

依此記載，攻擊悅般或阿瓦爾的應該就是柔然；西元 461 年的攻擊可能來自柔然與西部高車的聯軍，攻擊的方向可能是繞道西西伯利亞的阿爾泰地區向南突擊，以致悅般疏於防範，一敗塗地。北魏文成帝於太安四年（458 AD）討伐柔然時，發現柔然可汗吐賀真已「怖威北竄，不敢復南，」於是「意存休息」，不再出兵討伐；沒想到柔然卻於三年後擊潰驅逐了強敵悅般，並自文成帝和平五年（464 AD）起「數犯邊塞」[98]。北魏太平真君十年（449 AD）至和平二年（461 AD）間，柔然的向北退卻，應該是避免與悅般及北魏兩面作戰，所作的戰略調整，而不是北魏方面所研判的「自是吐賀真遂單弱，遠竄，邊疆息警矣。」

至於西元 557 年脫離西突厥的控制逃至外高加索，被西元 568 年西突厥出使東羅馬的使節粟特人馬尼亞克稱之為阿瓦爾（假阿瓦爾）的部落，根據《彌南寶史料殘卷 19,1》載，西元 576 年拜占庭使節瓦倫丁（Valedtin）第二次出使突厥時，途中遇到突厥最西部的八部首領之一，西突厥達頭的異母弟咄陸設（Turxanthos）的說法，他們的名稱叫 Ouarchonites（Varchorites）。西元 568 年西突厥使節粟特人馬尼亞克在答覆拜占庭皇帝查士丁尼二世的詢問時稱：逃走的（假）阿瓦爾人有二萬餘人（可能指可從事作戰的戰士）[99]。

---

98 《魏書》卷 103〈蠕蠕傳〉。

99 《彌南寶史料殘卷 10,1》。

假阿瓦爾人的語言及服飾與西元 374 年渡過頓河進入歐洲的匈奴人相似；但與歐洲的匈奴人不同的是他們頭後紮有兩根辮子（圖 93）[100]，他們行禮的方式是三跪三叩。在歐洲發掘的阿爾瓦人頭骨顯示，以蒙古種為多數[101]。假阿瓦爾人的宿營地周圍有高二十英尺、寬二十英尺，插有雙重鹿角的堤壩，法蘭克人（Franks）稱這種宿營地為 ring，多設置於假阿瓦爾諸部落的境界，其構造式樣和匈奴在國境線上設置的「甌脫」驚人地相似[102]。據席摩克根據西元 598 年西突厥使節呈遞的國書而編撰的史料的記載，他們的原居地是在提爾（Til）河兩側，該河突厥人又稱之為黑河（Melas）。

圖 93　雙辮的（假）阿瓦爾騎兵，取自 AG Interactive, Inc. 網站
http://home-and-garden.webshots.com/album/211695958FFbuW

依據上述記載及 Ouarchonites（Varchorites）的讀音，筆者認為所謂的假阿瓦爾人可能就是居住在流經今俄羅斯托木斯克州（Tomsk Oblast）與克拉斯諾亞爾斯克邊區（Krasnoyarsk Krai），有黑河之稱的鄂畢河支流卡季河

---

100 Edward Gibbon, *The History of the Decline and Fall of the Roman Empire*, volume IV, chapter 42, "State of the Barbaric World," www.ccel.org/ccel/gibbon/decline/volume2/chapter42.htm

101 "The skeltons found in European Avar graves are mostly Mongolian," Istvan Erdelyi, "Kabari（Kavari）v Karpatskom Basseyne," *Sovietskaya Archeologiva* 4（1983）, specially page 179.

102 余太山〈柔然與阿瓦爾同族論質疑〉，《文史》，第 24 輯（1985），頁 97-113。

（Ket）[103]兩岸的遊牧民族；突厥人所稱的 Ouarchonites（Varchorites），可能就是《史記》與《漢書》〈匈奴傳〉所稱的呼揭或烏揭或《魏略》〈西戎傳〉所稱的呼得國；據《魏略》〈西戎傳〉的記載「呼得國在蔥嶺北，烏孫西北，康居東北，勝兵萬餘人[104]，隨畜牧，出好馬，有貂。」依《漢書》〈匈奴傳〉的記載，呼揭國原是匈奴的一個部落，但不是核心部落，他們的領袖被匈奴封為呼揭王。西元前 57 年，在匈奴內部的權力傾軋中，呼揭王與唯犁當戶共同向屠耆單于進讒言，導致右賢王父子被殺；後來當屠耆單于知道右賢王父子被冤殺後，處死了唯犁當戶，呼揭王因恐被株連而叛逃回自己的部落，並曾一度自稱呼揭單于；在隨後的五單于紛立時期，呼揭單于自動去除單于稱號而支持另一單于車犁；車犁單于被屠耆單于擊敗後，他們就由外蒙古西北部逃走；一年後車犁單于向呼韓邪單于投降，呼揭王則未仿傚。呼揭是一個善戰的中小型匈奴部落，而不是突厥使者向拜占庭所說的大部落；西元前 49 年，郅支單于降服呼揭部後，曾用呼揭戰士擊潰西丁零與堅昆。他們曾是匈奴部落而不是烏古斯部落，呼揭（Ouarchonite）是他們的部落名稱，而不是由兩位古代領袖之名 Ouar 與 Khounni 合組而成的部落名稱；他們的領袖是在成功地帶領族人逃離突厥人的控制到達外高加索後，始被愛戴的族人奉上可汗的尊號。至於烏古斯人，據《隋書》卷 84〈鐵勒傳〉及《舊唐書》卷 199〈鐵勒傳〉的記載，他們在西元六世紀時還是小型的氏族部落，在大業元年（605 AD）前無「君長」；大業中始「共推契苾哥楞為易勿真莫賀可汗，居貪汗山（今新疆吐魯番北部柏格多山）北；又以薛延陀乙失缽為也咥小可汗，居燕末山（阿爾泰山支脈）北。」席摩克說他們最早的領袖為 Ouar

---

103　Edward Gibbon, *The History of the Decline and Fall of the Roman Empire*, volume IV, chapter 42, "State of the Barbaric World," Note 31, See (John) Bell, *Journey from Petersburg to Pekin*, (Vol. ii, p.124); yet his own description of the Keat, down which he sailed into the Oby, represents the name and attributes of the black river (p. 139),

104　從匈牙利地區出土的假阿瓦爾時期的骨骸出現狄族的 Y-DNA Q-346，可以推知呼揭部落在停留西西伯利亞時期曾吸收了一些當地的狄族(烏古斯)部落，這是人口得以增加的原因之一。另外匈牙利地區匈奴時期的骨骸亦出現狄族的 Y-DNA Q-L713, YP789，可見匈奴部落中亦有狄族部落如樓煩、林胡等。

（Var）與 Khounni（Chunni）二人，顯係席摩克的杜撰；又 Chunni 是敕勒的部落之一的名稱，也與 Khounni 無關。

　　呼揭人的原住地在今外蒙古西部，西元前 177 年被匈奴征服後成為匈奴的一個部落[105]。西元前 57 年在匈奴內部的權力鬥爭中被屠耆單于擊敗後，始逃到卡季河（Ket river）兩岸，該地可能只是他們夏季的主牧地。由於他們距離中國比較遙遠，中國人對他們的瞭解都是間接的，而且所知不多，例如他們的三跪三叩的行禮方式，中國文獻就從無記載；對當時的中國人而言，三跪三叩的行禮方式它是一種相當奇特的禮儀；當時的中國人晉見皇帝的禮儀是「再拜稽首」，如唐韓愈〈平淮西碑序〉所云「羣臣請紀聖功，被之金石；皇帝以命臣愈，臣愈再拜稽首而獻文，」亦即《隋書》〈西突厥傳〉所記載的「兩拜之禮」[106]。如果呼揭人與中國王朝有交往的話，中國文獻應該會將他們的禮儀記錄下來，如嚈噠人的一拜禮儀，《梁書》〈滑國傳〉即有記載。南梁對與他們有使節往來國家的「土俗本末」，均有記載；如果柔然人是假阿瓦爾人，他們晉見可汗的禮儀是三跪三叩的話，《梁書》〈芮芮傳〉就不可能沒有記載。

　　德國學者馬迦特（Joseph Merquart）稱提爾（Til）河即外蒙古的土拉河（Tola），他的根據是《隋書》〈鐵勒傳〉載「獨落河（即土拉河）北有韋紇、僕固、同羅。」但提耳河應該是在西突厥勢力範圍內，故它的位置應該在西西伯利亞或中亞東部，不可能是位於外蒙古的土拉河；再者，西元 557 年假阿瓦爾人到達外高加索時，突厥人還未征服土拉河以北的烏古斯人；東羅馬史學家席摩克遺留下來的著作認為假阿瓦爾是烏古斯人，有可能是資訊來源有誤，更有可能是席摩克的杜撰。

---

105 《史記》卷 110〈匈奴傳〉「今以小吏之敗約故，罰右賢王，使之西求月氏擊之。以天之福，吏卒良，馬強力，以夷滅月氏，盡斬殺降下之。定樓蘭、烏孫、呼揭及其旁二十六國，皆以為匈奴。諸引弓之民，并為一家。」

106 《隋書》卷 84〈西突厥傳〉「奈何惜兩拜之禮，剮慈母之命。」

至於假阿瓦爾人的髮式與西元四世紀到達歐洲的匈奴人的髮式不同，這可能與他們並非匈奴的原始核心部落有關；他們與柔然人一樣，原來都是生活在外蒙古的遊牧民族，匈奴帝國成立後，始成為匈奴的一個部落；他們與匈奴的核心部落，平常也不生活在一起，以致匈奴化不深，所以還保有原來的髮式。匈奴核心部落最常見的髮式為，除頭頂上中央留著一束頭髮外，其餘部份都剃光[107]（圖 94）；柔然人的髮式是將頭髮紮成一根辮子垂於腦後（見圖 131）；呼揭人的髮式是將頭髮紮成兩根辮子垂在腦後。匈奴人、柔然人、假阿瓦爾人的辮子都是垂在腦後，這就是北魏崔浩所稱的「旄頭」[108]；而拓跋鮮卑部的「索頭」是剃髮後將留在頭頂中央的頭髮紮成繩索狀，索尾朝向額頭（圖 95）；所有出土頭戴小冠的北魏陶俑，帽後有帽簪，卻從未見腦後有辮者，可為旁證。中國文獻唯一提到與匈奴人髮式有關的記載為《漢書》卷 54〈李陵傳〉，該傳載李陵與衛律在匈奴時的服式與髮式均為「胡服椎結」，所謂的「椎結」指的應該就是匈奴式「剃髮後將餘髮束為椎」，與西元四世紀中到達歐洲的匈奴人髮式相

圖 94　西方畫家筆下的
　　　　匈奴「椎結」

圖 95　鮮卑「索頭」，中
　　　　國國家博物館藏，
　　　　北京市

同；以李陵與衛律在匈奴身分、地位的敏感性，他們必須全盤的匈奴化，以獲取認同。1950 年考古工作者在陝西長安縣客省莊發掘一座「匈奴」古墓，墓內隨葬品有兩件長方形透雕銅牌飾，其中有兩人高鼻披髮，頭髮都是從頭

---

107 "The head is usually shaved, except for a tuft on top." Rene Grousset, *The Empire of Steppes*, translated by Naomi Walford, 1970 Rutger University Press, New Brunswick, N. J., p. 21.

108 《魏書》卷 35〈崔浩傳〉「臣觀天文，比年以來，月行奄昴，至今猶然。其占：『三年，天子大破旄頭之國。』蠕蠕、高車，旄頭之眾也。」

頂拖向腦後，挽以一髻，互相摟抱對方腰部和腿，作摔跤狀（圖 96），有學者認為可作為匈奴男子髮式的可靠證據；但遺憾的是這兩位高鼻披髮的男子是高車人而不是匈奴人，不能作為匈奴男子髮式的證據，而且摔跤時的髮式也不一定就是平時的髮式，新疆鄯善縣洋海墓群發現的高車男人都是披髮無髻。另烏古斯人的髮式（見圖 48）為披髮，也與假阿爾瓦人不同，這提供了另一項證據說明烏古斯人不可能是假阿爾瓦人。

圖 96　摔跤的高車人牌飾（仿製品）

　　假阿瓦爾人被突厥人征服的年代可能在西元 554 至 556 年之間；西元 557 年假阿瓦爾人可能因不願接受突厥人的徵召去攻擊嚈噠，殺了監管的突厥吐屯後，舉族逃往外高加索；這就是為何突厥人在西元 576 年聽到拜占庭與假阿瓦爾已於西元 574-575 年簽定條約，每年付假阿爾瓦人 80,000 枚金幣（每枚約 4.5 克）後非常震怒，達頭之異母兄弟咄陸設（Turxanthos）甚至威脅要處死拜占庭使節瓦倫丁（Valentin）的原因[109]；如果假阿瓦爾是某些西方學者所說的被滅亡的嚈噠人殘部的話，突厥人應該不會對拜占庭與假阿瓦爾簽定條約一事有如此強烈的反應，也不會稱假阿瓦爾人是他們的僕人或奴隸；更不會隨後進攻拜占庭在克里米亞東部的重要據點博斯普魯斯城，導致兩國聯盟破裂；再者，假阿瓦爾人的服飾、髮式及禮儀與嚈噠人也不相同，《魏書》〈嚈噠傳〉「衣服類加以纓絡（項圈），頭皆剪髮；」《梁書》〈嚈噠傳〉「事天神、

---

[109] 張緒山〈6-7 世紀拜占庭帝國與西突厥汗國的交往〉，《世界歷史》，2002 年第 1 期，頁 81-89，引自 J. B. Bury, *A History of the Later Roman Empire*, Volume II, Amsterdam, 1966, pp. 116-117.

火神，每日則出戶祀神而後食，其跪一拜而止。」

　　史學泰斗湯恩比（Amold J. Toynbee）在《人類與大地母親》一書中說嚈
噠滅亡的時間在西元 558 年或 563-567 年，其中滅亡於西元 563-567 年的說
法應該是根據法國學者沙畹（Emannel Edouard, Chavannes）在《西突厥史
料》中的說法；而沙畹的說法則是根據西元 568 年西突厥使者粟特人馬里亞
克在答覆拜占庭皇帝查士丁尼二世的詢問時稱：已將嚈噠全部滅亡，而推論
出嚈噠的滅亡時間定在西元 563-567 年之間；但根據中國文獻《北齊書》及
《資治通鑑》的記載，西元 563 年十二月突厥木杆可汗率地頭可汗（東部可
汗）、步離可汗（西部可汗）共十萬之眾協同北周進攻北齊晉陽（今山西、
太原）時，受到惡劣天氣的影響，遭到重大損失[110]，自不可能再有餘力於西
元 563-567 年派兵與嚈噠作戰；嚈噠是一強敵，突厥必須傾全國之力方可對
付的對手；西元 557 年至西元 563 年之間，突厥與北齊之間平靜無波，應該
是突厥將主力調往西邊征討嚈噠去了，故嚈噠滅亡的時間應該落在西元 558
年的可能性較大；《舊唐書》卷 194〈突厥傳下〉載「初，室點密從單于統領
十大首領，有兵十萬眾，往平西域諸胡國。」可見西元 558 年突厥征嚈噠時
的最高指揮官是木杆可汗，而不是西方文獻所說的室點密[111]；這就跟西元
588 年突厥征薩珊波斯時的最高指揮官是莫何可汗處羅侯（波斯文獻稱之為
Schaba 可汗，處羅侯在戰爭中中流矢而亡）而不是達頭的道理是一樣的[112]；
西元 582 年突厥進攻隋時，動員了五可汗四十萬眾，可作為突厥遇強敵時的
動員方式的證明。西元 563-567 年可能是《隋書》〈挹怛國傳〉所記載的「先
時國亂」，突厥人入侵阿姆河（Oxus or Amu Darya）以南的前嚈噠殘部，

---

110 《北史》卷 51〈齊宗室諸王上〉「突厥答周人曰：『爾言齊亂，故來伐之。今齊人眼中亦有鐵，何可
　　當邪？』乃還。至陘嶺，凍滑，乃鋪氈以度。胡馬寒瘦，膝已下皆無毛，比至長城，死且盡。乃截槊杖
　　之以歸。」

111 沙畹（Emannel Edouard Chavannes）著，馮承鈞譯《西突厥史料》，第四篇第二章，臺灣商務印書館
　　（1963），頁 161。

112 《隋書》卷 84〈突厥傳〉「其後處羅侯又西征，中流矢而卒。」沙畹（Emannel Edouard
　　Chavannes）著，馮承鈞譯《西突厥史料》，第四篇第五章，中華書局（1958），頁 217-218。

「遣通設（官名）字詰強領其國」的時間；這時的挹怛國只不過是「勝兵五六千人」[113]的小國，突厥葉護室點密即可單獨應付，無需突厥可汗木杆出面共同對付；正由於室點密領兵渡過阿姆河征討嚈噠去了，故未參加西元 563年十二月，突厥、北周對北齊的晉陽之戰。根據《彌南寶史料殘卷》記載，西元 562 年，「突厥首領肆葉護（Silziboulos 即室點密）獲悉侵害突厥利益的（假）阿瓦爾人逃亡，就發出頗合野蠻人性格的傲慢言語：他們不是鳥，不能飛過天空而逃脫突厥人的利劍，他們不是魚，不能深深地沉水底，只能在地上游而已；一結束對嚈噠人的戰爭，我就去討伐（假）阿瓦爾，他們一定難逃我強而有力的攻擊。[114]」前段記載所指的對嚈噠之戰，指的就是渡過阿姆河的第二階段對嚈噠的作戰；突厥人展開第二階段對嚈噠之戰的原因，可能是嚈噠內部發生動亂，薩珊波斯無力平亂，且此時突厥與薩珊波斯間因薩珊波斯酖殺突厥使者致雙方關係已發生破裂[115]；依西方文獻的記載，當初突厥與薩珊波斯聯合攻擊嚈噠時，雙方約定滅嚈噠後以阿姆河為界，河北的鐵門〔中亞古關名，故址在今烏茲別克南部，傑爾賓特（Derbent）西大約 13 公里處〕為兩國的界址[116]。突厥與薩珊波斯間的同盟關係只維持了三年左右。

西元 563 年十二月突厥協同北周攻擊北齊時有東部地頭可汗的參與，這表示在西元 563 年前突厥已擊潰了契丹，湯恩比在《人類與大地母親》一書中將突厥木杆可汗「東走契丹」的年代定在西元 560 年左右是正確的。西元565 年五月，突厥派使節前往北齊[117]，以敦睦它與北齊的關係，這表示突厥木杆可汗準備要對它周邊尚未臣服的其他民族動手了；為了免去後顧之憂，於是派使節前往北齊；突厥「北並契骨」及烏古斯部落的時間應定在西元

---

113 《隋書》卷 83〈挹怛傳〉。

114 余太山〈柔然與阿瓦爾同族論質疑〉，《文史》第 24 輯（1985），頁 97-113。

115 《彌南寶史料殘卷 10,1》。

116 余太山《嚈噠史研究》，齊魯書社，1986 年版，頁 103-113。

117 《資治通鑑》卷 169「五月，突厥遣使至齊，始與齊通。」

565 年至西元 572 年之間。

假阿爾瓦人西元 557 年到達外高加索，558 年受雇於東羅馬皇帝查士丁尼一世（Justin I）為傭兵，而後控制了現在的南斯拉夫至德國一帶。西元 626 年曾長期圍困君士坦丁堡，久圍不下後撤退。此後他們的重心北移，定居在多瑙河與提蘇河（Tisza River）之間的匈牙利平原。他們時常從匈牙利平原突襲法蘭克（Franks）人東境；直到西元 796 年才為法蘭克的查理曼大帝（Charlemagne）擊潰；西元 805 年最後一批阿瓦爾人才屈服於查理曼大帝；原阿瓦爾的領土也被斯拉夫人與保加利亞人盤據。

假阿爾瓦人對歐洲最大的貢獻是將馬鐙帶入歐洲，極大的增強了歐洲騎兵的馬上格鬥能力，可以更有效的控制坐騎，可以在馬上站起來；並且將雙手解放出來，不用像以前那樣緊緊的抓著韁繩，可以裝備更大更重型的防盾。

第八節　柔然內蒙消失後躲至何處？

鳳林古城位於黑龍江省友誼縣成富鄉鳳林村西南 300 米處，七星河左岸，海拔 83.9 米；它的西南隔七星河相望有炮臺山古城（七星祭壇），二城俗稱「對面城」；鳳林古城總體呈不規則形，週邊周長 6,000 餘米，總面積約 1,136,250 平方米，全城以中部方城為中心，共分為九個城區，似「九曲連環城」。

其中七城區位於全城中部，近正方形，邊長 112-124 米，面積 2.8 萬平方米，四面單垣單壕。城垣頂寬近 3 米，基寬 15 米，高近 4 米。護城壕上寬 15 米，下寬 3 米，深約 4 米，城垣四角各有一角樓，四面各有一馬面（城牆中向外突出的附著墩台）。在鳳林古城七城區中央部位發現一座面積達 666 平方米的大房址；該房址南北長，東西短，開門向東，真子午線正南正北，長方形；房內地面平坦，表面堅硬，為二釐米厚的黃砂土燒烤而成，下為近十

釐米的黃砂黃土混合層，再下為生土；地面上有排列整齊的大型柱洞，橫 5
縱 4 計 20 個大柱洞，柱洞深 60-90 釐米，底口直徑 25-30 釐米；此外還有散
在的柱洞23個，主要集中在西北角隅與南牆西端之內。這麼大的房址，可能
是宮殿或議事廳。

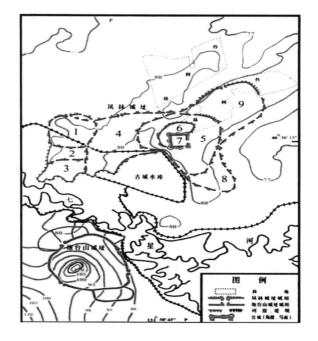

地圖三　黑龍江省友誼縣鳳林古城平面圖（黑龍江省友誼縣政府繪）

　　鳳林城址自 1994 年開始進行考古發掘以來，已發現半地穴式房址 40
座，灰坑 40 餘個，出土文物約 1,600 餘件，陶器有碗、罐、盆、盅、豆、
甄、缽、紡輪，還有陶馬、陶豬工藝品；骨器有簪、鏃、錐、帶扣、卜骨、
針等；石器有磨盤、磨棒、鑿、刀、斧；玉器有瑪瑙、玉蟬；金屬器有鐵
刀、鐵錐、鐵鏃、鐵钁、鐵魚鉤、鐵針、鐵甲片、銅鍑、銅鈴等。
　　與鳳林古城隔河相望的是炮臺山古城，古城平面呈橢圓形，面積達 60 萬
平方米；城垣係掘土堆築，分上、中、下三層；下層為外城，即廓城及拱衛
廓城的月城、甕門和城壕等；中層為山腰城，即內城，亦即登壇的壇城；上

層為山頂城，城內設有高壇和山頂坑，即「天坑」。其中有七處「天坑」按北斗七星的天樞、天璿、天璣、天權、玉衡、開陽、瑤光等七顆星座依序排列，東西總長度近 60 米；而另一處位於上述排列北面的「天坑」，則處在「北極星」的位置上；它是舉行祭祀和決定社稷大事的神聖場所。

鳳林城址的年代，經中國社科院考古研究所 C14 測定為距今 1725±85 年，即當為漢、魏時期[118]；換言之，則鳳林古城一帶應為漢、魏時挹婁人的活動中心，鳳林古城和炮臺山祭壇址應是挹婁王城。

但是上述推論與《後漢書》卷 115〈挹婁傳〉與《三國志》卷 30〈挹婁傳〉的記載不符之處有下列數端：

1. 「無君長」，「處於山林之閒」，「常為穴居」的挹婁人，那來的王城？
2. 處在石器時代，以「青石為鏃」的挹婁人，那來的鐵鏃（圖 97）？
3. 飲食不用俎豆的挹婁人，那來的陶碗、盅、豆？
4. 「食生肉」的挹婁人[119]，那來的銅鍑（圖 98）？

由上述分析比較，顯見鳳林古城與挹婁人無關。

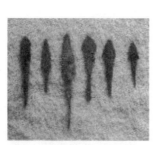

圖 97　鳳林古城出土的鐵
　　　箭鏃

圖 98　鳳林古城出土的
　　　銅鍑

圖 99　鳳林古城出土
　　　的鐵鎧甲片

118 〈黑龍江鳳林古城是王城？建造者懂天文測繪法〉，《大眾日報》，2010 年 4 月 29 日，
　　http://www.chinanews.com.cn/cul/news/2010/04-29/2254837.shtml。

119 《文獻通考》卷 327〈四裔考四〉〈女真〉「食生肉，飲麋酒，醉或殺人。」

　　由於銅鍑、鐵鎧甲片（圖 99）、殘斷鐵刀的出土、大議事與七星祭壇的發現，這批人應該就被東羅馬史學家席摩克所遺留的著作，所提到的逃往勿吉避難的柔然（阿爾瓦）人。銅鍑與鐵甲片是柔然部落中高車人的日常生活用品與作戰裝備；殘斷鐵刀可能是突厥人替柔然人打造的鐵刀；大議事廳應該就是在內蒙古失蹤的柔然可汗菴羅辰的朝庭；朝堂坐西向東是東方遊牧民族崇拜太陽的傳統，匈奴人[120]、突厥人[121]與嚈噠人[122]都是如此，柔然人也不例外；朝堂建在真子午線上與在城址南岸建祭壇，那是因為柔然的高官中有人通曉漢人的星相術，據《南齊書》卷 59〈芮芮傳〉，早在劉宋時期（402-479 AD），「其國相希利垔（音陰）解星算數術，通胡、漢語。」

　　柔然人逃到的今黑龍江省東北部的三江平原，是勿吉七部中比較落後，還在使用石鏃的拂捏部或室（骨室）部的地盤[123]；由於當地是地廣人稀資源豐富之地[124]，對這批強悍的不速之客的入居，當地人也只好淡然處之。對突厥人來說，要對他們用兵，必須要先征服「驍武」的勿吉粟末部或伯咄部，但是突厥人與勿吉人間的戰爭，突厥人卻吃了敗戰[125]，只得把他們忘掉。勿吉七部中，粟末部與白山部與中國距離較近，其餘均與中國「懸隔」，拂捏部與室部又從未遣使來過中國，以致中原王朝對柔然餘部隱居勿吉一事，從頭到尾就不知道；可見柔然餘部來到「棒打獐子瓢舀魚，野雞飛到飯鍋裡」的三江平原後，有如隱士般的低調安分，這可能與三江平原的資源豐富有關。

　　柔然人逃到三江平原後，雖然與突厥人已相隔遙遠，但卻進入了勿吉人

---

120 《史記》卷 110〈匈奴傳〉「單于朝出營，拜日之始生，夕拜月。」

121 《周書》卷 50〈突厥傳〉「可汗恒處於都斤山，牙帳東開，蓋敬日之所出也。」

122 《梁書》卷 54〈滑國傳〉「氈屋為居，東向開戶。」

123 《北史》卷 94〈勿吉傳〉「其一號粟末部，與高麗接，勝兵數千，多驍武，每寇高麗；其二伯咄部，在粟末北，勝兵七千；其三安車骨部，在伯咄東北；其四拂涅部，在伯咄東；其五號室部，在拂涅東；其六黑水部，在安車骨西北，其七白山部，在粟末東南。勝兵並不過三千，而黑水部尤為勁健。自拂涅以東，矢皆石鏃，即古肅慎氏也。東夷中為強國。所居多依山水。」

124 《三國志》卷 30〈挹婁傳〉「其人眾雖少，所在山險。」

125 《隋書》卷 84〈突厥傳〉「往年利稽察大為高麗、靺鞨所破」。

的地盤；為了應付突厥人的千里追殺，以及擔心來自勿吉的反擊，於是修城自保以增加安全感；他們在外蒙古杭愛山北時已有修建木末城的經驗[126]，這對他們來說，自非難事。

　　至於鳳林古城的廢棄，可能是在渤海國（698-926 AD）成立後，受到渤海國的壓迫，內部發生分裂，大部份不願臣服部眾西遷至今內蒙古東部與東北西部，少部份臣服部眾則被安置渤海國境內他處。鑴刻於西元 735 年的後突厥《毗伽可汗碑》中所稱的「九姓韃靼」（Toquz-Tatar）指的可能就是原住在鳳林九城的原柔然部落，當時應該還包括拔也古部與黃頭敕勒（即後來的黃頭室韋）部；至於鑴刻於西元 732 年的後突厥《闕特勤碑》，所稱的「三十姓韃靼」（Otuz-Tatar）可能是筆誤或資訊錯誤；《毗伽可汗碑》改稱的「九姓韃靼」，可視為對《闕特勤碑》所稱「三十姓韃靼」的改正。

　　拔野古原是居住在外蒙古西北部的一支土著遊牧民族，曾是匈奴的一部；柔然興起後，成為柔然的一個部落；回紇強大後，又成為回紇帝國統治下的「九姓烏古斯」的一員。

第九節　阿巴坎漢式宮殿是李陵宮殿？

　　阿巴坎宮殿遺址位於今俄羅斯哈卡斯自治州首府阿巴坎市南12公里處；1940 年發現，1941、1945、1946 年由蘇聯考古學者吉謝列夫（C. B. Kiselev 1905-1962）等人主持發掘。

　　宮殿為四阿式重簷建築，平面呈長方形，東西長約 36 米，南北寬約 24 米。中央有方形大殿，面積244 平方米；周圍發現 15 個較小的房間，宮址東南角毀損部份另有 4 間，共計 19 間。大殿正南的房間當為過廳或前堂，其餘房間分佈在過廳與大殿的東、西兩側和大殿北側。大殿南面有一門與過廳相

126《梁書》卷 54〈芮芮傳〉「天監中，始破丁零，復其舊土。始築城郭，名曰木末城。」

通，其餘三面各有兩門通往內室。屋頂用板瓦及
筒瓦覆蓋，房檐有圓形瓦當，上有反印的八分體
「天子千火（秋）萬歲常樂未央」（圖 100）吉
語。牆壁為木骨泥牆，厚約二米，壁面飾以斜方
格紋和之字紋的方形陶板。草泥的地面下有石砌
煙道通至屋內火炕，與伊沃爾加古城（Ivolga
Fortress）房址所設暖氣管道類似，地面某些部
位有很厚的紅燒土，這是室內添置火盆的痕跡
[127]。

圖 100　阿巴坎宮殿瓦當上的
　　　　八分反書「天子千火
　　　　萬歲常樂未央」，取
　　　　自《南西伯利亞古代
　　　　史》圖肆陸 4

　　宮殿中出土有橢圓形綠玉小瓶、紅色珊瑚小
珠、青銅鋪首（圖 101）及火候頗高的輪製陶片
等「漢」代器物；還發現環首鐵刀、穿孔鐵斧和
青銅帶扣等；此外出土有本地的缸形器陶片及溝
紋和波紋陶罐殘片，後者與貝加爾湖沿岸出土的
「匈奴」所遺陶器殘片相似。吉謝列夫等人推測
此宮是西元前 99 年李陵降匈奴後的宅邸；中國
學者郭沫若等對此表示懷疑，認為宮殿主人應為
某漢公主[128]；中國學者周連寬論證其可能是王昭
君的長女須卜居次雲的居所。

　　可能有人看到瓦當上出現「常樂未央」四字
吉語，就以為阿巴坎宮殿應該是漢代所建；「長
樂」「未央」雖然是漢高祖時期所建的兩座宮殿
名稱，但從考古資料顯示，在漢景帝時代已經

圖 101　阿巴坎宮殿的青銅鋪
　　　　首面具，取自《南西
　　　　伯利亞古代史》圖肆
　　　　陸 5

---

127 莫潤先〈阿巴坎宮殿遺址〉，《中國百科網》，http://www.chinabaike.com/article/baike/1001/2008/
200805111472711.html。

128 郭沫若〈蘇聯紀行〉，《中外出版社》1946，頁 136。

「長樂未央」合用，作為「陽陵」建築物（141 BC）瓦當上的吉語；「常樂未央」吉語的出現應在王莽改「長樂宮」為「常樂室」後，如以瓦當上出現「常樂未央」四字吉語而認為阿巴坎宮殿是漢代宮殿，這種推斷的基礎是極其薄弱的。「常樂未央」與「長樂未央」的意思相同，都是「歡樂連綿無盡」的意思。

俄羅斯學者將阿巴坎宮殿的興建年代斷定為西元前後的西漢時期，吉謝列夫所持的理由如下：

1. 蘇聯科學院的阿列克謝耶夫（V. M. Alekeyev, 1881-1951 AD）院士斷定瓦當上的文字是漢代的，中國科學院院長郭沫若也認為是漢代的；

2. 宮殿的斜面屋頂與旅順老鐵山麓漢墓出土陶屋的兩面坡屋頂相似；

3. 遺址發現的方形陶板上的斜方格紋和之字紋等浮雕與旅順老鐵山麓出土的漢代陶屋上裝飾牆壁和門洞的花紋相同；

4. 宮殿鋪首的面具與旅順北面第 11 號漢墓門道上畫的門神相似；

5. 遺址發現的環首刀與旅順老鐵山麓漢墓發現的刀相同；

6. 陶罐殘片上的有犁溝紋和波浪紋與貝加爾湖區的「匈奴」陶片相似；

7. 一件前方有扣針的青銅帶扣與葉尼塞河地區的製品相同，屬於塔施提克時期（西元前一世紀到西元後四世紀）。[129]

姑不論吉謝列夫的上述看法是否正確，依據他所提出的證據，充其量只能證明阿巴坎宮殿是漢代以後的建築物，而無法證明就是漢代建築物；因為上述證據無法證明：

1. 瓦當上的文字、書法過了漢代就無人使用了；

2. 所使用的瓦當、屋頂、花紋與鋪首過了漢代就無人使用了；

3. 環首刀只有漢人會製作，過了漢代就無人使用了；

4. 住在帳篷裡的匈奴人也會製作瓦片。

---

129 吉謝列夫《南西伯利亞古代史》，中國社會科學院考古研究所圖書資料室譯，新疆人民出版社，1981
　　年出版，下冊頁 81。

俄羅斯學者認為阿巴坎宮殿是李陵宮殿的另一根據，是《新唐書》卷
217 上〈黠戛斯傳〉所載「匈奴封漢降將李陵為右賢王」，丁零屬右賢王的管
轄。據《後漢書》〈南匈奴傳〉載：右賢王是僅次於左賢王、左谷蠡王的第
三順位的單于繼承人，通常都由單于的兄弟或子侄為之，不可能由異姓匈奴
甚至漢人為之。《新唐書》〈黠戛斯傳〉所載「匈奴封漢降將李陵為右賢
王」應該是個錯誤或筆誤；李陵被封的應該是《漢書》卷 52〈李陵傳〉所說
的「右校王」。不論是李陵的右校王，還是衛律的丁零王，都是虛銜，他們
在匈奴只不過是出謀畫策或提供軍事技術的客卿，是
不可能成為擁有自己地盤與部眾的實力派人物；西元
前 56 年，在匈奴發生內亂的五單于分立時期，李陵之
子曾擁護烏藉都尉為烏藉單于[130]，而不是自立為單
于，可為明證。再說被匈奴征服的是住在外蒙古與貝
加爾湖南側的北丁零，而不是西丁零。西丁零人的原
居地據《魏略》〈西戎傳〉的記載在「康居北」「烏孫
之西」，也就是今中亞中部，錫爾河以北、巴爾喀什湖
以西之地。葉尼塞河上、中游原是 Y-DNA 為 Q 的烏
古斯人或狄族的發源地，西元五至六世紀敕勒人與烏
古斯人相繼南下離開後，始為黠戛斯人（圖 102）所盤
據。黠戛斯人的原居地據《魏略》〈西戎傳〉的記載在
「康居西北」，也就是在中亞的西北部的烏拉爾山以東
之地；可能是在突厥崛起後，為了躲避突厥的攻擊，
始遷往葉尼塞河沿岸；據《彌南寶史料殘卷 10,3》
載，西突厥曾贈送拜占庭使節蔡馬庫斯（Zemarchus）
黠戛斯女奴一人；加入黠戛斯部落的西丁零人是隨著

圖 102　頭戴「銳頂卷末」帽的「勁勇」黠戛斯武士銅像，新疆新源縣鞏乃斯河南岸墓葬出土，新疆博物館藏

---

130 《漢書》卷 94〈匈奴傳下〉「單于曰：『孝宣、孝元皇帝哀憐，為作約束，自長城以南天子有之，長城以北單于有之。』」

點戛斯人一起來到葉尼塞河沿岸的。李陵是不可能到葉尼塞河上游的阿巴坎去營建宅第的；即使阿巴坎一帶歸李陵管轄，他也不會再建漢式宅邸居住，更不會在宅邸的瓦當上刻上「天子千火（秋）萬歲常樂未央」吉語，那是一種「再辱」的不忠的行為，李陵是不屑為的。俄羅斯學者中文造詣不深，中國歷史知識有限，可能不瞭解「天子千秋萬歲常樂未央」是什麼意思，也不知道匈奴人的統治範圍，以致誤以為阿巴坎宮殿就是李陵宮殿。

　　匈奴人最初的根據地是在漠南，自漢武帝元光六年（129 BC）起開始受到漢朝軍隊的攻擊，漢武帝元朔六年（123 BC）匈奴接受漢降將趙信（原為匈奴小王，被俘後降漢）的建議，將主力北撤漠北，以疲憊漢軍；至漢武帝元狩四年（119 BC）才完全退出漠南[131]。漢元帝竟寧元年（33 BC），王昭君嫁與匈奴呼韓邪單于後，匈奴人又重新回到漠南，雙方依漢元帝永光元年（43 BC）的約定以長城為界[132]；在東漢光武帝建武 22 年（46 AD）匈奴人受到烏桓人的攻擊北遷前的 80 年間，匈奴人一直居住在漠南[133]，甚至匈奴左部還於建武 15 年（39 AD）入居塞內[134]；王昭君的墳目前雖然尚未發現，但據判斷應該就在內蒙古大青山南麓某地可為明證。居住在漠南，頻頻往來匈奴與西漢或新莽之間的王昭君女兒須卜居次雲，於新莽地皇四年（23 AD）於長安為綠林軍所殺[135]，是不可能到葉尼塞河上游的阿巴坎去營建宅第的。

　　八分書一詞首見於《晉書》卷 36〈衛恆傳〉「梁鵠弟子毛弘教於秘書，今八分皆弘之法也。」八分書可能始於西漢末，成形於東漢，而在東漢末、

---

131 《漢書》卷 94〈匈奴傳上〉「票騎之出代二千餘里，與左王接戰，漢兵得胡首虜凡七萬餘人，左王將皆遁走。票騎封於狼居胥山，禪姑衍，臨翰海而還。是後匈奴遠遁，而幕南無王庭。」

132 《漢書》卷 94〈匈奴傳下〉「單于曰：『孝宣、孝元皇帝哀憐，為作約束，自長城以南天子有之，長城以北單于有之。』」

133 《後漢書》卷 90〈烏桓傳〉「（建武）二十二年，匈奴國亂，烏桓乘弱擊破之，匈奴轉北徙數千里，漠南地空，帝乃以幣帛賂烏桓。」

134 《後漢書》卷 89〈南匈奴傳〉「匈奴左部遂復轉居塞內。朝廷患之，增緣邊兵郡數千人，大築亭候，修烽火。」

135 《漢書》卷 94〈匈奴傳下〉「會漢兵誅莽，雲、奢亦死。」

曹魏時廣泛流行的一種書法，字體在篆、隸之間，它是隸書中的藝術體。八分體雖然可能在西漢末年萌芽，但不是主流，西漢時期的瓦當也未見有八分體的吉語出現，故阿巴坎宮殿不可能是李陵或須卜居次雲的宅邸。

　　郭沫若先生判斷的沒錯，瓦當上出現的「天子千火（秋）萬歲常樂未央」，是一位和親遠嫁的中國公主替中國皇帝祈福的吉語；但她不是漢朝公主，而是西元 840 年被黠戛斯人從迴紇可汗庭處擄獲的唐朝太和公主；她祈福的對象是她的侄兒——唐武宗，唐武宗的「千秋萬歲常樂未央」就是她在異域的最佳保障。反者返也，反書的目的就是祈求早日返歸故國。宮殿周圍發現 19 間較小的房間應該是太和公主隨從的居所；建築宮殿使用的材料應該是在當地製造，如來自中國就會在瓦當上寫著諸如「單于和親」「千秋萬歲」等吉語，而不會寫上對當地單于不太禮貌的「天子千火（秋）萬歲常樂未央」。阿巴坎宮殿應該是太和公主隨從及黠戛斯工匠為太和公主所修建的宮殿。《唐會要》卷 100 載「結骨在迴紇西北三千里，勝兵八萬，口數十萬，南阻貪漫山，有水從迴紇北流，踰山經其國。」《新唐書》〈黠戛斯傳〉載，黠戛斯破迴紇後，「遂徙牙牢山之南，牢山亦日睹滿，距回鶻舊牙度馬行十五日。」睹滿山就是貪漫山，也就是今俄羅斯葉尼塞河上游的西薩彥嶺，在黠戛斯未將王庭遷至牢山之南前的舊王庭，就在今日西薩彥嶺之北的阿巴坎一帶。葉尼塞河上游冬季長且酷寒，當地的黠戛斯人冬天都住在以木皮為頂的房子內；太和公主只在阿巴坎宮殿住了一年左右，可能不耐當地的酷寒，要求返回長安，第二年即被黠戛斯遣達干十人護送歸唐，但在中途被迴紇烏介可汗擄獲；西元 843 年正月烏介可汗帥眾侵逼振武（今內蒙古、和林格爾），為麟州刺史石雄等帥沙陀、契苾、拓跋騎兵擊潰，石雄迎太和公主歸唐；西元 843 年二月太和公主回到長安，改封安定大長公主[136]。西元 822 年太和公主遠嫁迴紇崇德可汗，843 年歸國，和番 21 年，歷四可汗。

　　盛唐後，由於唐玄宗李隆基的喜好與積極提倡，造成八分書的繁榮景

---

136 《新唐書》卷 83〈諸帝公主〉。

象；受了玄宗書法風格偏好豐腴肥厚的影響，盛唐以後的八分書一改晉、
宋、初唐時期的瘦硬剛健風貌，而呈現豐腴雄健之態，臣下仿效，蔚為風
氣，延及天下[137]。阿巴坎宮殿瓦當上的八分書字體豐腴，應是盛唐以後某位
宮庭書法家的作品，也就是太和公主某一僚屬的作品；據《唐六典》卷29載
「公主邑司：令一人、丞一人、錄事一人、史八人、主簿二人、謁者二人、
舍人二人、家吏二人」共 19 人，阿巴坎宮殿附近發現的 19 間較小的房間就
是太和公主邑司的宿舍。

---

137 劉小玲〈開元以來數八分——論唐玄宗的書法藝術與成就〉，《藝文薈粹雜誌》，2008/07/28，
　　http://tw.myblog.yahoo.com/art-magazine/article?mid=665&prev=666&next=664

第七章　敕勒人的品行與精神文明

第一節　高車人的品行

　　高車人在西元五世紀初時仍停留在氏族部落時代，部落與部落之間「無都統大帥」[1]，即使同一氏族部落內，其「酋長」對部落內族人亦無指揮權，「上不制下，下不奉上，[2]」這點亦可由高車人的婚禮中，「主人延賓，亦無行位，穹廬前叢坐」推之。曾任北魏懷荒鎮大將的陸俟說「夫高車上下無禮，無禮之人，難為其上。[3]」陸俟的說法應是事實的描述；高車人的部落內，無尊、卑、長、幼之別，它是一個相當平等的社會；治理「目無尊長」的高車人要比治理慣於「服從權威」的漢人困難的多，一位處事不公正或貪腐的地方行政長官，很容易會遭到「粗獷不任使役」的高車人的反抗。高車氏族部落與氏族部落間關係的維繫，靠的是高車人的「黨類同心」與頻繁的祭祀活動。據羅馬文獻記載，在匈牙利的「自由薩爾馬特部」中有一叫「利米甘特斯」（Limigantes）的奴隸階級或部落；但羅馬文獻並未說明薩爾馬特人與「利米甘特斯」人之間的確實關係，只含混的說「利米甘特斯」是背叛自由薩爾馬特部的反叛奴隸[4]；但根據羅馬文獻，「自由薩爾馬特部」人與「利米甘特」人並不住在一起，羅馬人筆下的奴隸的定義可能跟一般人的認知不同，「利米甘特斯」應該不是什麼奴隸階級，可能只不過是曾被迫需按

1　《北史》卷 98〈高車傳〉。

2　《北史》卷 47〈袁翻傳〉。

3　《魏書》卷 40〈陸俟傳〉。

4　Ammianus Marcellinus, *Roman History*, Book XVII, Chapter XII, XIII, http://www.tertullian.org/fathers/index.htm#Ammianus_Marcellinus

期向「自由薩爾馬特部」付獻金的原生活在匈牙利平原的土著部落罷了。

　　從世界各地的高車人墓葬中出土的武器、工具與社會技術裝飾品
（Socio-technic ornaments）的功能觀察，尚無明顯的社會分化或政府組織的
出現的跡象，高車人的社會文化融合尚處在較低階的「平民社會」（Folk
Society）階段[5]，與中國文獻與羅馬文獻的記載相吻合。

　　高車人的品行，據《北史》〈高車傳〉的記載，有：

　　1.　忠誠：北齊的高車族將領斛律金、斛律光父子都具有這種品格；「斛
律金以神武（高歡）撥亂之始，翼成王業，忠款之至，成此大功。」斛律金
因逢明主神武帝高歡，故得「終享遐年，位高百辟。」高歡「重其古直，每
誡文襄（高澄）曰：爾所使多漢，有讒此人者，勿信之。」斛律金的兒子斛
律光則無此幸運，他的戰功彪炳，「臨戎誓眾，式遏邊鄙，戰則前無完陣，
攻則罕有全城。[6]」但是最後卻被昏君讒臣害死，「世亂讒勝，詐以震主之
威；主暗時艱，自毀藩籬之固。」斛律光死後，（北）周武帝聞之，「赦其境
內」；五年後滅北齊入鄴（今河北、臨漳西），追贈上柱國、崇國公，指著詔
書說「此人尚在，朕豈得至鄴。[7]」至於羅馬皇帝馬爾庫斯‧奧列里烏斯
（Marcus Aurelius）認為薩爾馬特人不可信賴，那是因為雙方的長期敵對和
文化上差異，以及馬爾庫斯‧奧列里烏斯曾被薩爾馬特人的盟友夸德人
（Quadi）愚弄過所造成的成見[8]。

　　2.　內部有強烈的凝聚力，「黨類同心，至於寇難，翕然相從」。

　　3.　不妄取他人之物，「其畜產自有記識，雖闌縱在外，終無妄取」。

5　Mary Verna Stark, "The Beginning of Bronze Technology in East Asia," https://circle.ubc.ca/bitstream/handle/
　　2429/.../UBC_1976_A8%20S73.pdf?...

6　《北史》卷 54〈斛律金、光傳〉。

7　同上。

8　Cassius Dio, *Roman History*, Book 72, "Envoys were sent to Marcus by the Iazyges to request peace, but they did
　　not obtain anything. For Marcus, both because he knew their race to be untrustworthy and also because he had been
　　deceived by the Quadi, wished to annihilate them utterly."

4. 重然諾，答應之事，立刻兌現。

5. 優遇寡婦，「頗諱取寡婦而優憐之」；這是高車人與中國周邊的少數民族最大的區別所在。另住在黑龍江以北的室韋人也不娶寡婦，他們的理由是「死人之妻，難以共居。[9]」

6. 隨意蹲踞（圖 103），無所忌避。

7. 喜愛歌唱，「又似狼嗥」，這種似狼嗥的歌聲，可能就是西方的聲樂。

8. 脾氣「獷（音廣）暴」，口無遮攔，不喜受人指揮；從好處講，這也就是高車人被形容為「古直」的原因；從壞處看，則容易發生暴力事件，手足之間難免相殘；從發掘的圖瓦阿爾善二號墓園的 26 具骨骸中，德國考古工作者發現其中有一位婦女的頭骨中有四處被尖嘴斧（圖 104）一類的武器擊破的穿孔，另有一位男士的頭骨中殘留有木棍的碎片[10]。

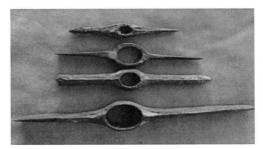

圖 103　蹲睡的敕勒青少年，腳穿高筒氈毛靴，腰懸箭袋，北魏常山王元邵墓出土，洛陽博物館藏

圖 104　尖嘴斧，內蒙古或甘肅出土

9　《北史》卷 94〈室韋傳〉。

10　"One woman's skull had been pierced four times with a war pick; another man's skull still had splinters in it from the wooden club used to kill him," Andrew Curry, "Frozen Siberian Mummies Reveal a Lost Civilization," published online June 25, 2008,
http://discovermagazine.com/2008/jul/25-frozen-siberian-mummies-reveal-a-lost-civilization

　　西元 402 年，當居住在漠南西部的柔然酋長社崙受北魏的攻擊而北遷強占高車斛律部的地盤時，斛律部部帥倍侯利感到憂慮，對他的族人說「社崙新來，兵馬不多，很好對付。」於是帶領部落的人，對柔然人的營地展開襲擊，攻進了社崙部落的駐地；但這些高車人毫無組織，貪圖小利，又無遠謀，居然把敵人的帳篷當作自己的家，在敵人的帳篷裡睡起春覺，「安息寢臥不起」。以上情況被逃到山上的社崙看到了，於是召集逃散的部屬共千人，利用清晨的時機展開突擊，還在呼呼大睡的斛律部勇士，哪裡還有反抗之力，百分之七、八十都成了刀下之鬼。倍侯利也無顏回去見江東父老，只得投奔北魏，北魏太祖賜爵孟都公。

　　由前段《北史》〈高車傳〉的記載，我們可以推知：

　　（1）高車人的軍事領導人跟日耳曼人一樣，都是推舉部落中武藝最強的人出任，屬於臨時任務，對屬下無命令拘束的權力。倍侯利在斛律部中是一武藝超群，勇敢善戰的人，他「質直勇健過人，奮戈陷陣，有異於眾。北魏之人畏嬰兒啼者，語曰『倍侯利來』，便止。處女歌謠云『求良夫，當如侯倍。』及倍侯利卒，太祖悼惜，葬以國禮，諡曰忠壯王。」

　　（2）高車人雖然勇敢善戰，到底是匹夫之勇，軍事組織的鬆散與指揮的無力，使得總體戰鬥力不強；據羅馬希臘歷史地理學家斯特拉搏的觀察，這種組織鬆散，裝備輕武器的騎兵五萬人的戰鬥力，還不如六千人裝備齊全的步兵方陣（Phalanx）[11]；「無都統大帥」，「鬥無行陳，頭別衝突，乍出乍入，不能堅戰」的結果，必定經常打敗仗，甚至淪為被征服者，成為奴隸。他們在匈牙利的族人，也被羅馬史學者阿米安努斯‧馬塞尼努斯（330-395 AD）形容為「只會打劫」（Amm. 16.10.20），「不擅正規的作戰」（Amm. 17.12.2）。

　　遊牧民族部落聯盟的組織方式有二：一種是所有的部落都在一個強有力

11　Strabo, *Geography*, Book VII, Chapter 3, Article 17, http://www.perseus.tufts.edu/cgi-bin/ptext?doc=Perseus%3Atext%3A1999.01.0198&query=book%3D%232www.pereu.tuff.edu

的部落領導下，彼此通力合作，有福同享，有難同當；另一種則是所有的部落彼此比鄰而居，平時只維持著鬆散的聯繫，到有急難時才彼此合作[12]。敕勒馬特的部落聯盟屬於後者。

（3）高車人攻入敵人的營地後，竟然不把女俘虜帶回自己的營地當奴隸來役使，反而「分其廬舍，妻其婦女，」在敵人的營地過夜風流，顯示他們與阿蘭人相似，在西元五世紀前還沒有使用奴隸的觀念[13]；他們是一夫一妻制，婦女在家中的地位高，他們不敢將別的女人帶回家。

（4）依《北史》的記載，高車人倍侯利的卜卦方式是用五十支蓍（音師）草莖來占卜，但據希臘史學家希羅多德的說法，斯基泰人是用柳枝占卜[14]，故倍侯利卜卦用的應該是柳枝而不是蓍草莖；據《北史》的記載，倍侯利卜的卦還相當準，以致得到北魏太祖的信任。

在外蒙古南戈壁省的特布希山（Tevsh Mountain）的一個墓中，發現了大量的裝飾有大角羊頭與鑲嵌有綠松石的「斯基泰-西伯利亞式」扣針（Fibulae）[15]，可能就是斛律部的遺物。

第二節　宗教信仰與祭祀活動

高車人的祭祀活動，據《北史》〈高車傳〉的記載，有：

1. 祭雷神、電神：依據希臘歷史學者希羅多德在《歷史》一書的記

12　J. Hamatta, *Studies in The History and Language of The Sarmatians*, Book 1, Chapter 2, http://www.krokaina. com/sarm/jh/index.htm/

13　Ammianus Marcellinus, *Roman History*, London: Bohn（1862）Book 31, Chapter II, Article 25, pp. 575-623.

14　Herodotus, *Histories*, translated by Aubrey de Selincourt, Penguin Book, c 1972 England, Book 4, verse 94, p. 292.

15　Vital V. Volkov, *Nomads of the Eurasian Steppes in the Early Iron Age*, Chapter 20 "Early Nomads of Mongolia", Zinat Press, Berkeley, CA. 1995, p. 321.

載，色雷斯人（Thracians）聽到打雷時，會對著天空射箭，並對雷神、電神發出威脅的話語，其原因是色雷斯人只相信自己的神祇──薩羅蒙西斯（Salmoxis），不信其他的神祇[16]。高車人在東歐時，與色雷斯人是鄰居，可能受了色雷斯人的影響，遇到打雷、閃電時，也會對著天空射箭，並對雷神、電神發出威脅的話語；但與色雷斯人不同的是高車人會立刻拔營搬走，到了第二年秋天會再來到打雷、閃電的地點舉行祭祀；「埋殺羊（黑色公羊）、燃火、拔刀，女巫祝說，」婦女穿著盛裝，「以皮裹羊骸，戴之首上，縈屈髮鬢而綴之，有似軒冕；」男人們則騎著馬，在原住地繞行百圈後，每個人將手上拿著的柳枝種下，並用乳酪澆灌；這些儀式與中國被（音福）除不祥的儀式有著相同的意思[17]。

2. 謝神會：「若安全無他，則為報賽，多殺雜畜，燒骨以燎，走馬遶旋，多者數百帀，男女無大小皆集會，平吉之人則歌舞作樂，死喪之家則悲吟哭泣。」

3. 祭天：北魏高宗和平五年（464 AD）七月，在河西（今內蒙古、鄂爾多斯）的五個高車部落相聚祭天，「眾至數萬。大會，走馬殺牲，遊遶歌吟忻忻，其俗稱自前世以來無盛於此。[18]」高宗親臨祭祀現場，高車大喜。由前段記載可知，高車人與馬薩格泰人（Massagatae）不同，馬薩格泰人殺白馬祭天，高車人是殺牲祭天。

由以上的記載可知，高車人的宗教信仰仍停留在自然崇拜階段；新疆吐魯番洋海墓群高車薩滿覡師乾屍的發現，亦提供了另一有力旁證；《大英百科全書》說，高車人殺馬「拜火」[19]，顯然並不正確。

16　Herodotus, *Histories*, translated by Aubrey de Selincourt, Penguin Books, c1972, England, Book 4, verse 94, p. 302.

17　《北史》卷 98〈高車傳〉「每震則叫呼射天而棄之移去。至來歲秋，馬肥，復相率候於震所，埋殺（音古，黑的雄羊）羊，燃火，拔刀，女巫祝說，似如中國祓除，而群隊馳馬旋繞，百匝乃止。人持一束柳楗（柳枝），回豎之，以乳酪灌焉。婦人以皮裹羊骸，戴之首上，縈屈髮鬢而綴之，有似軒冕。」

18　《魏書》卷 103〈高車傳〉。

19　"The Scythian gods were those of nature, while the Sarmatians venerated a god of fire to whom they offered horses

第三節　婚、喪習俗

　　從高車人的墓葬顯示，高車人實行的是一夫一妻制，雖然也有極少數的例外，例如後來的高車帝國皇帝就有嬪妃，吉林省榆樹市老河深中層墓地也發現一男二女的合葬墓；這有可能是來到東方後受到東方文化的影響的結果。高車人的婚姻係由雙方家長決定，至於說到訂婚的禮物，不是女方把嫁妝送給男方，而是男方向女方交納彩禮。男方需以牛馬作為聘金，數量依雙方的約定，越多女方覺得越有面子。馬匹的交付方法頗奇特，雙方家長對數量達成協議後，男方立刻用車輛將馬匹圍起來，由女方的家人騎著未上鞍的馬出闌（欄），男方的馬主站在闌外，拍手嚇馬，如騎馬的人沒有被馬摔下，即可將該匹馬騎走；如被馬摔下，就得另換一匹馬再試，一直到協議的數量達到後才停止[20]。這種交付方式，可能是男方捨不得將良馬送人所發展出的方法。

　　婚宴在女方家帳篷舉行，由男方提供馬酪及熟肉招待賓客，客人無尊貴之分，大家都聚集在帳篷前隨便坐著，吃吃喝喝的度過一天；到晚上就住在女方家帳篷裡，到了第二天，男方才帶著新娘回家[21]。

　　鐵勒人、突厥人則以自由戀愛為主，男女互訂終身後，由男方母親請人向女方父母提婚，女方父母大多不會拒絕。

　　高車人、突厥人婚後，妻隨夫居。鐵勒人婚後，夫居妻家，等到妻子分娩後始回夫家[22]；如果妻子無法生育，則婚姻可能發生破裂；據南宋洪皓

---

in sacrifice," Encyclopedia Britannica, 2002, book 10, P. 455.

20　《魏書》卷 103〈高車傳〉：「結言既定，男黨營車闌馬，令女黨恣取，上馬袒乘出闌，馬主立於闌外，振手驚馬，不墜者則取之，墜者更取，數滿乃止。」

21　《魏書》卷 103〈高車傳〉：「迎婦之日，男女相將，持馬酪熟肉節解，主人延賓，亦無行位，穹廬前叢坐，飲宴終日，復留其宿，明日將婦歸。」

22　《隋書》卷 84〈鐵勒傳〉。

（1088-1155 AD）著《松漠紀聞》載「回鶻自唐末浸微，本朝盛時，有入居秦川（即關中盆地）為熟戶者。女真破陝，悉徙之燕山、甘、涼、瓜、沙。舊皆有族帳，後悉羈縻於西夏，唯居四郡外地者，頗自為國，有君長。其居秦川時，女未嫁者先與漢人通，有生數子年近三十始能配其種類；媒妁來議者，父母則曰，吾女嘗與某人某人昵，以多為勝，風俗皆然。」可見鐵勒人對婦女能否生育的重視。至於該書所說「今亦有目微深而髯不虯（音求）者，蓋與漢兒通而生也，」則應該是來自無知宋人的自我陶醉之詞；迴紇部落中，有高鼻子而不髯虯 Y-DNA 為 Q 的蒙古人種，也有低鼻樑 Y-DNA 為 C 的北亞蒙古種人，這些目深而不髯虯者，正是純種的回鶻人。在南西伯利亞烏古斯人祖居地阿凡納謝沃山下所發掘的烏古斯人墓葬中，所有有乳嬰夭折的婦女，死後皆與夭折的乳嬰同葬一起；在六號墓的五人集體墓葬中，所有的隨葬品都放在有幼兒陪葬婦女的周圍，這突出表明生兒育女婦女有特別受人尊敬的地位[23]。

高車人死後，「掘地作坎，坐屍其中，張臂引弓，佩刀挾稍，無異於生，而露坎不掩。」上述記載，是北魏時期對從外蒙古地區來到中國的高車武士的葬式所留下的見證記錄。米努辛斯克地區的武士墓中，武士腰間配短劍和刀，手執管銎戈斧或戰斧（圖 105），隨帶骨鏃和銅鏃的箭，有時箭在左腕旁聚成一束（可能是裝在箭筒裡），有時在死者兩側各一枚，方向與頭向垂直[24]。前述考古發現與《北史》〈高車傳〉的記載高度相似，槊與斧都是高車人常用的武器，可見米努辛斯克地區的敕勒武士與外蒙古外或貝加爾地區的敕勒武士有相似的葬式。米努辛斯克地區敕勒人墓葬的考古報告中未見有鐵矛的發現；在歐洲東部的墓葬中，出土的鐵矛也很稀少，俄羅斯考古工作者認為這是一種文化傳統[25]；但大量敕勒鐵矛頭在遼寧省西豐縣西岔溝墓地

23　吉謝列夫《南西伯利亞古代史》，中國社會科學院考古研究所圖書資料室譯，新疆人民出版社，1981年出版，上冊頁 12-14。

24　同上，上冊頁 118；與武士葬在一起的女子，有時也配備武器。

25　Marina G.. Moshkova, *Nomads of the Eurasian Steppes in the Early Iron Age*, Chapter 9 "Middle Sarmatian

圖 105A 西亞戰斧之一，
內蒙古出土

圖 105B 銎外側帶如尼符號 Y1 的管銎戈斧，內蒙古出土（根據《周書》《隋書》〈突厥傳〉的記載，突厥人無斧類武器）

的出土，證明俄羅斯考古工作者的推測並不正確；比較可能的原因是由於當時鐵的缺乏與價昂，以致不願將鐵矛浪費在墓葬中，而以銅斧代替。俄羅斯圖瓦共和國阿爾善二號墓葬的男、女墓主的頭顱已與軀幹分離，男墓主的頭顱天靈蓋朝上，女墓主的頭顱面部朝上；從頭、身分離的距離、角度、方向看（圖 106），下葬時採用的應該是坐姿，屍體腐爛倒下與地板撞擊後始頭身分離。都和《北史》「坐屍其中」，「無異於生」的記載相符。

圖 106 俄羅斯圖瓦共和國阿爾善二號墓葬中的五號主墓，取自德國考古所網站

至於「露坎不掩」的記載，由俄羅斯圖瓦共和國阿爾善二號墓，墳墓中

Culture," Zinat Press, Berkeley, CA. 1995, p. 140.

央西側露有一漏斗形的孔穴卻無被盜的跡象，顯示《北史》〈高車傳〉記載的正確性；西方考古工作者看到墳墓上的孔洞，都誤以為是盜孔，這是不正確的；敕勒人的墳墓「露坎不掩」應該與他們的宗教信仰有關，而且只有男人的墓上「露坎」，女墓則不「露坎」。在米努辛斯克盆地敕勒人墓葬中所發現的「盜孔」，都發生在比較容易懸空打穿的石板上，而不在很寬很厚的石板上，俄羅斯考古工作者誤以為盜墓者同古塚的建造者係同時代的人，知道古塚的結構[26]。「露坎不掩」的結果給盜墓者提供了方便，但有時也達到了迷惑盜墓者的目的；米努辛斯克盆地的有些地區的敕勒人墓葬中，所有「露坎」的男子葬坑都被盜空，女子葬坑則大都原封未動。

　　《北史》〈高車傳〉記載的敕勒武士的葬式，應該有其局限性，只有經濟條件較佳者才有能力建大墳，才能採坐姿葬。從發掘的中、小型敕勒人墓葬顯示，隨著經濟條件的不同、居住環境的改變與其他文化的影響，而有不同的墓葬結構與葬具，如無葬具墓、木棺墓、木槨墓、石槨木棺墓、木槨木棺墓、石箱墓、偏洞室墓、磚室墓等[27]。

　　新疆吐魯番洋海古墓的薩滿教覡師乾屍，頭戴羊皮帽，額頭繫彩色毛條帶，條帶上綴有兩或三個一組的海貝，左右耳上戴同樣大小的銅、金耳環，脖子上戴著綠松石項鏈，內穿翻領彩色毛大衣，腳穿皮鞋，鞋幫上捆綁毛條帶，毛條帶上綴的五個銅管各連接一個小銅鈴，左腕戴紅色皮套袖，上綴一排銅扣，像埃及法老一樣，雙手交叉，右手握著纏了銅片的木杖，左手握木柄青銅戰斧，帶有明顯原始宗教薩滿教的信仰神偶色彩[28]（圖 107）。西元2006 年六月，德國、俄羅斯、外蒙古的考古學者，在離俄羅斯、中國、哈薩

26　吉謝列夫《南西伯利亞古代史》，中國社會科學院考古研究所圖書資料室譯，新疆人民出版社，1981年出版，上冊頁 118。

27　王建新、任萌〈新疆巴里坤東黑溝古代遊牧文化聚落遺址考古獲得重要成果〉，《中國文物報》，2008年 2 月 1 日，http://www.wenbao.net/wbw_admin/news_view.asp?newsid=875

28　金浩〈掀開「薩滿面紗」探尋吐魯番乾屍真相〉，《天山網》，2006 年 12 月 21 日，http://www.xj.chinanews.com.cn/newsshow.asp?id=37832&ntitle=45816dbdc965857306cfb02950eefe26

克邊界不遠的外蒙古西北部二千六百米高的阿爾泰山上發掘一具號稱是
2,500 年前，身上有刺青穿著毛皮大衣的黃髮「斯基泰武士」乾屍（圖
108A、B），在毛皮大衣內有懸掛在皮帶上的木柄鐵匕首與鐵戰斧；在墓中
發現了一張完好的弓，這是首次在阿爾泰地區發現的完好弓[29]。這二具乾屍
的裝扮雖與「佩刀挾稍，無異於生」的記載相符，但採取是曲肢側身葬，而
非坐姿葬。

圖 107 　新疆吐魯番洋海古墓的薩滿覡師乾屍，CCTV 圖片

圖 108A 　蒙古阿爾泰山上敕勒武士墓室外形，德國考古所網站

---

29 "A Scythian warrior found at a height of 2600 meters in the Altay Mountain in an intact burial mound," Aug. 25 2006, www. News.com.au

圖 108B   墓室內的敕勒武士，德國考古所網站

　　匈奴人死後用土葬，《漢書》〈匈奴傳〉載「日上戊己；其送死，有棺
槨、金銀、衣裳，而無封樹（不起墳，不種樹）、喪服；近幸臣妾從死者多
至數十百人。」這裡說的「戊己」，為每月之五、六、十五、十六、二十
五、二十六日，匈奴人以這幾個日子為吉日；在戊日或巳日送葬辦喪事，寓
意著一種天道觀念的信仰；匈奴人國之大事，多選用這兩個日子[30]。《晉書》
卷 102〈劉聰載記〉載，劉聰曾對劉粲（劉聰之子）說「今世難未夷，非諒
暗（居喪不理政事）之日。」所以他囑咐劉粲說他死後可「朝終夕殮，旬日
而葬。」這是說匈奴人死後有入殮、出殯、入葬等禮俗，而且都有時間規
定。

　　《後漢書》卷 19〈耿秉傳〉載，匈奴聞秉卒，竟「舉國號哭，或至剺面
流血。」匈奴人的剺面習俗，直到匈奴王阿提拉（Attila）西元 453 死時，尚
保有此一風俗[31]。東羅馬史家普利斯古（Priscus）《出使匈奴王阿提拉汗庭記
行》中描述的阿提拉葬儀與中國文獻記載的匈奴葬儀，大同小異；阿提拉大
體被置於金棺內，再將金棺置於銀槨內，槨外用鐵裹住。關於匈奴人的葬

30　侯麗娟〈（民俗風情）匈奴人的生活習俗〉，內蒙古地方誌辦公室，http://www.nmqq.gov.cn/new/news/
　　view.asp?id=4647

31　見巴克著，黃淵靜譯《韃靼千年史》，卷三第二章，臺灣商務印書館，1971 年版，頁 120。

儀，西方文獻提及而中國文獻不載之處有：

　　1. 男人需剪下頭上的頭髮；

　　2. 葬宴混和了極度的哀傷與極度的歡樂，他們一面慶祝，一面卻又虐待自己[32]；

　　3. 據說，在舉行阿提拉葬儀時，無哭泣之聲。不知是觀察不實或是在極度震驚下，匈奴人哭不出來了；它應該不是普利斯古所猜測的「有聲望的匈奴戰士，應以男人的鮮血誌哀，而不是哭泣與眼淚。[33]」

　　《史記》、《漢書》記載匈奴有殉葬之風；屍體在夜間下葬，如果是貴族就會有部份男性奴隸和漂亮的女子殉葬；要是大單于過世，妻妾近臣有時殉葬多達幾百人之多；不過《史記》、《漢書》中有關匈奴有殉葬人數的記載，不但誇大而且不實，中國文獻中從未提及某人被殉葬。受到《史記》、《漢書》記載的匈奴人有殉葬習俗的影響，俄羅斯的考古工作者從他們在外貝加爾地區德列斯堆墓地（Derestuy Cemetery）、查拉姆墓地（Tsaram Cemetery）發現的「匈奴隆起墓塚」（Overgrave）中的骨骼受傷的特徵（Characteristic Injuries on Skeleton）觀察，推測這些出現在主墳旁，年齡從 35 歲至 4 歲不等的陪葬墓有的是殉葬的僕人[34]。俄羅斯的考古學者的這些推測是捕風捉影的，塞外的匈奴人的墳塚都是地下墳墓，那來隆起的墓塚？那些所謂的隆起的墓塚及無法從外觀區別男、女、長、幼的墓塚[35]，跟他們祖先在歐洲東部[36]，他們族人在米努辛斯克及他們子孫在中國的墓地一樣，都是高車人的家

32　Jordanes, *The Origin and Deed of Goths*, translated by Charles C. Mierow, Chapter 48, Article 257, http://www.uca
　　lgary.ca/invandersp/courses/texts/jordgeti.htm

33　Ibid., Article 255.

34　S. Minyaev, L. Sakharovskaya, "Sacrifice burials of the royal complex no. 7 at the Tsaraam cemetery,"
　　Archaeological News, Vol. 9. Saint Petersburg 2002, pp. 86-118.

35　S. Minyaey, "Art and archaeology of the Xiongnu: New Discoveries in Russia," "Generally, Xiongnu burial
　　structures give no information on the sex or age composition of the population."

36　"In others 3 to 10 or sometimes 10-20 graves were placed concentrically around an 'ancestor' grave. Occassionally,
　　the concentrical arrangement would be made up of parallel graves," Zoya A. Barbarunova, *Nomads of the Eurasian*

族墓園；高車部落是個沒有奴隸的氏族部落，那來的僕人？世上有四歲的僕人嗎？四歲的孩童能在另一個世界侍奉他的主人嗎？

早期匈奴墓「無封樹」，後期則不然；隨著社會的發展、經濟實力的增強以及受漢文化的影響，五胡十六國時的匈奴貴族墓不但有封樹，而且有高大的陵園；對葬禮、陵園的規模越來越重視和講究；突出的有匈奴劉曜，《晉書》卷 103〈劉曜載記〉載：劉曜在修造其父、其妻之永垣陵和顯平陵時，「二陵之費，至以億計，計六萬夫百日作，所用六百萬功。二陵皆下錮三泉，上崇百天，積石為山，增土為阜，發掘古塚以千百數。」

突厥人、鐵勒人的喪葬習俗略同，其不同處在突厥人死後火化，將骨灰暫時存起來，等待適當的時候再埋葬；被唐朝俘虜的突厥頡利可汗於貞觀八年死時，仍「從其俗禮，焚屍於灞水之東；其舊臣胡祿達官吐谷渾邪自刎以殉。[37]」鐵勒人在喪儀舉行後，並不焚化，而是直接殯埋之[38]。

鐵勒人、突厥人仍有剺面而哭與殉葬習俗；唐貞觀 23 年 8 月，葬太宗於昭陵時，阿史那社爾、契苾何力請殺身殉葬；又依《舊唐書》卷 195〈迴紇傳〉載「毗伽闕可汗初死，其牙官、都督等欲以寧國公主為殉」等均係鐵勒人、突厥人尚保有殉葬習俗的證據。據《彌南寶史料殘卷 19,1》載，突厥西八部最西部的首領咄陸設（Turxanthos）聞其父葉護室點密死訊後，以四位俘虜及四匹室點密生前乘過的坐騎為室點密殉葬；咄陸設甚至還強迫東羅馬使節瓦倫丁（Valentin）剺面致哀。

婚葬習俗是民族共同心理素質的重要內容，由於它在任何民族歷史上都具有相當的持續性，是民族識別的重要標幟[39]；婚葬習俗的不同，說明敕勒人既不是鐵勒人也不是匈奴人；鐵勒人也不是突厥人。

Steppes in the Early Iron Age, Chapter 8 "Early Sarmatian Culture," Zinat Press, Berkeley, CA. 1995, p. 122.

37　《舊唐書》卷 194〈突厥傳上〉。

38《隋書》卷 84〈鐵勒傳〉。

39　段連勤《丁零、高車與鐵勒》，上海人民出版社，1988，頁 43。

第四節　對寡婦的態度

　　高車人與鐵勒人、突厥人、匈奴人最大的不同處乃在如何對待家族中的
寡婦。高車人不娶家族中的寡婦，而是對家族中的寡婦予以物質上、精神上
的照顧。鐵勒人、突厥人、匈奴人父兄伯叔死者，子弟及姪等妻其後母、世
叔母及嫂；但它的限制有二：

　　1. 長輩不可娶晚輩死者的妻子（尊者不得下淫）[40]；例如，柔然可汗豆
崙死後，因新可汗那蓋是豆崙叔叔，娶豆崙之妻的是那蓋兒子伏圖[41]。

　　2. 有尊貴身分的婦女，可選擇嫁與不嫁。《漢書》卷 54〈李陵傳〉載
「大閼氏欲殺陵，單于匿之北方，大閼氏死乃還。」前文中連單于都要敬畏
的大閼氏，指的應該是單于的母親。大閼氏的頭銜在匈奴並不固定，有時候
是單于的生母；如果生母已故或改嫁，則稱單于的正妻為大閼氏。《後漢
書》卷 89〈南匈奴列傳〉載「及呼韓邪死，其前閼氏子代立，欲妻之，昭
君上書求歸，成帝勑令從胡俗，遂復為後單于閼氏焉，」應是沒有根據的猜
測之詞；王昭君的改嫁，應是自己的自由決定；王昭君第二任丈夫死後，即
選擇寡居。

　　高車人還有一個奇特的風俗，就是女兒在出嫁後，可帶領夫家的人至娘
家的馬群中挑選良馬，至滿意為止；娘家父、母、兄、弟雖然心中不捨，但
卻沒有一個人會發怨言[42]。這種類似嫁妝的奇特風俗與高貴品格，也是少見
的；同時也顯示出高車家庭中女兒的地位與兒子不相上下，在高車婦女的墓
地發現陪葬的馬匹，也不應該有什麼奇怪之處，因為那些馬都是她從娘家帶
來的。

40　《周書》卷 50〈突厥傳〉。

41　《魏書》卷 103〈蠕蠕傳〉。

42　《魏書》卷 103〈高車傳〉。

第五節　語言與文字

一、敕勒語

　　現存的高車語不多，如「候婁匐勒」（同漢語大天子之意）、「侯倍」（儲王）、莫弗（族長）、、高車、敕勒馬特。從其對天子、儲王之稱呼與匈奴、突厥完全不同觀之，顯然高車語與匈奴語、突厥語不同。《北史》〈高車傳〉稱「其語略與匈奴同而有小異」一語，大概是因將高車誤為丁零，指的是丁零語與匈奴語間的關係吧。

　　有土耳其語言學者說高車人說的是突厥語，這種說法有點離譜；西元357 年，當敕勒已是數十萬落的大部落時，突厥人還不知道是居住在何地的小部落，人口數千，突厥語恐亦尚未成形；「候婁匐勒」、「侯倍」二語，在今日的突厥語系中也找不到二語究係何意[43]。突厥是一以阿史那族為領導，逐步發展的部落聯盟，它的組成分子十分複雜，「部落之下，盡異純民，千種萬類，」突厥語在發展的過程中，必定會吸收一些其他部落及周邊民族的詞彙，如柔然語、高車語等。加拿大籍漢學家蒲立本（E. G. Pulleyblank）以敕勒人斛律金字阿六敦，認為敕勒人說的是突厥語，他所持的理由是「阿六敦」在突厥語中的意思為金；可是蒲立本可能不知道斛律金本名斛律敦，而不是斛律金；他改名為斛律金是因為漢字的金字字型像漢人的房子，比敦字好寫好記的緣故[44]，而非因「阿六敦」在敕勒語中就是金字的緣故。

　　西方學者根據在黑海畔奧利比亞（Olbia）、塔奈斯（Tanais）與潘蒂卡派（Panticapaeum）發現的碑銘上出現的部落名稱研判，大多認為薩爾馬特人講的應該是東北伊朗語，與粟特語或奧塞梯語類似；也有匈牙利學者認為

43　劉學銚《五胡史》，第七章第三節，臺北南天書局有限公司，2001 年 10 月版，頁 214。

44　《北史》卷 54〈斛律金傳〉「金性質直，不識文字。本名敦，苦其難署，改名為金，從其便易，猶以為難。司馬子如教為金字，作屋況之，其字乃就」。

敕勒講的是原始烏芬語；據親自到過疏勒國的唐朝和尚玄奘的說法，疏勒人語言辭調，異於諸國；又據《魏書》卷 102〈嚈噠傳〉的記載「其（嚈噠）語與蠕蠕、高車及諸胡不同。」換言之，敕勒人講的既不是突厥語，也不是粟特語、波斯語或吐火羅語（月氏語），而是一種與周邊民族完全不同的語言；又依敕勒人的 Y 染色體單倍群觀察，高車人的語言應該屬於烏拉爾語系[45]。突厥語、蒙古語與通古斯語中出現與烏拉爾語系相同來源的語彙、相似的代名詞與母音的調和，應該是從高車語中借用過來的。

二、文字

在南西伯利亞米努辛斯克盆地與東西伯利亞地區的勒拿（Lena）河-貝加爾（Baikal）湖地區的山谷石壁上，都發現類似突厥如尼文字或日耳曼如尼文字的如尼文銘刻[46]；在中亞七河地區也發現十多件類似的如尼文銘刻，其中大多數見於今吉爾吉斯坦共和國的塔拉斯河（Talas river）上游德米特里耶夫村附近，只有一件見於伊塞克湖沿岸[47]。在貝加爾湖以北、外蒙古、哈薩克斯坦伊塞克與內蒙古等地出土的器物上，也發現類似的如尼文銘文[48]（圖 109）。從字母的特徵和銘文的內容看，七河地區的如尼銘文與葉尼塞銘文極為相似，但與西元七世紀後的突厥鄂爾渾如尼銘文特別是色楞格銘文則有顯著的區別[49]。

45　從敕勒人的文字與 DNA 觀察，敕勒人的發源地應在烏拉山西側。

46　耿世民〈古代突厥碑銘的發現和解讀〉，西北民族研究，2005 年 01 期，頁 10。

47　吉謝列夫《南西伯利亞古代史》，中國社會科學院考古研究所圖書資料室譯，新疆人民出版社，1981 年出版，下冊頁 139。

48　N. Ishjatms, "Nomads In Eastern Central Asia," *History of civilizations of Central Asia*, Volume 2, Fig 5, UNESCO Publishing, 1996, p. 166

49　吉謝列夫《南西伯利亞古代史》，中國社會科學院考古研究所圖書資料室譯，新疆人民出版社，1981 年出版，下冊頁 140。

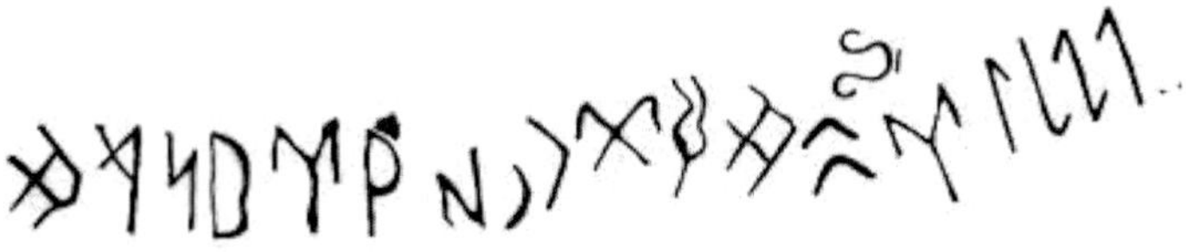

圖 109　部份敕勒如尼字母，iacd.or.kr

　　有些學者將七河地區山區所發現的如尼文字銘刻，認為屬於西突厥的遺存，而且其形態比鄂爾渾如尼文更古老，「那就是最可能使阿拉美字母表適應於突厥語而首先使用如尼文的地方；突厥化的字母表最初是從這裡向東方廣泛傳播的。[50]」前述推論可能是因為七河地區曾是西突厥王庭之所在[51]，所產生的猜測，其實並無實在的根據；東、西突厥之間，由於長期的融合，雙方語言之間的差別不大[52]，風俗習慣又相似，如七河地區的如尼銘文是西突厥的遺存，鄂爾渾如尼銘文是受它東傳的影響，那麼七河地區的如尼銘文應與鄂爾渾如尼銘文在字母的特徵和銘文的內容方面非常相似，而不會反而與葉尼塞銘文極為相似；故七河地區山區所發現的如尼文字銘刻，應該不是西突厥的遺存。

　　七河地區的如尼銘文應該是西元 516 年至 521 年，高車國人在七河地區避難時所留下的銘刻。高車國是由來自阿爾泰地區與米努辛斯克盆地的敕勒人於西元 487 年在新疆東部所建立，他們都是西元四世紀中葉由烏克蘭來到東方的敕勒人的後代；比較兩地出土的器物，可以看出很多共性，這不僅表現於形式特徵，也表現於生活方式的特點；兩地冶金的發展水平也相同，不僅鑄造和鍛打技術方法相同，而且工具和飾物形狀也異常相似；兩地陶器的器形和紋飾也一致；這些一致性說阿爾泰草原與米努辛斯克盆地的敕勒人有

50　同上，下冊頁 140。

51　《隋書》卷 84〈西突厥傳〉「處羅可汗居無恒處，然多在烏孫故地。」

52　《舊唐書》卷 194 下〈西突厥傳〉「風俗大抵與突厥同，唯言語微差。」

相同的文化[53]；他們使用的如尼字母的特徵和銘文的內容自然極為相似，這才是七河地區的如尼銘文與葉尼塞如尼銘文高度相似的原因所在，他們使用的文字應稱之為敕勒如尼文字。

　　世界上土耳其語的語言學者，由於不知敕勒如尼文的存在，以致弄不清楚日耳曼如尼文與突厥如尼文間的關係，普遍猜測突厥如尼文源自阿拉美-舊粟特文（圖 110）；但兩種文字形體的基本線條事實上是不同的[54]；成功破譯鄂爾渾如尼符號的丹麥語言學家湯姆森（V. L. Thomsen 1842-1927 AD）也發現有 15 個鄂爾渾如尼符號在阿拉美文中找不到樣本[55]；故突厥如尼文字應該不是源自阿拉美-舊粟特文。

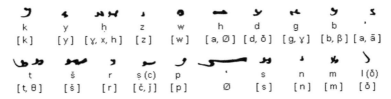

圖 110　阿拉美-舊粟特字母表（Aramaic-Sogdia Letters），
取自 Omniglot Writing Systems & Language of the World

　　只要我們瞭解三種如尼文字－日耳曼如尼文、突厥如尼文與敕勒如尼文的產生時間的先後順序，與三個民族間的關係，則突厥如尼文的源頭，將清楚的呈現在世人的眼前。茲將三種如尼文的產生時間與三個民族間的關係臚列如下：

53　吉謝列夫《南西伯利亞古代史》，中國社會科學院考古研究所圖書資料室譯，新疆人民出版社，1981
　　年出版，上冊頁 46。

54　阿力肯、阿吾哈里〈古代突厥如尼文字源自舊粟特文質疑〉，《新疆哲學社會科學網》，http://big5.xja
　　s.com/mzs/content/2008-06/06/content_2276.htm

55　吉謝列夫《南西伯利亞古代史》，中國社會科學院考古研究所圖書資料室譯，新疆人民出版社，1981
　　年出版，下冊頁 140, 引自〔丹麥〕Vilhelm L. P. Thomsen, *Inscriptions de L'Orkhon Déchiffrées*, Helsingfors,

1、三種如尼文字產生的先後順序：

（1）日耳曼人於西元一至二世紀時即已開始使用如尼文字；其中哥特人使用的是一種老式的如尼文字，被稱之為哥特如尼文字；該文字使用至西元六世紀初即被以希臘字母為基礎的哥特字母所取代。有人認為老式如尼文字是哥特人創作的，不過留存的證據難尋，已無法加以證明。目前最早的如尼文銘刻在發現於丹麥菲英島（Funen Isand）維莫塞（Vimose）地區沼澤中的一把鹿角製梳子上（圖111），該梳子被斷代為製作於西元 150-200 年。

圖 111　鹿角製梳子上的最早的如尼文銘刻，丹麥國家博物館藏

（2）敕勒如尼文的產生年代，據判斷應在西元三至四世紀。在葉尼塞河流域的米努辛斯克附近的蘇拉克（Sulak）地區發現的如尼文銘刻，以及一些岩畫，應該是由烏克蘭移居當地的敕勒人於西元 340 年至 487 年作品，而不是西元七世紀的作品；在米努辛斯克附近的卡拉-尤瑟（Kara-yus）山谷所發現的蘇拉克岩畫中的頭戴圓盔、手揮長槍的重裝騎兵，就是敕勒重裝騎兵，而不是薩珊重裝騎兵[56]。

（3）《北齊書》卷 20〈斛律羌舉傳〉載「後主（565-577 AD）命（劉）世清作突厥語翻涅槃經，以遺突厥可汗」，可見突厥人自西元六世紀下半葉

56　A. M. Tallgren, "Inner Asiatic and Siberian Rock Pictures," ESA, VIII （1932）, pp. 175-197.

已開始使用文字；目前最早的突厥如尼文字銘刻，可能是發現於烏蘭巴托東南的雀仁驛站附近發現的「雀仁碑」（1971 公佈），有人認為該碑年刻於西元 688-691 年。

2、哥特人、敕勒人與突厥人的關係：

(1) 哥特人與敕勒人間的關係

　　敕勒人中的羅克索拉尼部與哥特人於西元三世紀中葉至四世紀中葉在歐洲時是鄰居，雙方應有大量的文化交流及通婚；敕勒人借用了哥特人如尼字母（圖 112）來拼寫自己的語言；哥特人則將敕勒馬特藝術傳至所有的日耳曼部落[57]。

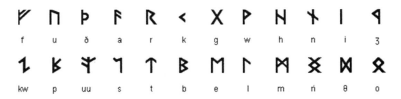

圖 112　哥特如尼字母（Gothic Runic Alphabet），
取自 Omniglot Writing Systems & Language of the World

(2) 敕勒人與突厥人間的關係

　　西元 487 年至 551 年間，敕勒人與突厥人在新疆時是鄰居；西元 551 年高車國被突厥人征服後，敕勒人的如尼文字被突厥人借用，成為為突厥如尼文字（圖 113）的基礎，它們與敕勒如尼文字有的相同，有的相似；懂敕勒文字的人，只要稍加學習，很快就能掌握突厥如尼文，因此西元六世紀在北齊（550-577 AD）朝中，有幾位懂突厥如尼文的語言專家，其中以劉世清最負盛名[58]。有些語言學專家依據有些葉尼塞如尼文字，一個符號多達八個形

57　"This is the first appearance in Europe of premedival art, an art which Sarmatian were to hand on to the Goths and the Goth to all the Germanic tribes," Rene Grousset, *The Empire of Steppes*, translated by Naomi Walford, 1970 Rutger University Press, New Brunswick, N. J., p. 16.

58　《北齊書》卷 20〈斛律羌舉傳〉「代人劉世清，……，武平末，侍中、 開府儀同三司，任遇與孝卿相

態，而認為葉尼塞如尼文字還處在字母形態尚未到達形成階段，自然也就比鄂爾渾如尼字母古老[59]；這種見解並不十分正確；一個符號出現幾個不同的形態，可能是不同的敕勒氏族部落，使用不同的符號形態所造成的現象，與字母形態尚未到達形成階段無必然的關係。

圖 113　突厥如尼字母表，Pinterest.com

(3) 哥特人與突厥人間的關係

　　一點接觸也沒有。這也就是為什麼在蒙古高原上所發現的突厥如尼碑銘，雖然外形與哥特如尼文字頗相類似，但土耳其及國外突厥語言學者，始終不敢說突厥如尼文字源自日耳曼如尼字母的原因所在了，因為他們實在搞不懂西元七、八世紀出現的突厥如尼銘文，怎麼會跟十萬八千里外的日耳曼人的如尼字母發生關係；所有的歷史記載中也找不到突厥人與日耳曼人曾經發生接觸的證據；更何況在突厥人興起前，哥特如尼文字即被以希臘字母為基礎的哥特字母所取代。

　　由上述的分析，我們終於瞭解敕勒如尼文字與突厥如尼文字的源頭了。敕勒人於西元三至四世紀間借用了哥特如尼字母創作了敕勒如尼文字。西元551 年突厥人滅高車國後，再借用敕勒如尼字母創作了突厥如尼文字；它們與敕勒如尼文字有的相同，有的相似。有些語言學者將突厥如尼文字稱之為突厥鄂爾渾-葉尼塞文字，是因不懂突厥鄂爾渾如尼文字來源，所產生的誤會。另外，在東歐地區也有類似如尼文的銘刻的發現，學者們還在研究中；

　　亞。情性甚整，周慎謹密，在孝卿之右。能通四夷語，為當時第一。」

59　吉謝列夫《南西伯利亞古代史》，中國社會科學院考古研究所圖書資料室譯，新疆人民出版社，1981年出版，下冊頁 140-141。

筆者認為在北頓涅茨河（Seversky Donets）與多瑙河（Danube）流域發現的如尼文字銘刻很可能屬於敕勒如尼文字。

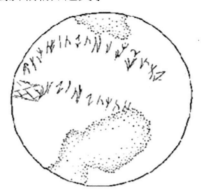

圖 114　伊塞克墓葬中發現的銀杯上的敕勒如尼文字，Wikipedia

　　土耳其語言學者將哈薩克斯坦伊塞克墓葬中發現的銀杯上的敕勒如尼文字（圖 114）稱之為突厥如尼字母，是倒果為因的說法；至於由伊塞克如尼文字推論說塞種（Saka）與馬塞格泰人說的也是突厥語，那是因哈薩克斯坦考古工作者斷代錯誤所產生的誤解。

　　突厥人早期不但沒有文字，甚至連語言也不統一，各個部落南腔北調各說各的語言。由於比較簡單易學突厥拼音字母的出現，使得千種萬類的突厥部落有了共同的文字、語言，也為突厥語成為當代的強勢語言奠定了基礎，使得許多原本不說突厥的各民族也都逐漸改說了突厥語，成為突厥語系的一員。依《新唐書》卷 217 下〈黠戛斯傳〉的記載，迴紇人與黠戛斯人的語言文字在西元八至九世紀時已突厥化，他們可能是除突厥部落外，最早語言文字突厥化的兩個非突厥民族。目前發現屬於葉尼塞河流域古代黠戛斯的如尼碑文約 70 多個，多為墓誌銘，文句通常很短，多為「嗚呼，吾今離開了吾之部落、妻子、兒女、民眾……吾於……歲時離開了汝等」的內容，間或也有談到本人生前事跡的，可認為是一種挽歌；根據對碑文氏族、部落印記

（tamga）變化的研究，學者認為大多屬於九至十世紀期間[60]。所有的點戛斯銘文中，只有個別的地方部落名稱而無點戛斯此一通稱，這與《新唐書》〈點戛斯傳〉「餘以部落為之號」的記載是吻合的；它是點戛斯人的一種傳統習慣，並不影響「阿熱」的權威，「阿熱駐牙青山（在今圖瓦境內），周柵代垣，聯氈為帳，號『密的支』，它首領居小帳。凡調兵，諸部役屬者悉行。」它不是俄羅斯考古工作者所猜測的——「對於世居葉尼塞河沿岸的大多數來說，點戛斯這個南方名稱在很長時間內都是異己的。[61]」

　　中國文獻《周書》卷 50〈突厥傳〉所說的「其書字類胡」，指的應該就是突厥鄂爾渾如尼文字；至於《隋書》卷 84〈突厥傳〉說突厥人「無文字，刻木為契」，可能是隋代史官或長孫晟看不懂刻在木片上的突厥如尼文字所產生的誤解。

第六節　　斯基泰藝術與敕勒馬特藝術

　　斯基泰人發展了一種動物藝術，被稱為動物風格的藝術，包括其兩種寓意，即表現野獸動物的造型和狩獵的造型意識；這種造型藝術首見於西元前八至六世紀，繁榮於西元前六至四世紀，到西元前三至二世紀時漸趨衰落。野獸紋被稱為「動物意匠」，原本是所謂斯基泰人以及斯基泰風的意匠的“Animal style”一詞的譯語，其特點是用動物的形象來裝飾各種用品，以至斯基泰墓葬中發現的物品幾乎都有動物的雕像，其中主要有獅子、奔鹿、獅身鷹頭、雪豹、熊、大角羊、馬等；「這些動物造型主要是管制野獸（猛獸）和當地特有的動物形象，也常有幻想性動物形象，有當地獨創的主題，

60　耿世民〈古代突厥文碑銘的發現和解讀研究〉，《西北民族研究》，2005 年 1 期，頁 5。

61　吉謝列夫《南西伯利亞古代史》，中國社會科學院考古研究所圖書資料室譯，新疆人民出版社，1981年出版，下冊頁 120。

也有承襲於奇里乞亞（Cilicia）的主題。[62]」而這一時期，用動物紋飾的工藝品大都以青銅器和金器為主，這些器具意匠的源流，首先可追溯到魯利斯坦的動物紋樣，而如果意匠再進一步追溯，則發現其中含有近東諸種文化的技法和意匠的影響[63]。德國海德寶大學藝術學教授耶特馬（Karl Jettmar），列出了斯基泰藝術中對動物造型的處理方式受近東藝術影響之處如下：

1. 獸形的接合點（Zoomorphic juncture，animals combined with parts of other animals or animals depicted within other animals）

2. 反向（將身體的後部彎曲 180 度）（Inversion，bending rear part of body 180 degrees）

3. 將動物以十字架或旋轉的形式安排（Arrangement of animals in form of cross or whirl）

4. 躺著的姿勢（Recumbent posture）

5. 忘憂樹開花主題（Lotus blossom motif）

6. 棕櫚葉主題（Palmette motif）

7. 獅子（Lions）

8. 淡黃鹿（Fallow deer）

9. 公雞（cocks）

10.「幻想的」動物（合成動物）[64]（"Fabulous" creatures）

敕勒馬特人的藝術基本上仍是動物風格，對程式化和幾何圖案表現了比斯基泰人更加獨特的愛好，他們喜歡在金屬產品中鑲嵌彩色瓷的表面裝飾。從出土的薩爾馬特文物顯示，與斯基泰風格有點類似，但在形式上或裝飾上，都不及斯基泰藝術品精緻。

62　M. I. Roslevtzeff, *The Animal Styles in S. Russia and China*, Princeton University Press, Princeton（1929），P. 25.

63　牛汝象〈斯基泰式野獸紋的審美意識〉，《東方龍》，1991 年 3 月總第 8 期，http://huiguan.org.cn/modules.php?name=Tang&file=article&sid=276

64　K. Jettmar, *Art of Steppes*, Crown Publishers, Inc., New York 1967, pp. 35, 134.

第七節　斯基泰藝術與敕勒藝術的融和

　　自西元前四世紀起，隨著斯基泰王國解體，敕勒馬特人的遷居烏克蘭草原，居住在烏克蘭的斯基泰王者部逐漸與敕勒馬特人融合，並成為敕勒馬特的一個部落[65]。斯基泰藝術風格也已與敕勒馬特藝術風格合而為一，這一點可以從埃卡特林羅斯拉夫（Ekaterinoslav）附近的亞歷山大堡（Alexandropol）的大量發掘物推斷出來。在西元前三至二世紀，敕勒馬特藝術已經在南俄羅斯確立，這一點已經從庫班的布諾瓦莫吉拉（Buerova Mogila）、阿赫坦尼諾夫卡（Akhtanizovka）、阿納帕（Anapa）、斯塔夫羅波爾（Stavropol）、凱西斯科耶（Kazinskoye）和庫爾德澤普斯（Kurdzhips）等地出土的寶石首飾上反映出來；也可以從亞速海附近伊里紮威托夫斯卡亞（Elizavetovskaya）屬於敕勒馬特時期的地層上反映出來，也反映在著名的邁科普（Maikop）鑲釉的銀質帶上，帶上刻有「格里芬」正在撕齧著一匹馬的圖案[66]。

　　在俄羅斯米努辛斯克盆地、阿爾泰共和國、圖瓦共和國、外貝加爾地區、外蒙古以及在中國所發現的帶斯基泰-薩爾馬特風格的藝術品，已很難區別到底是斯基泰風格或敕勒馬特風格[67]，不如泛稱之為斯基泰-敕勒馬特風格來的妥切。現在俄羅斯考古工作者將用碳-14 定年法測定年代較早者稱之為斯基泰-西伯利亞藝術，年代次古的稱之為薩爾馬特-阿爾泰藝術，有中國文物可斷年代的，通常也就是他們認為年代最晚的稱之為匈奴-鄂爾多斯藝

65　Strabo, *Geography*, Book VII, Chapter 3, Article 17, http://www.perseus.tufts.edu/cgi-bin/ptext?doc=Perseus%3Atext%3A1999.01.0198&query=book%3D%232

66　Rene Grousset, *The Empire of Steppes*, translated by Naomi Walford, 1970 Rutger University Press, New Brunswick, N. J., p.16.

67　"Until recently large parts of western Siberia were regarded by Western scholars as culturally Sarmatian, but as 'Central Asia' by Russian archaeologists. Either way, "Asiatic Scythian" and Sarmatian culture were very similar," Richard Brzezinski, *The Sarmatian Between 600 B.C. to 450 A.D.*, Oxford: Osprey Publihing（September 2002）, p. 6.

術；但在阿爾泰地區發現的文物，雖也夾雜有中國文物，卻仍採用碳-14 定年法來測定年代；這種既無統一斷代方法又無客觀標準的分類，是荒唐好笑的。

第八節　鄂爾多斯青銅器是匈奴藝術？

　　自從十九世紀末期，大量的帶動物造型與紋飾的青銅器，在長城沿線一代出土；由於早期這些帶動物造型的器物大多來自鄂爾多斯，而被泛稱之為鄂爾多斯青銅器。鄂爾多斯青銅器與中原青銅禮器不但造型不同，其用途也都是便於攜帶的日常生活用品。早期除了少量的金、銀、鐵與黃銅器外，仍以青銅器與紫銅器為大宗，器形有短劍、鶴嘴斧、刀、帶扣、獸頭形飾、管狀飾等；動物紋裝飾藝術除鳥形飾、獸頭形飾及裝飾短劍柄首的相對的鳥頭外，還有佇立狀鹿、三馬紋牌飾等。晚期以西溝畔二號墓、玉隆太、阿魯柴登、石灰溝、碾房渠等墓地和窖藏為代表，這一時期鐵器明顯增多，出現了鐵短劍、銜、鑣等；青銅器仍繼續使用，尤其以豐富多彩的動物紋樣青銅或金銀裝飾品最具特色；圓雕動物形象包括各種姿態的鹿、馬、盤角羊、羚羊、刺蝟、鶴頭等。金銀器種類繁多，表現各種動物形象，其中尤以鷹形金冠飾（圖 115）、怪獸紋金冠飾、虎食牛紋金帶飾、虎豬咬鬥紋金帶飾、虎狼相鬥紋金帶飾、虎食鹿紋銀帶飾等，代表了這一時期動物紋藝術的最高水準。中國學者將鄂爾多斯高原出土的文物命名為桃紅巴拉文化，墓地碳-14 測年數據為距今 2615±105 年和 2540±105 年（西元前 665 年和前 590

圖 115　鄂爾多斯金頭冠，鄂爾多斯青銅博物館藏

年）[68]。

　　匈奴人沒有文字，只會打獵，毫無藝術細胞[69]；這些精緻的帶斯基泰-敕勒馬特風格的墓藏文物會是匈奴人製作的嗎？如是匈奴人的製品，為何在匈奴人移居的山西中西部未發現相似的墓葬文物與墓葬方式？如匈奴人有這種藝術才能，以漢朝與匈奴關係密切的程度而言，漢代人的文獻或著作中不可能不提到匈奴藝術；東漢時期（25-220 AD），南匈奴已成東漢的附庸國，雙方賞賜、貢獻頻頻，如匈奴人有這種藝術作品，不可能不貢獻與東漢皇帝；但《後漢書》〈南匈奴傳〉記載的北、南匈奴的貢獻中只有駱駝、馬匹、毛裘而已。西元四世紀下半葉當匈奴人向使用鐵製武器的阿蘭人、哥特人進攻時，匈奴人使用的箭頭（圖 116）與標鎗頭還是骨製的[70]，這與中國西元前 81 年，御史大夫桑弘羊在與「賢良文學」人士辯論時，稱匈奴用「素弧骨鏃」的說法吻合；這證明匈奴人不

圖 116　扁鋌式骨鏃，內蒙古赤峰出土

會煉鐵或銅，消耗性的武器如箭頭與標鎗頭只好用骨製的了；在鄂爾多斯地區內，自然也就不可能有大規模的銅礦開採及冶煉遺址的發現[71]；故亞洲東部所發現的斯基泰-敕勒馬特風格的墓藏文物應該與匈奴人無關。現代英國歷史學者湯普生（E. A. Thompson, 1914-1994 AD）不認為匈奴人有金屬加工

68　烏恩〈歐亞大陸草原早期遊牧文化的幾點思考〉，《考古學報》，2002 年 4 期，頁 437-470。

69　"They were fond of hunting and had no skill in any other art," Jordanes, *The Origin and Deeds of Goths*, Chapter 24, Article 74 , http://www.ucalgary.ca/invandersp/courses/texts/jordgeti.html
　　《資治通鑑》卷 28 載：「塞下禽獸盡，單于足以自衛，其大臣多勸單于北歸者。」

70　"when at a distance they use missiles of various kinds tipped with sharpened bones instead of the usual points of javelins, and these bones are admirably fastened into the shaft of the javelin or arrow; but when they are at close quarters they fight with the sword," Ammianus Marcellinus, *Roman History*, Book XXXI, Chapter II, Article 9, http://www.tertullian.org/fathers/ammianus_29_book29.htm

71　楊澤蒙《遠祖的傾訴——鄂爾多斯青銅器》，內蒙古出版社、呼和浩特，2008，頁 153。經由北京科技大學的檢驗，兩件在內蒙古發現的鍮石製裝飾品的鋅含量為 7.3%18.3%，而非 30%。

能力[72]，確屬卓見。

　　鄂爾多斯青銅器不但鑄造工藝十分高超，其中還出現了失織失蠟法（Lost-wax and lost-textile casting）鑄作的牌飾，含鋅 30%以上的黃銅，經過冷熱加工處理的青銅刀劍與工具，表面含錫的銅器等[73]，這些來自西亞的工藝技術，已足以向世人昭告它們主人的輝煌身世。

第九節　文物斷代

　　瞭解了敕勒民族的發源地，西遷及東遷的歷史後，我們就可以肯定的說，所有出現在俄羅斯米努辛斯克、阿爾泰、圖瓦、布里雅特、外貝加爾、外蒙古、哈薩克斯坦、阿富汗及中國境內的斯基泰-薩爾馬特風格的墓藏品，它們不是「天才的人們接受了斯基泰-薩爾馬特（藝術）影響的結果」[74]，也不是「與薩爾馬特、斯基泰有姻親關係的各族」的製品[75]，它們都是道道地地的於西元四世紀中葉自烏克蘭來到亞洲東部的敕勒馬特人的作品，出土的短劍、箭頭、馬銜和馬鑣的形制，自然也就同黑海沿岸草原和頓河-伏爾加河地區出土的斯基泰和薩爾馬特器物相似，造型藝術品也彼此相似[76]。它們不是西元前十八世紀到西元後一世紀的製品；除了一些他們從歐洲帶來的東西外，它們的製作年代，應該放在西元 340 年之後，分述如下：

72　E. A. Thompson, *A History of Attila and the Huns*, Greenwood Press, CA. USA（1948）, pp. 41-43.

73　楊澤蒙《遠祖的傾訴──鄂爾多斯青銅器》，內蒙古出版社、呼和浩特，2008，頁 142-151。

74　吉謝列夫《南西伯利亞古代史》，中國社會科學院考古研究所圖書資料室譯，新疆人民出版社，1981 年出版，上冊頁 91。

75　"Europoid faces in some depictions of the Ordos, which should be attributed to a Scythian affinity," Iaroslav Lebedynsky, *Les Saces: Les "Scythes" D'Asie, VIIIe Siecle Av. J.-C.-IVe Siecle Apr. J.-C.*, Errance (France) Jan. 2006, p. 125.

76　吉謝列夫《南西伯利亞古代史》，中國社會科學院考古研究所圖書資料室譯，新疆人民出版社，1981 年出版，下冊頁 6。

一、阿爾善一號墓葬：目前斷代為西元前九至八世紀；斷代方法：碳-14；

阿爾善二號墓葬：目前斷代為西元前七至六世紀；斷代方法：碳-14。

真實的年代：上限西元 340 年，下限西元 429 年。

理由：

1. 阿爾善二號墓主墓（五號墓）中出現的來自波羅的海大瑪瑙珠就是西元 340 年後由敕勒人從烏克蘭帶來的。

2. 這二個墓葬群應該都是大部落酋長的家族墓塚，而不是什麼皇家墓園；西元 402 年前的敕勒人是個沒有階級的社會，只有貧、富之分而無貴、賤之別；遊牧生活防止了任何巨大的階級不平等或任何大規模的奴隸制的發展[77]；敕勒人與他們的鄰居阿蘭人一樣，在西元四至五世紀時，尚沒有使用奴隸的觀念。據《魏書》的記載，敕勒的大部落人員可達數萬騎[78]。

3. 阿爾善二號墓群中還有二個閒置的墓穴[79]，顯示墓主家族可能已於西元 399 年或 429 年被北魏俘至漠南。

4. 阿爾善二號墓群死者的方位都是對著西方或西南或西北，表示他們可能是從西方來的第一代。

5. 阿爾善一號墓與阿爾善二號墓群中五號主墓箭袋中發現的箭鏃都是銎式而無鋌式，而阿爾善二號陪葬墓出土的箭鏃則有扁鋌式與銎式兩種[80]，

---

77 H. C. 威爾斯（Wells）著，吳文藻、謝冰心、費孝通譯《世界史綱》，第五篇〈羅馬帝國的興亡〉，遠足文化事業有限公司，臺北（2006 年 11 月），頁 482。

78 《魏書》卷 4 上〈世祖紀上〉「北部敕勒莫弗庫若干率其部數萬騎，驅鹿數百萬，詣行在所，帝因而大狩以賜從者，勒石漠南，以記功德。」

79 Dr. Phil. Anatoli Nagler etc. "Arzhan 2 – a Scythian royal necropolis in Tuva, Southern Siberia," Germany Archeology Institute, http://www.daintst.org/index-596.en.html

80 "The peculiarity of the main tomb quiver-set is complete absence of tanged arrowheads in it. At the same time the accompanying tombs of Arzhan-2 present roughly equal quantity of socketed and tanged bronze arrowheads, which is in complete agreement with aldy-bel arrow-sets," K.V. Chugunov, H. Partsinger, A. Nagler, "CHRONOLOGY AND CULTURAL AFFINITY OF THE KURGAN ARZHAN-2 COMPLEX ACCORDING TO ARCHAEOLOGICAL

這說明阿爾善一號墓與阿爾善二號主墓的墓主，來到圖瓦地區後不久就去世了。高車人在來到西伯利亞前，其中的斯基泰部在歐洲時所使用的箭鏃都是鋬式（圖 117），箭頭的外形有三葉式、三棱式、四棱式等；來到西伯利亞、外蒙古後，因得不到銅的供應製作新箭鏃，在供應不足的情況下，只好什麼樣式的箭鏃都接受了。扁鋌式箭鏃（圖 118）是東方遊牧民族普遍使用的箭鏃；圓鋌式箭鏃（圖 119）是中原地區所普遍使用的箭鏃；至於中原地區使用的管鋬式箭鏃（圖 120）有可能是受高車人或西丁零人的影響。

圖 117　歐洲巴爾幹地區出土的斯基泰三棱鋬式箭

圖 118　中國內蒙古出土帶如尼字母符號的敕勒扁鋌式三棱箭鏃，製作年代：西元五世紀

圖 119　圓鋌式箭鏃

圖 120　管鋬式箭鏃

　　6. 阿爾善二號墓主墓中發現的一個斯基泰三葉鋬式箭鏃，其形制無法在圖瓦、阿爾泰、外貝加爾地區找到相似的箭鏃[81]，但卻可在斯基泰人於西元前七世紀攻擊過的，位於現在伊朗西北部的西阿塞拜疆省（Western-

DATA", http://archaeology.itcwin.com/articles/A95.htm

81　"Individual kinds of bronze arrowheadsš, found inArzhan -2, have not occurred in Tuva before, but they have analogies in the western regions of the Scythian world," K. V. Chugunov, H. Partsinger, A. Nagler, "CHRONOLOGY AND CULTURAL AFFINITY OF THE KURGAN ARZHAN-2 COMPLEX ACCORDING TO ARCHAEOLOGICAL DATA," http://archaeology.itcwin.com/articles/A95.htm

Azarbaiycan）巴斯塔姆（Bastam）與亞美利亞（Armenia）首都葉里溫
（Ervin）東南部卡拉米爾布拉爾（Karmir Blur）等原烏拉爾圖王國
（Urartu）的城堡遺址中，或在中國內蒙古找到（圖 121、122）；這也提供了
另一證明顯示阿爾善二號墓的後代子孫已於西元 399 年或 429 年被北魏俘至
漠南。不但是箭鏃，所有在圖瓦、阿爾泰、外貝加爾地區發掘的斯基泰-薩
爾馬特式器物，都可在中國內蒙古發現。

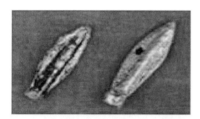

圖 121　伊朗西阿塞拜疆省原烏拉爾圖王
　　　　國巴斯塔姆城堡出土的西元前七
　　　　世紀斯基泰三翼鋈式箭鏃。取自
　　　　Stephran Kroll, "Archaeology of
　　　　Northwestern Iran."

圖 122　內蒙古出土的西元五世紀
　　　　敕勒三翼鋈式箭鏃

　　7. 在爾善二阿號墓群中的陪葬馬的腳都是彎折在馬腹下，與主墓中發
現的裝飾用馬形金片的造型相同（圖 123），也與中國內蒙古出土的青銅馬牌
飾（圖 124）造型相同；這種將馬腳彎折在馬腹的造型出現的年代較晚[82]，這
說明阿爾善二號墓的埋葬時間，沒有碳-14 定年法測定的那麼古老。

---

82. "Depicts of horses with their legs folded underneath the bodies were traditionally considered as a later tradition as compared to deer standing 'on tiptoe'," K. V. Chugunov, H. Partsinger, A. Nagler, "CHRONOLOGY AND CULTURAL AFFINITY OF THE KURGAN ARZHAN-2 COMPLEX ACCORDING TO ARCHAEOLOGICAL DATA", http://archaeology.itcwin.com/articles/A95.htm

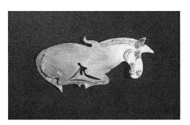

圖 123　裝飾用馬形金片，阿爾 善二號墓出土

圖 124　青銅馬牌飾，內蒙古出土， 製作年代 430-530 AD

8. 阿爾善二號墓主墓中的男、女主人，都穿著披肩（或大衣）[83]；與中國境內出土的斯基泰酋長（或富人）、婦女陶俑的穿著相同（圖 125、126、127、128），這顯示阿爾善二號墓主墓中的男、女主人很可能是斯基泰人。出土的墓葬顯示，斯基泰部的墓塚較烏戈爾部、羅克索拉尼部高大，陪葬物品也較豐厚。西方考古學者喜將這些較高大的墓塚，稱之為「皇家墓塚」，這是不正確的。

圖 125　穿著披肩與翻領大衣 的斯基泰酋長陶俑， 河北南部出土

圖 126　穿著披肩的斯基泰人陶俑畫像，鄂托克前旗三段 地 M6 號墓，內蒙古出土，取自《鄂爾多斯青銅 器國際學術研討會論文集》2009，頁 760。

83　Dr. Phil. Anatoli Nagler etc. "Arzhan 2 – a Scythian royal necropolis in Tuva, Southern Siberia," Germany Archeology Institute, www.daintst.org/index-596.en.html

圖 127　穿著披肩的斯基泰婦女　　圖 128　穿著新潮披肩的隋代貴婦陶
　　　　陶俑，河北南部出土　　　　　　　俑，斯基泰族，山西出土

二、阿爾泰巴澤雷克（Pazyryk）墓葬群與烏科克台原（Ukok）「西伯
利亞冰凍美婦」（Siberia Ice Maiden）墓：

最新斷代為西元前三世紀；斷代方法為碳-14。

真實年代：西元 430 年到西元 487 年。

理由：

1. 西元 429 年遭到北魏突擊，幾乎滅國後，柔然人始感覺一個安全後方
的重要性；據推測，自可汗吳提時（在位期間 429-444 AD）開始經營後方，
將西伯利亞的所有敕勒部落逐步收服，並派遣柔然大人統領之。西部高車的
部落之被征服，除了由於組織鬆散，力不如人，不是柔然的對手外，當然也
有其經濟上的考慮；自從於西元四世紀中葉到達西伯利亞與外蒙古後，他們
面臨與東部高車一樣的窘境，找不到交易的對象，以獲取他們需要的金屬材
料以製造生活器具；而柔然人可從他們控制的新疆等地區供應高車人急需的
銅、鐵；在柔然人的「大棒子與胡蘿蔔」的威脅利誘下，只得屈服。迷你型

葬儀用鐵劍在米努辛斯克地區的出現[84]，與不含任何金屬零件的「駟馬高車」在巴澤雷克的出土，應該都是缺乏鐵的自然反射。

北魏太武帝太延二年（436 AD）北魏併吞北燕，柔然「絕和犯塞」；太延四年（438 AD）七月，北魏進攻柔然時，因外蒙古發生大旱災，以致到達杭愛山南麓時，不但沒有看到柔然人，反而自己的戰馬餓死了不少[85]；此時的柔然人應該是早已全部移轉到西西伯利亞的阿勒泰地區去避旱了，證據如下：

(1) 巴澤雷克二號墓與五號墓，各出土了一對夫婦合葬木乃伊及一根有木製頭飾的辮子；從面部輪廓（圖 129，130）及單辮的辮子（圖 131）觀察，兩位男墓主應該都是柔然人；巴澤雷克的四十多個墓塚，應該都是西部高車部落的統治者柔然人的墓園。二號墓與五號墓的辮子，應該是男人的辮子，而不是女人的辮子，據《魏書》卷 102〈悅般傳〉的記載，柔然婦女「不絆髮」，換言之，就是披髮。

圖 129　巴澤雷克二號墓男墓主，艾米爾塔吉博物館網站

圖 130　巴澤雷克五號墓男墓主，艾米爾塔吉博物館網站

圖 131　巴澤雷克五號墓男墓主辮子與木製頭飾

84　吉謝列夫《南西伯利亞古代史》，中國社會科學院考古研究所圖書資料室譯，新疆人民出版社，1981年出版，上冊頁 93。

85　《魏書》卷 4 下〈世祖本紀〉。

　　(2) 二號男墓主右側顱頂骨上有兩個橢圓形的破洞，可見是被鶴嘴斧一類的武器所擊斃；頭頂上的頭皮，也在耳朵上部被環割後剝取[86]；綜合致命傷口及被剝取頭皮的方法等觀察，二號男墓主應該是被敕勒人所殺，理由如下：

　　a、在敕勒人到達西伯利亞前，東方的遊牧民族，尚未使用鶴嘴斧一類的武器；

　　b、東方的遊牧民族無獵取頭皮的技術與傳統，而敕勒人中的斯基泰族則以獵取敵人頭皮為榮，多多益善[87]。

　　(3) 二號墓男墓主身上的刺青圖案有：身體右側自腰部至肩部有六隻頭有多角、身軀扭轉的幻想動物，右腳自膝蓋至腳踝有條魚，胸部有隻盤尾老虎，右手臂上有兩隻雄鹿及一隻正在跳躍的南歐野羊（圖 132）；這些刺青作品顯然出自敕勒技師之手。

圖 132　巴澤雷克二號墓男墓主手臂上的部份刺青

　　(4) 巴澤雷克第五號墓中，還發現了當地獨一無二的一輛古代馬車[88]（見圖 88）。

　　筆者認為這輛馬車就是敕勒人的 "Koch" 的一種，也就是北魏人所謂的「高車」之一。這輛四輪馭馬高車應該就是當地的高車部落，特地為柔然人製造的；除敕勒人外，當時的東方遊牧民族，尚不具製造有 32 輻條的車輪的「馭馬高車」的能力。五號墓主生前應該是西伯利亞地區敕勒部落的統治者

86　"On the right parietal bone were two oval shaped holes caused by a pick like instrument." "An incision had been made from one ear to the other and then pulled off. An false scalp was laid over the skull and sewn back with horsehair," "Altai Mountain Steppe Nomads,"
　　http://libarts.wsu.edu/anthro/pdf/Altai%20Pazyryk%20Kurgans.pdf

87　Herodotus, *Histories*, translated by Aubrey de Selincourt, Penguin Book, c 1972 England, Book 4, verse 94, p. 291.

88　〔蘇〕S. I. 魯金科〈論中國與阿勒泰部落的古代關係〉，內蒙古教育出版社，
　　http://www.im-eph.com/gb/whjl/2006-06/02/content_763.htmwww.im-eph.com

——柔然大人，「馳馬高車」正符合他的身分地位。

（5）在巴澤雷克第六號墓中，發現白色的金屬製的中國鏡一面。鏡體雖已破損約二分之一弱（圖 133），但仍然能獲得一個完整的概念，因為在阿爾泰山西麓的一個墓葬中，也發現了一面完全相同的鏡子。這兩面鏡子的直徑均為 11.5 釐米，質地薄脆，鏡面極為光滑，邊緣為素卷邊；在鏡背稍凸起的方形紐座中心，置一小弦紐；地紋為美麗的、單一的所謂「羽狀紋」；羽狀紋地上，沿邊緣置以四個「山」字形雕飾；在山字紋之間，有成對的心狀形葉。[89]

筆者認為這面鏡子圖紋深峻清晰，應該是北魏宮廷內少府尚方的製品，中國北方近年來也出土了一些類似銅鏡（圖 134）。這些白色的青銅，古人又稱之為白銅；日本學者梅原末治（Sueju Umedara）編著的《漢三國六朝紀年鏡圖說》中有東漢靈帝建寧二年（169 AD）獸首鏡一，主銘文為「三羊作明鏡自有方，白銅清明復有光。」這種含錫量高的青銅製作的銅鏡，雖然「清明有光」，但容易脆裂，製作不易。

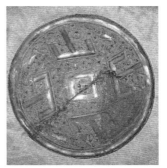

圖 133　山字紋「白銅」鏡，巴澤雷克六號墓出土，取自艾米爾塔吉博物館網站

圖 134　山字紋「白銅」鏡（西元六至八世紀）

（6）巴澤雷克第五號墓出土的繭特別精緻，這是一塊鞍褥面，製作技術為平紋的，一平方釐米為 40x52 支紗，寬約 43 釐米；上面的刺繡，是用彩色

89　同上。

絲線以鏈環狀的線腳繡成。刺繡主題─鳳棲息
於樹上，凰飛翔於樹間的素底間的形象是極其
多樣化的（圖 135）。按照織物上的花紋，它的
富於表現力的形象和優美的色調，無疑的是一
種高級的藝術品。前蘇聯科學院的阿列克謝耶
夫院士說，這類絲織品是中國製造的，供最富
有的人們，特別是供「公主」出嫁時用的；刺
繡的題材，大概與古代關於鳳凰的故事有聯

圖135　巴澤雷克五號墓絲質馬
　　　　鞍褥面，艾米爾塔吉博
　　　　物館網站

繫；鳳凰是飛翔在壯碩的梧桐樹之間，按朱子的注疏，它還象徵著宮廷的昌
隆[90]。筆者認為這種高級的繡緞不是民間製品，而是北魏宮廷內少府尚方的
製品[91]；《魏書》卷七〈高祖紀下〉中有「（太和）十有一月丁未，詔罷尚方
錦繡綾羅之工，四民欲造，任之無禁。」之記載，依此記載可推知，在北魏
太和 11 年（487 AD）前，民間不但不准使用而且也不准生產這種高級的絲
織品的。阿列克謝耶夫院士說的沒錯，它可能是「是供公主出嫁時用的」，
但出嫁的是北魏公主，而不是漢朝公主。它們可能是西元 434 年北魏西海公
主出嫁柔然可汗吳提時的陪嫁禮物；西元 436 年因北魏併吞北燕，雙方斷絕
和親；西元 438 年吳提到阿勒泰地區避旱，自然免不了要對駐紮在當地的將
領予以賞賜，以酬謝他們的辛勞；六號墓出土的銅鏡與五號墓出土的絲質馬
鞍褥面等等，應該都是當時的賞賜。

　　阿爾泰地區的巴澤雷克墓葬，應該是在西西伯利亞與南西伯利亞的敕勒
部落的統治者──柔然人的墓園。從出土的文物顯示，除了少量的中國文物
外，柔然人在阿爾泰的日常生活用品，都是由高車人所提供；如二號墓的箜
篌、帽子，三號墓的帽子，五號墓的地毯、掛毯、軟毛地毯與馬鞍墊等；甚

90　〔蘇〕S. I. 魯金科〈論中國與阿勒泰部落的古代關係〉，內蒙古教育出版社，
　　http://www.im-eph.com/gb/whjl/2006-06/02/content_763.htmwww.im-eph.com

91　古代制辦和掌管宮廷飲食器物的官署；秦置，屬少府；漢末分中、左、右三尚方；秦、漢少府所屬有尚
　　方令及丞，令秩六百石；北朝魏孝文帝時改少府為太府。

至連屍體的防腐處理及墳墓的建造也都是由高車人所承擔。

2. 西元 487 年敕勒人脫離柔然人的控制，前往新疆東部獨立建國。

3. 中國新疆與俄羅斯阿爾泰共和國邊境間無人地帶的烏科克台原（Ukok Plateau）的永凍層下發掘的頭戴三英尺（91 公分）高的高尖頂氈帽女屍，身上所穿的絲衣，不論它是柞蠶絲還是野蠶絲或是家蠶絲，應該都是來自中國而非印度，該女士的年齡距今約 1,550 年而不是 2,400 年。黃銅鏡及陪葬的馬匹的馬鞍墊套上獅子圖案的出現[92]，這證明這阿爾泰地區的高車人是外來的，不是當地或附近的原住民。

三、**外貝加爾地區**：目前斷代為西元前二至西元後二世紀；斷代根據為發現一枚漢五珠錢。外蒙古學者策·道爾吉蘇榮考證出「五銖錢為漢宣帝年（73-49 BC）時所鑄」；另一位蒙古學者認為帶有老虎型和蜥蜴型紋飾的"TLV"銅鏡，是西元一、二世紀時東漢人所鑄，他的根據是東漢時的漢墓也曾出土這種銅鏡[93]。

真實的年代：西元 340 年到西元 429 年。

理由：

1. 在蒙古高原恰克圖（Kyakhta）北，特羅伊茨科沙夫斯克（Toritskosavs）附近的德瑞斯特斯克（Derestuisk）墓地，發現的漢代五銖錢[94]，應該是西元 363 年被抓到代國的敕勒人於西元 376 年趁代國遭到前秦攻擊時從代國搶來的。再者，在漢武帝以後的西漢（西元前 118 年）、東漢、蜀、魏、晉、南齊、梁、陳、北魏、隋（西元 618 年）均有鑄造過五銖錢；俄羅斯、外蒙古考古工作者何以知道他們發現的五珠錢（圖 136）就是西元前 118 的漢武帝五珠錢或西元前 73 年至西元前 49 年的漢宣帝五珠錢？他們

---

92 "One saddle cover bore a lion on each side," Mary Lynn E. Turner, "A Culture on the Hoof: Kurgan Woman of the Pazyryk," http://www.geocities.com/mary_lynn_e_turner/Pazyryk-Kurgan-Woman-Research-Paper.htm

93 焦福寶〈論發明馬鐙對人類文明的重大貢獻〉，http://www.urg.net

94 Rene Grousset, *The Empire of Steppes*, translated by Naomi Walford, 1970 Rutger University Press, New Brunswick, N. J., p. 16.

的鑒定有公信力嗎？即使證明是西元前 118 年的漢武帝五珠錢，或西元前 73 年至西元前 49 年的漢宣帝五珠錢或東漢銅鏡（圖 137），也不足以證明它們是西元前二至西元二世紀的墓葬。

圖 136　五銖錢　　　　　　圖 137　"TLV"銅鏡

2. 西元 429 年九月，外貝加爾地區的高車人，在北魏的「邀請」下，集體遷往漠南，北魏將他們安置在東起濡源，西到五原、陰山，三千里中，使之耕牧而收其貢賦。

四、外蒙古諾因烏拉（Noin Ula）墓葬：目前斷代為西元一至二世紀；斷代根據是六號墓發現了一件漆耳杯，杯底部有「上林」二字銘文，杯底邊緣有「建平五年九月工王潭經畫工獲壺天武省」等漢字。有學者推測諾因烏拉六號墓的主人為匈奴單于烏珠留若鞮，因為單于曾於元壽二年（1 BC）正月朝漢，住上林苑蒲陶宮中[95]。

真實的年代：上限西元 340 年，下限西元 487 年。

理由：

1. 墓中發現的辛梅里安-博斯普魯斯王國的一塊希臘織布上，描繪著一個上唇留著鬍鬚的男人，其鬍鬚長度是人體長度的四分之三；又墓中發現的毛紡織布殘片，它們的顏色、織法、刺繡都與黑海周邊的希臘城邦為斯基泰

95　烏恩岳斯圖《北方草原考古學文化比較研究——青銅時代至早期匈奴時期》，科學出版社：北京，2008，頁 323。

人製作的紡織品相似[96]。

　　筆者認為這塊希臘畫布與毛紡織布，應該就是敕勒人於西元四世紀中葉由烏克蘭帶來的。

　　2. 單以諾因烏拉六號墓出現的漆耳杯有「上林」二字銘文（圖 138），而烏珠留若鞮單于曾於元壽二年元月住過上林苑蒲陶宮，即推測諾因烏拉六號墓的主人為匈奴單于烏珠留若鞮，這種推論的歷史根據是相當牽強的。中國古代王朝將宮苑取名為上林者，應該不少，南唐李後主詞中亦有「還似舊時游上苑」之句，我們不可看到「上林」二字，就以為一定是漢代的「上林苑」；如諾因烏拉六號墓為烏珠留若鞮單于之墓，則不可能只有一件漆耳杯陪葬；再說西漢賜予匈奴的禮物中，從無漆器此一物品的文獻記錄。

圖 138　「上林」款漆耳杯，外蒙古諾因烏拉六號墓出土，艾米爾塔吉博物館藏

　　漢代自武帝元鼎二年（115 BC）起，因大農中臣桑弘羊之建議在地方陸續設置均輸官及工官，在中央設平準官[97]，它的目地是營利以支持對匈奴的戰爭，而不是供御用（御用之物由少府負責）。大司農屬下的各地工官生產的器物，除少部份運往京師，供官需或交平準出售外，其餘大部份是要交均

96　"Among the Noin Ula art works are many imported objects and fragments of fabrics recognized as Greek. The fabric, color, weaving methods and embroidery of the cloth were similar to the cloth produced in the Greek colonies on the Black Sea coast for the Scythians." "Noin-Ula Kurgans" Wikipedia, http://en. Wikipedia.org/Wiki/Noin Ula

97　《史記》卷 30〈平準書第八〉「乃請置大農部丞數十人，分部主郡國，各往往縣置均輸鹽鐵官，令遠方各以其物貴時商賈所轉販者為賦，而相灌輸。置平準于京師，都受天下委輸。召工官治車諸器，皆仰給大農。大農之諸官盡籠天下之貨物，貴即賣之，賤則買之。」

輸官運往售價較高的地方出售。從出土的文物顯示，這些帶「乘輿」銘文的物品的消費者為地方的諸侯及官員，而不是一般百姓；在器物出現的「乘輿」二字，指的是地方諸侯而不是皇帝；換言之，這些帶「乘輿」銘文的物品的原始設定的銷售對象，就是地方的諸侯及官員，如 1941 年在朝鮮平壤貞柏里古墓出土的漆盤的銘文為「建平四年蜀郡西工造乘輿髹丹畫紵黃知飯盤容一斗髹工壼上工武銅扣黃塗工禁畫工譚丹工眾清工白造工告造護工吏史嘉長袖守丞合椽譚令史宗主」等 63 個漢字[98]。

　　中國古代政權改元建平者有十個之多，有「建平五年」年號見諸史籍的只有南燕的慕容德（404 AD）；事實上有而未見諸史籍的另有二個，即西漢的哀帝（2 BC，額濟納漢簡、居延漢簡），與北涼的沮渠無諱（441 AD，吐魯番文書）[99]。筆者認為諾因烏拉六號墓的漆耳杯的製作年代與製作地，有可能是北涼建平五年（441 AD）九月的高昌；製作人可能是民間工匠；杯底部「上林」二字銘文有可能只不過是民間作坊的名稱或工匠的推銷噱頭罷了。理由如下：

　　（1）諾因烏拉六號墓的漆耳杯的銘文方式與漢代官製器物的銘文方式不同；它沒有官署、官員名稱，也無製作地；但它不但有年份的記載，還有月份的記載；它應該不是漢代的官製品，品質也差很多；

　　（2）從漆耳杯的銘文畫工獲壼天武省的名字觀察，其既非漢人，也非鮮卑人，像是西域胡人。

　　諾因烏拉墓葬中發現的漆耳杯，其來源有二：

　　（a）西元 363 年被抓到代國的敕勒人於西元 376 年趁代國遭到前秦攻擊時從代國搶來的；至於代國取得漆耳杯的方式不外是戰利品或受轉贈；

　　（b）西元 460 年駐紮在諾因烏拉的高車人在柔然人的徵召領導下對高昌

98　李學勤《四海尋珍 —— 流散文物的鑒定和研究》，清華大學出版社，北京，1998-9-1，頁 72。

99　朱雷〈出土石刻及文書中北涼沮渠氏不見於史籍的年號〉，《出土文獻研究》，文物出版社，1985年，頁 204-212。

（沮渠無諱西元 442 年 5 月奪據高昌）攻擊[100] 時的戰利品；塞北高車部落自西元 402 年起，已逐漸成為柔然附國或臣屬，有接受柔然徵召參加作戰的義務；西元 428 年柔然進攻北魏時，高車人也受徵召參加了對北魏的攻擊。西元 487 年因拒絕柔然的徵召，只得遷移至新疆，獨立建國。

　　匈奴人與敕勒人不同，並無將生前使用之物陪葬的習俗；西漢竟寧元年（33 BC）賜與呼韓邪（第 14 任單于）的竽、瑟、空侯，使用至東漢建武 28 年（52 AD）浦奴單于（第 22 任單于）時才敝壞[101]，及西漢、東漢皇帝賜予匈奴單于的玉具劍（圖 139）、弓、箭的發現地在克里米亞的克赤（Kerch）、高加索的庫班（Kuban）和伏爾加河下游的匈奴遺址中而不是外蒙古，可為明證。

圖 139　玉具劍

　　匈奴人的原居地在漠南，自漢武帝元光六年（129 BC）起開始遭到漢朝軍隊的攻擊，漢武帝元朔六年（123 BC）匈奴接受漢降將趙信的建議，將主力北撤漠北，至漢武帝元狩四年（119 BC）已完全退出漠南。漢元帝竟寧元年（33 BC），王昭君出嫁匈奴呼韓邪單于後，匈奴人又重新回到漠南，雙方依漢元帝永光元年（43 BC）的口頭約定以長城為界。在東漢光武帝建武 22 年（46 AD）匈奴人受到烏桓人的攻擊北遷前的 80 年間，匈奴人一直居住在漠南，匈奴單于烏珠留若鞮死於王莽始建國五年（13 AD），不太可能葬於

---

100 《北史》卷 97〈高昌傳〉「真君中，爽為沮渠無諱所襲，奪據之。無諱死，弟安周代立，和平元年（460 AD），為蠕蠕所并。蠕蠕以闞伯周為高昌王，其稱王自此始。」

101 《後漢書》卷 89〈南匈奴傳〉「（浦奴）單于前言先帝時所賜呼韓邪竽、瑟、空侯皆敗，願復裁賜。」

諾因烏拉。

3. 墓中出現了馬鐙（少數馬鞍配有一個木框，前後裝有鞍頭，並且配備馬鐙[102]）。

墓中出現的馬鐙應該是西元 363 年被代國俘虜的敕勒人，向鮮卑人學來的；馬鐙可能是鮮卑人或烏桓人於西元三至四世紀發明的（圖 140）；敕勒人在離開烏克蘭時，歐洲人還未使用馬鐙（Stirrup）；西元六世紀中，來自東方的假阿瓦爾人始將馬鐙傳入歐洲。在阿爾泰地區的巴澤雷克墓葬中也未見有馬鐙的裝備（圖 141），可見在西元五世紀時，柔然人與阿爾泰地區的高車人均還未使用馬鐙。

圖 140　裝備馬鐙的鮮卑人的馬，
　　　　河南出土

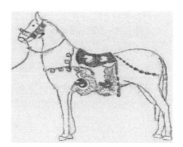

圖 141　無馬蹬裝備的巴澤雷克
　　　　殉馬畫像

4. 漠北諾顏山第 25 號「匈奴」墓出土了一幅「匈奴人像」的刺繡畫，畫中人頭髮濃密、中分並梳向後方，有根辮子從頭頂垂至右耳際，前額寬廣，眼睛巨大，上唇有濃密的鬍鬚，修剪得很短，面孔嚴肅，臉型瘦長，顴骨不突出，顎骨後縮，鼻翼寬大，鼻樑筆挺，眼睛繡成黑色，瞳孔卻用藍線繡成；蒙古人民共和國考古工作者策‧道爾吉蘇榮（Ce‧Dorjsuren）認為這個畫中人就是墓主，是個匈奴人[103]。

---

102 烏恩《北方草原考古學文化比較研究——青銅時代至早期匈奴時期》，科學出版社：北京，2008，頁323。

103 見策‧道爾吉蘇榮《北匈奴》，第一章〈北匈奴的墳墓〉，1961 年烏蘭巴托科學委員會出版，原文為

　　筆者認為這位墓主人是高車人中的斯基泰族，不是匈奴人；匈奴的貴族都是蒙古種，都是褐色眼珠，小眼睛；高車人中的敕勒族是黃髮綠眼；高車人中的斯基泰族黑髮藍眼。外蒙古諾因烏拉的墓藏物中發現黑色粗、細髮辮（圖 142），其中有一墓髮辮達 17 具之多，雜縛紅毛線；由於黑色辮髮的出現，這批敕勒部落應該是斯基泰部；粗辮髮可能係斯基泰婦女辮髮（新疆鄯善洋海古墓中的高車婦女頭髮也都是粗辮子雜縛毛線），細辮髮可能係斯基泰男子辮髮，斯基泰男人是披髮有一小辮從頭頂垂至右耳際（圖 143），與「匈奴人像」刺繡畫中人物的髮式相同，而與匈奴人的「椎結」不同（見圖 94）；敕勒男人則是披髮。

圖 142　繫有毛線的黑色辮髮，艾米爾塔吉博物館藏

圖 143　頭部右側紮有小辮的斯基泰人，AG Interactive, Inc.網 http://home-and-garden.webshots.com/album/211695958FFbu

　　綜上所述，諾因烏拉六號墓應該是高車豆陳部人的墓園[104]，不是匈奴單于的墓。

　　五、鄂爾多斯地區：目前鑑定為西元前七到西元前六世紀；斷代依據為碳-14。大英博物館對該館所藏的鄂爾多斯斯基泰-薩爾馬特文物的斷代年代為西元前六到西元前一世紀；斷代依據為造形。

　　真實年代：上限為西元 430 年，下限為 722 年。

　　理由：

　　高車人曾兩度進出鄂爾多斯地區，一次是西元 430 年至西元 530 年，被

　　新蒙文：轉引自林幹〈匈奴墓葬簡介〉，《匈奴史論文選集》，中華書局，1983 年，第 403 頁。

104 《魏書》卷 2〈太祖本紀〉「（393 AD）討高車豆陳部於狼山（即封狼胥山，今外蒙古肯特山），破之。」

北魏當局移入；另一次是西元 630 年至西元 722 年，被唐朝政府移入。西溝畔二號墓、玉隆太、阿魯柴登、石灰溝、碾房渠等墓地窖藏鐵器較多；納林高兔金冠飾和西溝畔二號墓金飾片上的鹿身鷹喙怪獸形象，以及辛莊頭 30 號墓出土金飾片上的羊首鷹喙、獸頭鷹喙怪獸形象，與在俄羅斯阿爾泰地區發掘的紋身圖案及其他類似圖案有驚人的相似之處；以上鐵器出土較多的區域及器物圖案與俄羅斯阿爾泰地區紋身圖案相似的都應斷代為西元 630 年至西元 722 年，原高車帝國敕勒人遺物；出現的器物造型如與外貝加爾地區類似者，則應斷代為西元 430 年至西元 530 年。

六、甘肅武威地區：初步認定為西元前二世紀；斷代依據：歷史記載[105]。

真實年代：西元 530 年以後。

理由：西元 530 年，高平大旱，原居高平的敕勒人向西逃荒來到甘肅武威。

七、新疆的巴里坤東黑溝遺址：尚未正式斷代；根據附近黑溝梁墓地出土的中原製作的羽狀地紋銅鏡，初步認定為西漢時代。

真實年代：上限是西元 487 年，下限是西元 551 年。

理由：

1. 西元 487 年高車國成立，西元 551 年高車國滅亡。

2. 由於鄂爾多斯出土的器物圖案與俄羅斯阿爾泰地區紋身圖案非常相似，這說明高車國阿伏至羅部在遷至新疆前的原住地可能就在今天的西西伯利亞的阿爾泰地區。

八、新疆吐魯番鄯善縣洋海古墓：新疆文物考古研究所依據北京大學 C-14 年代測定的結果，將墓葬中的二層台墓葬斷代為西元前一千年至七百年；豎穴墓葬為西元前七百年至三百年；豎穴偏室墓葬為西元前三百年至西元後二百年。

---

105 《資治通鑑》卷 19「秋，匈奴渾邪王降。」

真實年代：上限西元 487 年，下限西元 500 年。

理由：

1. 西元 487 年高車國成立，西元 500 年前後高車國窮奇部滅亡，其眾分散。

2. 敕勒人是一由各氏族部落自然融合而成的民族，他們熱愛自由，狂放不羈；墓塚形態的多樣化，是敕勒人墓葬的特徵之一；不論是二層台墓，還是豎穴墓、偏室墓，都是敕勒人在歐洲時已有的墳墓形式，用墳墓形式的不同來斷代是不妥當的。

3. 敕勒人的各氏族部落由於工藝能力、藝術偏好與經濟條件的不同，自然會有一些不同的陪葬物。依羅馬史學者塔西托在《歷史》（Hist. 1.79）一書的記載，在西元一世紀已有少數的羅克索拉尼部落中的少數的人開始裝備鐵鎧甲；但據希臘史學家鮑桑尼亞（Pausanis）在《描述希臘》（1.21.5-6）一書的記載，西元二世紀時大部份的敕勒馬特部落仍然在使用獸骨作成的矛頭與箭頭，穿著用馬蹄片製作的鎧甲。因此，考古發掘顯示，到了西元四至五世紀時當他們移居米努辛斯克盆地等地時，雖然有些部落已進入鐵器時代（塔加爾文化），但仍有些部落停留在銅器時代（安德羅諾沃文化及卡拉蘇文化），也是極為正常的自然發展；而且，這批敕勒人停留在土魯番的時間僅十年左右，洋海墓群只是他們在米努辛斯克盆地後期困窘生活的反映與延續；用墓葬中陪葬物中的銅、鐵金屬的有無與數量的多少，或陶器的精美程度來替洋海墓群斷代也是不妥當與不準確的。

九、阿富汗黃金之丘墓（Tillia tepe）：目前斷代為西元前一世紀至西元後一世紀；斷代依據為出土的安息銀幣與羅馬金幣。

真實年代：西元 500 年至西元 508 年。

理由：

1. 阿富汗黃金之丘出土的西元前 123-88 年安息皇帝米特拉達梯二世（Mithridates II）時期製造的銀幣，及西元 16-21 年在高盧製作的羅馬皇帝提比略（Tiberius）時期金幣，充其量只能證明阿富汗黃金之丘墓葬是西元一

世紀以後的墓葬，卻無法證明就是西元前一世紀至西元一世紀的墓葬。阿富汗黃金之丘發現的中國銅鏡與中國龍造型頭飾、飾牌說明這些墓主來自中國周邊地區。

2. 約西元 500 年，高車國窮奇部受到嚈噠突襲，高車國的儲君窮奇被殺，其子彌俄突等被俘至嚈噠；西元 508 年，嚈噠聽到高車國的開國皇帝阿伏至羅被弒後，護送彌俄突回國；由於彌俄突是高車國皇位的合法繼承人，經交涉後，彌俄突被立為高車國第三任皇帝。

十、哈薩克斯坦伊塞克（Issyk）墓：目前斷代為西元前五至四世紀；斷代依據為發現的劍和匕首與在俄羅斯菲利波夫（Filippovka）墓葬發現的儀式用劍（圖 144）非常類似。

真實的年代：上限西元 516 年，下限 521 年。

理由：

1. 西元 516 年高車國被柔然擊敗後，舉國逃亡嚈噠，西元 521 年回新疆復國；中亞七河地區發現的三十餘件青銅鍑成分，與新疆發現的二十餘件的青銅鍑相同，這說明他們停留在嚈噠時，應該就是在七河地區一帶遊牧；哈薩克斯坦伊塞克墓葬應該是他們停留在嚈噠境內時期的墓葬之一。

2. 哈薩克斯坦伊塞克（Issyk）墓出土的劍和匕首與在俄羅斯菲利波夫墓葬發現的儀式用劍僅略有相似，而不是非常相似；即使非常相似只能說明兩者之間存有密切聯繫，用之當作斷代的依據是證據不足的。同樣的，我們不可因在西伯利亞、外貝加爾地區，外蒙古、內蒙古發現的敕勒人使用的青銅鏃（圖 145）的形制與中原地區發現的商青銅鏃（圖 146）相似，而將在西伯利亞、外貝加爾地區、外蒙古、內蒙古發現的青銅鏃斷代為西元前十二世紀殷商的製品。

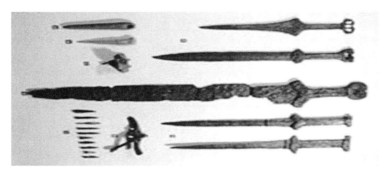

圖 144　菲利波夫（Filipovka）墓出土的儀式用武器，取自 "Sarmat tribes on Urals,"
www.lost-civilizations.net/sarmat-tribes-ural.html

圖 145　青銅錛，內蒙古出土

圖 146　青銅錛，安陽博物館藏

　　3. 由於鐵匕首的出現及細蠶絲內衣殘留的檢驗結果，更加證明斷代為
西元前五至四世紀的不可信；理由如下：

　　（1）在張騫於西元前 129 年到達西域前，當地人能穿著高級的細蠶絲衣
服嗎？這件絲衣應該是北魏皇帝於西元 509 年賞賜的赤綉縫製的。

　　（2）依《漢書》卷 96〈西域傳〉的記載，西元前一世紀前，中亞東部
「無絲、漆，」當地人也「不知鑄鐵器」。依據希羅多德《歷史》一書的記
載，西元前五世紀時，裏海周邊地區尚無鐵礦的發現[106]；依斯特拉博《地

---

106 Herodotus, *Histories*, "Their arms are all either of gold or brass. For their spear-points, and arrow-heads, and for
their battle-axes, they make use of brass; for head-gear, belts, and girdles, of gold. So too with the caparison of their
horses, they give them breastplates of brass, but employ gold about the reins, the bit, and the cheek-plates. They

理》一書的記載，西元一世紀時，裏海周邊地區只有少量的鐵的生產，住在當地的馬薩格泰人尚未開始將鐵製成武器使用[107]。《漢書》卷 70〈陳湯傳〉載「湯曰：『夫胡兵五而當漢兵一，何者？兵刃樸鈍，弓弩不利。今聞頗得漢巧，然猶三而當一。』」如果西域地區於西元前一世紀前已使用鐵製武器，就不可能出現「兵刃樸鈍，弓弩不利，」「胡兵五而當漢兵一」的現象。

4. 西方學者多將伊塞克墓視為塞種之墓，這是不正確的；理由如下：

（1）塞種人死後採火葬，不是土葬；

（2）如為塞種之墓，為何在東方塞種移居的印度北部地區未見相似的墓葬方式與墓藏文物。

第十節　鹿石、石板墓與「三連城」

一、鹿石與石板墓

石板墓之名來自這種墓葬的四周有突出於地表的直立石板；死者被放置在地下墓穴或石盒內，仰臥頭朝東。目前主要的發現地區為俄羅斯的外貝加爾地區，外蒙古的東北部、中部，中國內蒙古東北部的呼倫貝爾、內蒙古西部的巴彥淖爾市烏拉特中旗。從其分佈地域觀察，這些地區都是外貝加爾地區的原住民丁零人與外蒙古原住民柔然人曾經生活過的地區。俄羅斯考古工作者比對研究外蒙古與外貝加爾地區的石板墓後，認為就石板墓的外形，發現的器物，喪葬儀式，與墓地內的遺骨的人類學特徵等觀察，認為兩地屬於

---

use neither iron nor silver, having none in their country; but they have brass and gold in abundance."

107 Strabo, *Geography*, "They are good horsemen and foot-soldiers; they use bows, short swords, breastplates, and sagares made of brass; and in their battles they wear headbands and belts made of gold. And their horses have bits and girths made of gold. Silver is not found in their country, and only a little iron, but brass and gold in abundance."

同一種族文化區域[108]；換言之，柔然人與丁零人同源。

內蒙古呼倫貝爾新巴爾虎右旗境內分佈著 30 多處石板墓群（見圖 38），少則幾座、幾十座，多則一二百座；如：

1. 呼倫湖西岸不遠的達林礎魯墓群，山坡上密集分佈著 120 多座石板墓；墓的結構是以巨大的天然石板砌成長方形墓框，大者 7 米長、5 米寬，小者 3 米長、2 米寬，頭向朝東；小墓大體成行排列，大墓往往位於墓群東北部，其前方（東方）10 多米處，有的立有墓碑狀天然石條，上無文字，唯刻有幾道半圓型溝槽，側面也刻有圓形溝槽。[109]

2. 呼倫湖西岸東德烏拉山西南坡上也分佈有許多巨大的石板墓，都是就地取材，從附近山頂上取風化的片麻岩石板砌成；石板厚約 0.1 米，長約 1 米或 1.5 米，寬約 0.5 米或 1 米；這些巨石板立著埋入地下，上部露出半截，砌成長方形墓框；個別的大墓，長可達 8 米、寬 5 米；長方墓框之外西側並附有耳室狀小框，約 5 米長、4 米寬。[110]

3. 哈烏拉石板墓群位於大石莫東南的哈烏拉山坡上；墓葬分佈密集，排列有序，基本為東西向；大多墓葬平面近似長方形，個別也有正方形、梯形或平行四邊形的。均以石板為葬具，石板的上端高出地表；墓群面積約 1 萬平方米，分東西兩個區，相距約 600 米；東區較大，有石板墓 85 座，其東北直立一塊長方形石標，無刻字和圖形；西區有石板墓 21 座，亦有一長方形石標，同樣無字無圖形。墓內遺物很少，有的是空墓（類似衣冠塚），只發現一些陶器殘片、珠飾、蚌刀、石鏃（圖 147）、石葉、石錛、玉璧及零散的人骨[111]。

---

108 Vital V. Volkov, *Nomads of the Eurasian Steppes in the Early Iron Age*, Chapter 20 "Early Nomads of Mongolia," Zinat Press, Berkeley, CA. 1995, p. 324.

109 〈古人類文化遺跡──石板墓群〉，《新巴爾虎右旗政務網》，2009-09-09，http://www.xbehyq.gov.cn/main/viewDetail.jsp?newsid=92869&subjectid=4029

110 同上。

111 〈神秘的哈烏拉石板墓群〉，《內蒙古新聞網》，2007-06-11-11-58，http://hlbe.nmgnews.com.cn/system/

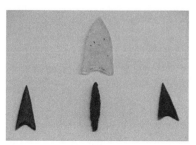

圖 147　內蒙古呼倫貝爾地區石板
墓出土的石箭鏃

　　從出土的器物觀察，在西元 357 年七月，呼倫貝爾地區的丁零人遭到慕容鮮卑致命的打擊前，跟他們的鄰居室韋人、勿吉人一樣，都還停留在石器時代。

　　俄羅斯考古工作者將外蒙古境內的石板墓斷代為西元前七至三世紀鐵器時代的墓葬[112]。如果外蒙古在西元前七世紀已進入鐵器時代，那麼匈奴人就不可能在西元前一世紀還在使用骨鏃。事實上，根據中國文獻的記載推測，外蒙古正式進入鐵器時代的時間應該在西元五世紀柔然帝國建立後，鐵塊的來源是新疆，而由突厥人代為打造。至於在石板墓中發現鐵器非常有限的原因，可能是鐵器在當時是非常重要又昂貴的戰略物質，捨不得拿去陪葬。

　　從鹿石上鳥喙鹿身的造型及鹿石出現的地方，都是斯基泰人曾生活過的地方，如俄羅斯庫班地區（Kuban）、烏克蘭的南布格河流域地區（Southern Bug）、保加利亞的多布羅加地區（Dobruja）以及南西伯利亞的圖瓦地區等觀察，鹿石文化應該是斯基泰人的創作。

　　外蒙古有鹿石的地方也同時出現石板墓，這使得它的製作年代很輕易的從中國文獻找到答案。鹿石文化是斯基泰人於西元四世紀從烏克蘭移居東亞時帶來的，柔然人與丁零人也有在墓地立石柱的風俗，斯基泰鹿石是柔然石柱的豪華版，自然輕易地被柔然人所接受。立鹿石與否與鹿石的大小高低可

2007/06/11/010000196.shtml。

112 Ibid.

能與戰功有關，柔然人非常重視戰功，「先登者賜以虜獲，退懦者以石擊首殺之。」

　　俄羅斯考古工作者在外蒙古石板墓中發掘的器物有陶製容器，瑪瑙與綠松石質的珠子，半圓型縫在外衣上的青銅裝飾，磨刀石與骨質、角質雕刻以及少量的「斯基泰-西伯利亞式」青銅刀、銅鏃、箭頭[113]。從出土文物觀察，筆者認為以上有青銅器出土或墓旁有鹿石（圖 148）的石板墓都是柔然帝國成立後的墓葬；亦即西元 402 至

圖 148　外蒙古庫蘇古爾省木倫市
西 17 公里鹿石與石板墓群

551 柔然帝國停留在外蒙古時所樹立，不是學者所猜測的距今三千年的青銅時期，或碳十四所測定的距今 3320-2320 年[114]。外蒙古中部後杭愛省發現的相當大型的石板墓，應該是柔然貴族甚至可汗的墓葬；其中，蒙古北部庫蘇爾省木倫市附近的鹿石年代應該在西元 449-464 年，當柔然人為避免北魏與悅般的夾擊，將王庭從後杭愛省北撤期間；處可汗吐賀真死於西元 464 年七月，他的墳有可能在庫蘇爾省木倫市西十七公里的石板墓群中；他可能是在西元 461 年攻擊悅般（阿瓦爾）時負傷，延至 464 年七月死亡，這也可能為何柔然於 461 年就已擊潰悅般，卻延至 464 年七月新可汗予成上台後始對北魏邊境展開侵擾的原因所在。

　　南西伯利亞的鹿石應該是斯基泰人的遺留，製作年代應該在西元 350-551 年之間。俄羅斯庫班的區的鹿石應該在西元前七世紀末至西元前六世紀中葉，斯基泰人自伊朗翻越高加索逃往南俄草原期間。烏克蘭南布格河流域的鹿石製作時間應該在西元前六世紀至西元前三世紀斯基泰人停留時間。保

113 Vital V. Volkov, *Nomads of the Eurasian Steppes in the Early Iron Age*, Chapter 20 "Early Nomads of Mongolia," Zinat Press, Berkeley, CA. 1995, p. 321.

114 William W. Fitzhugh, "Stone Shamans and Flying Deer of Northern Mongolia: Deer Goddess of Siberia or Chimera of the Steppe,"Artic Anthropology, Vol. 46, No. ½, The Top of the World(2009), pp. 72-88.

加利亞多布羅加的鹿石的製作年代應從西元前六世紀末開始，終止時間不詳。

內蒙古巴彥淖爾市烏拉特中旗的石板墓呈長方形，坐西朝東，四邊用石板圈起，中間堆有石塊，大小不一。據初步統計，烏拉特中旗境內大型的石板墓群有 40 多處，小型、零散的有 200 多座。有些石板上刻有岩畫，主要以山羊、狗、人物等為主，雕刻手法精細，圖案清晰可見[115]。當地的考古工作者認為烏拉特中旗的石板墓屬於隋唐時期，換言之，就是西元六世紀末期的墓葬。筆者認為從石板上刻有精美的岩畫觀察，內蒙古巴彥淖爾市烏拉特中旗的石板墓應該是一處比較晚期的柔然人墓葬；從其所處地理位置判斷，它可能就是是柔然鄧叔子部的墓地，其年代應在西元 523-553 年間。

二、三連城

2014 年起，蒙古國遊牧文化研究所與中國內蒙古考古研究所對位於蒙古國後杭愛省的烏桂諾爾蘇木境內的「三連城」（圖 149）中的中城中心台基進行全面發掘，發現大型祭祀性建築。

「三連城」是三個東西相鄰、結構相同、方形單體城址，三座城垣排成一線，共用一個中心軸線，彼此相距一百公尺，南臨塔米爾河，東臨鄂爾渾河，四周草原環繞，附近的塔米爾河谷有外蒙古最大的鹿石與石板墓群，柔然可汗夏季王庭應該就在附近。

---

115 〈內蒙古發現刻有岩畫的石板墓〉，《光明網》，2009-07-09 17:19:28，http://www.gmw.cn/content/2009-07/09/content_946286.htm

圖 149　外蒙古和日門塔拉「三連城」航拍圖

　　中城中心台基（圖 150）是一用黏性較大的紅土做的正方台子，像個覆斗，下層邊長 35.8 公尺，上層邊長 23.5 公尺，頂部平整光滑，發現曾經大量踩踏痕跡，在踩踏面發現一具擺放整齊的羊頭之骨與陶器碎片；台子紅土並非遺址所產，而是從遠方特地運來。在中心台西南側環繞著四座小型台子，與中心台子有長踏道相連。

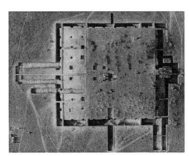

圖 150　外蒙古和日門塔拉中城
中心台基航拍圖

　　另外，在台體四周共發現 36 個大型柱洞，開口最大直徑 1.05 公尺，深 1 公尺，洞裡發現了木材痕跡，說明台子四周曾有迴廊。城內其他地區未發現建築遺跡，也未找到生活、生產痕跡，基本排除用於居住生活的可能性，軍事防衛功能有限。

　　該城址的設計規畫非常重視軸線對稱，台基氣勢宏偉，但要如何準確的還原還存有困難。通過地層學、類型學、C14 測年，及城內採集到的少量陶片，蒙古國與中國學界均同意它是一處西元前三世紀至西元一世紀匈奴城址，具有濃厚的禮制色彩，它可能就是《史記》、《漢書》等中國文獻記載的龍祠類城址，主要定期來舉行禮儀、祭祀、會盟活動。

與中、蒙學界的看法不同，筆者認為：

1. 草原放牧人群有四季牧場，隨牧草季節變化轉移；在固定的地方建固定的祭祀性建築物，並每年前來祭祀將給放牧人帶來不便，且給敵人製造攻擊的時間與目標，屢受攻擊的匈奴人應該不致如此愚蠢。所謂的匈奴「龍城」應該是由氈帳構成的聚居點[116]，而不是有固定祭祀性建築物的地方。西元 2020 年七月在蒙古國烏蘭巴托西約 470 公里的後杭愛省俄勒濟特縣，發現有「天子單于」及「與天無極，千（秋）萬歲」漢字瓦當的匈奴時期建築遺址[117]，應該是漢元帝初元二年（47 BC）至竟寧元年（33 BC）呼韓邪單于回到漠北王庭時所建造使用的。此時匈奴是漢屬國[118]，無受漢攻擊的危險。從發布照片看，遺址面積不大；又從瓦當上的字面含意觀察，比較像是單于庭而非「龍城」。

2. 匈奴人曾長期在內蒙古建王庭，內蒙古並無類似的建築物。

3. 從「三連城」的建築方位選擇、設計規劃與建築方法都與黑龍江友誼縣「九曲連環城」的中城與城外的「七星祭壇」相似，它應該就是柔然於西元 516 年 11 月擊敗高車，回到後杭愛省王庭後所建的木末城；當時的可汗是醜奴，醜奴於西元 520 年 9 月兵敗被弒後，內部不安，這件爭議性極大的工程可能還沒修好就停工了；該城當然是精通中國星相術的柔然高官設計的。

西城遺址內發現一座鮮卑式墳墓，出土了金頭飾、璜形銅項飾（圖151）、銅手鐲、指環及鐵劍等物，墓主的 Y-DNA 為 C2b1a1b/F3830[119]，是北

---

116 烏恩〈論匈奴考古研究中的幾個問題〉，《考古學報》1990 年 4 期，頁 417。

117 〈蒙古國考古學者說匈奴單于庭"龍城"遺址已找到〉，《新華網》，2020-07-18

118 《漢書》卷 94 下〈匈奴列傳〉。

119 Jiawei Li, Ye Zhang, Yongzhi Chen, A. Ochir, Sarenbilige, Hong Zhu, Hong Zhou, "The genome of an ancient Rouran individual reveal an important paternal lineage in the Donghu population," American Journal of Physical Anthropology, 21 April 2018, https://doi.org/10.1002/ajpa.23491

魏王室在隋代時後裔元威墓墓主　Y-DNA C2b1a1b/F1756 的下游[120]；故，他應該就是於元象元年（538 AD）九月被柔然殺害的東魏使者——元整[121]；據說德國科隆大學與北京大學共同測定的 C14 年代為 335-535 AD。

圖 151　鮮卑璜形銅項飾，「三連城」西城元整墓出土

---

120 韓昇、蒙海亮〈隋代鮮卑遺骨反應的拓跋部起源〉，《學術月刊》2017 年 10 期，頁 128。

121 《北史》卷 98〈蠕蠕傳〉。

第八章　敕勒人建立的王朝

第一節　高車帝國（487-551 AD）

一、自西伯利亞南下新疆建立高車國

　　西元 487 年，原臣服於柔然的敕勒人在阿伏至羅與窮奇兄弟的領導下，殺了監管的柔然人，由西西伯利亞（今俄羅斯阿爾泰共和國一帶）沿阿爾泰山西側南下，到達車師前部西北（今新疆、吐魯番西北部），建立起獨立的王國，初名阿伏至羅國，後名高車國；阿伏至羅自立為帝，國人稱之為「候婁匐勒」，窮奇稱「侯倍」，即中國人所謂的儲主或太子。

　　柔然聽到高車人反叛的消息後，由伏名敦可汗豆崙和他的叔父那蓋分兩路進兵討伐阿伏至羅，「豆崙出自浚稽山（今外蒙古、巴彥洪格爾省南部的圖音河南）北而西，那蓋出自金山」，結果豆崙屢敗，那蓋卻屢勝；柔然的貴族認為那蓋有上天的福佑，於是殺了豆崙，另立那蓋為可汗，並離開原居地向東遷徙。原臣服於柔然的西域諸國大都脫離柔然，其中伊吾（今新疆、哈密）城主高羔子投靠北魏[1]；焉耆、龜茲投靠嚈噠；突厥則成獨立狀態。

　　高車人脫離柔然人，移往新疆東部建立高車國的原因，當然不是後來阿伏至羅向北魏皇帝朝貢時所說的「臣諫之不從，遂叛來至此而自豎立」那麼單純；敕勒人被迫離開烏克蘭草原東遷，他們的目的就是要找一個類似烏克蘭草原之地，當他們來到西伯利亞、外蒙古後，受到中國周邊遊牧民族的限制，無法繼續東進或南下，只好停留在西伯利亞、外蒙古暫居；當他們發現

1　《魏書》卷 7 下〈高祖本紀下〉。

了一個生活條件更好的新疆東部後，而且在當地能得到他們所需要的金屬原料，當然會心動，高車在移居新疆前一定是有人曾到過新疆東部，或是協同柔然人於西元 460 年進攻高昌，或西元 470 年進攻于闐時來過新疆，對新疆東部地區有了一定的瞭解；加上原居住在西西伯利亞南部、阿爾泰山西側的悅般（阿瓦爾）已於西元 461 年被柔然與高車聯合擊潰西逃，為高車人南下排除了障礙，否則不會有十餘萬落同時移居。

　　當高車人在新疆東北部站穩腳步後，他們的下一個動作就是襲殺臣服於柔然的高昌王闞首歸，另立敦煌人張孟明為高昌王；並將車師前部居民趕到焉耆[2]，將原車師前部（今吐魯番）之地，當作窮奇部的根據地。新疆吐魯番鄯善縣洋海古墓群應該就是窮奇部的墓地。

　　西元 2005 年在東天山北麓的巴里坤東黑溝發現了中國最大的古代遊牧文化遺址，東黑溝（石人子溝）遺址位於巴里坤縣石人子鄉石人子村南的東天山北麓，西距巴里坤縣城 23 公里；調查發現，東黑溝遺址在南北長約五公里，東西寬約 3.5 公里，面積約 8.75 平方公里的範圍內，分佈有大型石築高臺三座；石圍居住基址 140 餘座；墓葬 1,666 座，墓葬形式以圓形石堆墓為主：刻有岩畫的岩石 2,485 塊；故確認其為一處規模宏大、內涵豐富、具有代表性的古代遊牧文化大型聚落遺址。

　　東黑溝遺址的三座石築高臺，從南至北呈倒「品」字形分佈；其中，中部高臺位於遺址南部山坡上的最高處，東、西高臺分別位於遺址東西兩側的山坡下，均距中高臺直線距離約四公里。從遺址的整體佈局看，中高臺應該是東黑溝遺址的中心；中高臺頂面長 16.6 米，寬 10.4 米，底面長 30.3 米，寬 25.9 米，北部高約四米，南部高約二米。高臺上發現有石塊砌築的大型火塘，大量排列整齊的大型石磨盤和大型陶器；高臺上有大量火燒過的木炭和灰燼堆積，應該是使用火祭祀後的遺存。

　　從發掘的情況看，中高臺最初四周有石圍牆，牆內有用圓木構築的建

2　《北史》卷 97〈西域傳〉「初，前部胡人悉為高車所徙，入於焉耆。」

築，建築總面積約 166 平方米。石圍牆內的木構建築南部面積較大，約占三分之二，現存有木立柱和用圓木橫向構築的木牆遺跡；北部面積較小，也發現有木立柱，但未見木牆，可能是廊式建築。建築內中部偏南有用石塊砌築的大型火塘，還發現有一座埋有大量糧食（主要是麥類）的坑和二座各埋有七隻羊的坑，並發現有大量使用過的陶器和石磨盤、石杵、石錛、石球等石器以及少量銅器和製作銅器的坩堝。木構建築依山坡地勢，南部建築位置較高，北部建築較低，其間有斜坡相連。從發現的跡象看，木結構的建築應毀於一場大火，留下了大量木炭和灰燼堆積；在這次大火中，原來塗抹在石圍牆和木牆之間的泥土被燒成了紅色；木建築被大火焚毀後，後人在其堆積上填埋了土和石塊，將這座有石圍牆的建築修築成頂部呈平臺的祭祀高臺。

石圍居址內發現了數量較多的用石塊圍砌的火塘，內有大量燒土、灰燼、動物骨骼殘塊，並放置有一些石器和陶器，還發現多枚刻有花紋的羊距骨；居址內有許多火塘的發現表明，高臺周圍的居址並非一般的居住場所，應該被長期多次使用，可能是祭祀等集體活動的遺存。

中高臺附近的十二座中、小型墓塚中，小型墓為用石片拼湊的石葬具，中型墓為木棺，葬具上多縱向蓋有棚木。一些墓葬還有用馬殉葬的現象，有的填埋在墓壙內，有的在墓旁另挖有墓祭坑填埋。這批墓葬的隨葬品中的陶器，有些器形在石圍居址中可見，表明這批墓葬也應與高臺、石圍居址屬於同一文化的遺存。這批墓葬的隨葬品中的陶器，多為火候較低、無使用痕跡的明器，與哈密地區前一千紀以來的土著文化的陶器形式明顯不同；動物紋金銀牌飾等其他器物，也非哈密地區的傳統器形，應代表了一種新出現的外來文化[3]。

高臺周圍分佈有多座埋有被肢解人骨的圓形石圈，人牲多埋葬於封堆下，也有埋於墓壙填土內的。出土的陶器和其他器物，器形和紋飾都與哈密

3　王建新、任萌〈新疆巴里坤東黑溝古代遊牧文化聚落遺址考古獲得重要成果〉，《中國文物報》，2008
　　年 2 月 1 日，http://www.wenbao.net/wbw_admin/news_view.asp?newsid=875

地區西元前一千紀以來的一些遺址出土的器物存在聯繫，應該代表的是一種在當地延續發展的土著文化[4]。

　　這批墓葬的形制特徵與隨葬品的組合與已經發掘的巴里坤縣黑溝梁墓地基本相同。在黑溝梁墓葬中出土有中原製作的羽狀地紋銅鏡（圖 152），這種形式的銅鏡在中原主要流行於戰國晚期至西漢初期，大陸專家認為這批墓葬的年代上限不會超過戰國末到西漢初；因為根據文獻記載，西漢初年東天山地區發生的重大變化，匈奴在這裡打敗了月氏，並佔據了這一地區；在東黑溝發掘的這批墓葬中發現的以墓主為代表的外來文化和與以人牲為代表的土著文化同時共存的現象，反映了當時征服者與被征服者的關係，與文獻記載的匈奴在這裏擊敗月氏的歷史相合，應當是另一個古代遊牧民族或部族的王庭所在地[5]。

圖 152　羽狀地紋銅鏡

　　筆者認為：

　　1. 羽狀地紋銅鏡的製作地在湖南長沙；元狩三年（120 BC）匈奴渾邪王降漢後，河西走廊始開通；在河西走廊開通前，在巴里坤地區不可能有漢製羽狀地紋銅鏡的出現；而月氏在漢文帝四年（177 BC）即被匈奴人驅逐，故羽狀地紋銅鏡的出現應與月氏無關。再者，中國是一幅員遼闊的國家，以

4　這些有墓可能是月氏人的二次葬，不是人牲。

5　〈絲綢之路發現月氏與匈奴王庭遺址〉，《星島環球網》，2007 年 11 月 2 日，http://www.stnn.cc:82/hot_news/gd_20061102/t20061102_380385.html

中國本土某地某時流行的紋飾，作為數千公里外邊陲地區出土文物的斷代依據，並不妥當。

2. 匈奴王庭曾經存在的內蒙古及外蒙古，並無任何石築高臺的遺址的發現，而且中國文獻也從無匈奴單于曾於巴里坤建庭記載，故東黑溝也不可能是匈奴單于的王庭。

3. 從發現的石築高臺、石圍居住基址、墓藏器物與墓葬形式觀察，巴里坤東黑溝應該就是高車國皇庭之所在，而不是匈奴或月氏王庭。西元 493 年南齊的使臣江景玄見阿伏至羅的地方，應該就在這裡。至於高臺周圍分佈在圓形石圈內被肢解的人骨，應該是原來住在該地的土著部落的遺留物，受到新來高車人的尊重，而被保留下來的，應與高車人無關；這也間接說明了高車人無盜墓的惡行。

西元 490 年十二月，阿伏至羅及窮奇遣商胡（可能是粟特商人）越者至北魏首都平城（今山西、大同），以二支箭向北魏孝文帝貢奉，說「蠕蠕為天子之賊，臣諫之不從，遂叛來至此而自豎立，當為天子討除蠕蠕。」北魏孝文皇帝聽到報告後，又驚又喜，半信半疑，於是派遣使者于提前往觀看虛實；阿伏至羅與窮奇見到北魏的使臣後，又立即派遣使者薄潔隨于提來朝，並貢方物；孝文皇帝於是又詔員外散騎侍郎可足渾長生與于提出使高車國，賞賜阿伏至羅與窮奇各繡袴褶（騎馬用套褲）一具，雜綵（有顏色的絲織品）百匹[6]。

西元 1981 年冬，新疆火焰山南部的村民在遠離村莊的戈壁灘上清理坎兒井的淤塞時，刨開了一個驚人的發現，原本是挖掘地下暗渠的鐵鍬卻不經意的打開了一座年代久遠的古墓；時至今日，這裡已經成為新疆目前發現的最大、最密集的古墓群之一，共有二千多座；墓地主要分佈在相對獨立的三塊略高出周圍地面的臺地上，臺地呈長條形，南北走向，南高北低，微有緩坡。2003 年三月起，新疆考古部門對洋海古墓進行了搶救性的發掘，清理了

6　《魏書》卷 103〈高車傳〉。

500 座墓葬，出土了千餘件不同歷史時期的骨器、石器、青銅器、鐵器、彩繪陶器、木器、編織物等文物，其中以木質器物、彩陶和皮革製品為主；還出土了被認為是薩滿巫師用做製幻藥物的大麻植物。婦女梳辮，粗辮子中夾有各色毛線。埋葬於豎穴偏室墓的婦女，頭戴高 62 公分由四個薄木片製成的魚形冠（圖 153），這個部落的彩繪或紋身也以魚圖案（圖 154）為主。出土了幾百具乾屍。從出土的弓、木箭（圖 155）和裝水的皮囊，鑽木取火工具（圖 156），以及周圍殉馬現象來看，這批墓葬為騎馬射箭的遊牧民族。從乾屍的形貌，以及後來專家的頭骨鑒定來看，大多數為非蒙古人種。出土文物不僅數量眾多，而且形制之奇特，在全國乃至世界考古界引起很大的反響。

圖 153　魚形木冠飾，CCTV 圖片

圖 154　手與腳上的魚形紋飾，
　　　　CCTV 影片

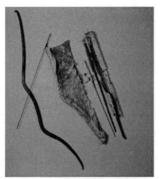

圖 155　雙曲反彎斯基泰弓，
　　　　CCTV 圖片

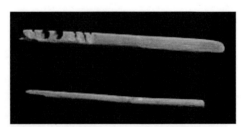

圖 156　鑽木取火工具，CCTV 圖片

　　洋海墓群出土了五百餘具顱骨，其中十具有腦顱穿孔（圖 157）；在米努辛斯克盆地的敕勒人墓葬中亦發現後腦骨有兩個扁桃形小穿孔的頭骨[7]。阿爾泰地區烏科克台原（Ukok）的「西伯利亞冰凍美婦」墓出土的冰凍屍體，與巴澤雷克墓葬二號墓出土的男、女乾屍也都留有死後腦顱穿孔和明顯手術縫綴現象。綜合比較觀之，米努辛斯克盆地及洋海墓群發現的腦顱穿孔現象，與阿爾泰地區發現的冰凍屍體或乾屍一樣，都是死後的防腐處理手術，而不是生前的開顱手術。

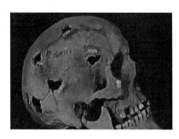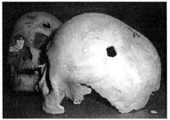

圖 157　穿孔腦顱，洋海墓群出土，取自 CCTV 圖片

　　洋海古墓群出土的文物中，以木製器具最多，其中有些是將中心掏空的木筒器具；其器表口沿與底部通常刻有三角圖案，中間刻有動物，如鹿、野山羊、野綿羊、老虎、野豬、駱駝和狼等動物圖案（圖 158）。有些作奔跑狀動物的足部造型，好似芭蕾舞者的腿（圖 159），是新亞述藝術（Neo-Assyrian Art）風格的動物造型；歷史藝術學者也將新亞述藝術稱之為腓尼基風格，所謂的斯基泰風格，其實就是腓尼基風格[8]。這些動物的形象與西伯利亞、外蒙古、外貝加爾、內蒙古與新疆廣泛分佈的鹿石（Olenniye Kamni）、岩畫與牌飾上動物的造型極為相似，其中鹿的造型（圖 160A,B,C）就是斯基泰鹿（圖 161）的變形。

7　吉謝列夫《南西伯利亞古代史》，中國社會科學院考古研究所圖書資料室譯，新疆人民出版社，1981年出版，上冊頁 118。

8　R. Ghirsham, *The Art of Ancient Iran*, Golden Press, New York （1974）, P. 98.

圖 158　洋海古墓群出土的
　　　　筒形木容器，取自
　　　　《央視國際》圖片

圖 159　洋海古墓群出土的筒形木容器
　　　　上帶新亞述藝術風格的動物造
　　　　形，取自 CCTV 影片

圖 160A　洋海古墓群出土
　　　　　的筒形木容器上
　　　　　的鹿紋造型，
　　　　　CCTV 影片

圖 160B　米努辛斯克地區出土的
　　　　　立體鹿形銅飾，
　　　　　"Nomads of The Eurasian
　　　　　Steppes in The Early Iron
　　　　　Age"p. 312, figure 21

圖 160C　鄂爾多斯出土
　　　　　的立體鹿形銅
　　　　　飾，鄂爾多斯
　　　　　青銅博物館藏

圖 161　斯基泰鹿造型，取自 "Nomads of The Eurasian
　　　　Steppes in The Early Iron Age," p. 313, figure 23C

洋海墓地出土的三座箜篌中，有一座（圖 162）基本保存完好，其構造與阿爾泰地區的巴澤雷克二號墓出土的箜篌（圖 163）相同，該箜篌是用整塊胡楊木刻挖而成，長 60.6 釐米，由音箱、頸、弦杆和絃組成；音箱上口平面呈長圓形，口部蒙羊皮，底部正中有三角形發音孔；蒙皮正中豎向穿一根加工好的檉柳棍，再用五個小枝等距分別穿在豎棍下，枝、棍交叉呈「十」形露出蒙皮，再分別引一根用羊腸衣做的琴弦到弦軸上。吐魯番文物局請專家依照出土的箜篌仿製了一把，從樂器的精準性來說，洋海的箜篌還是很粗陋的，它有可能還不能奏成音樂，只是一種響器。

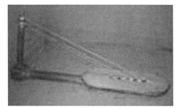

圖 162　箜篌，新疆洋海墓地出土

圖 163　箜篌，西西伯利亞巴澤雷克二號墓出土

洋海古墓群出土次多文物為陶器，其中的圓底形陶器（圖 164）可在米努辛斯克盆地與烏拉爾山南部草原的敕勒馬特墓葬中發現。洋海古墓群出土彩陶上的三角紋、漩渦紋、豎條紋與鋸齒紋等也可在烏拉爾山南部草原的敕勒馬特墓葬中發現；在今俄羅斯阿爾泰邊區（Altai Krai）的比斯克（Biysk）城的敕勒人墓葬中也發掘出有成對漩渦紋與幾條波浪紋的彩陶，這類陶器的特點是先在陶胚上用黃色赭石著色後再施加彩繪[9]，與洋海墓群出土者相似（圖 165）；在米努辛斯克的原

圖 164　圓底形陶器，洋海古墓群出土，取自 CCTV 圖片

9　吉謝列夫《南西伯利亞古代史》，中國社會科學院考古研究所圖書資料室譯，新疆人民出版社，1981年出版，下冊頁 13。

住民烏古斯人的墓葬中亦發現一件大型彩陶
罐，這件陶罐自肩至底有五道垂直的梯子形
白色條紋，梯子紋兩旁各有一道線條，線條
外側繪三角齒紋[10]，類似的彩繪在特里波列
（Tripolje，烏克蘭）和安諾（Annau，土庫
曼）彩陶亦有發現，它應該是與附近的敕勒
人交易而來的，而不可能是當地烏古斯人的
作品；即使是敕勒馬特部落，也只有極少數

圖 165　漩渦紋彩陶，洋海古墓群
　　　　出土，取自《吐魯番網》

的部落才有製作彩陶的工匠。敕勒馬特人來到西伯利亞後，與當地的原住民
隔鄰而居，自然會產生交易行為，甚至發生衝突；在今阿巴坎城內教堂廣場
發掘的一座敕勒人墓葬中，一具婦女骸骨的胸部發現一枚石鏃，是從背部肩
胛骨下射入體內的[11]，這位敕勒婦女可能是被當地的烏古斯人所射殺。

　　出土的毛織品（圖 166）數量多而且質量高，不但熟練的掌握了斜紋組
織又掌握了平紋組織，也發現了栽絨地毯。發現的由廢蠶絲、碎絲所織成的
絲布[12]，可能就是北魏孝文帝太和十五年（491 AD）對阿伏至羅與窮奇賞賜
的百匹雜綵之一。

圖 166　洋海墓群出土的毛紡織品，取自 CCTV 影片

10　同上，頁 17。

11　同上，頁 38。

12　〈洋海古墓群探密〉，《新晨雜誌社》（新疆烏魯木齊），2006 年 10 月 24 日 18:55:24。

在米努辛斯克的敕勒人墓葬中，除了發現一塊簡單的編織的平紋毛料，也出土了織造方法比較複雜的斜紋[13]。《大唐西域記》卷 12〈佉沙國〉載「（疏勒人）工織細氍（毛織品）氍毹（音渠舒，有花紋的毛毯）。」不論從中國的文獻記載，還是從考古實物來看，敕勒人很早以前就會製作精美的毛織品了。

洋海古墓群有三種不同型式的墓葬，其中：

1. 二層台墓出土文物以木器最多，其次為銅器，無陶器[14]；

2. 豎穴墓以木、陶器居多，銅、鐵器較少，銅器有馬銜、小刀，鐵器主要是刀，長直柄、短刃，陶器中有彩陶與素面陶；

3. 偏洞室墓也是木器、陶器為主，鐵器較前兩種墓增多，金、銅器很少，而且個體都很小的裝飾品，陶器都是粗陶。

有中國學者認為，洋海人可能來自俄羅斯阿爾泰地區；但洋海人身體上的彩繪或紋身圖案與阿爾泰地區並不相同。有德國的研究者認為，洋海人可能來自俄羅斯圖瓦地區，但圖瓦地區發現的箭多為骨鏃，長度在 50 至 60 公分[15]；洋海人的箭都是木箭，長度在 70 公分，沒有骨鏃。

從洋海墓群與米努辛斯克盆地出土文物的高度相似性觀察，在遷至新疆吐魯番前，窮奇部的原居地可能就在遍佈森林的南西伯利亞的米努辛斯克地區。米努辛斯克博物館藏有從葉尼塞河中游各地採集的零星鐵甲片；在葉尼塞河沿岸岩畫上的武士，可以清晰地看到長及膝蓋的甲冑[16]。新疆洋海墓葬中發現烏古斯人的乾屍（圖 167）與裝甲長及腳踝的武士（顯然有著鐵護

13　吉謝列夫《南西伯利亞古代史》，中國社會科學院考古研究所圖書資料室譯，新疆人民出版社，1981年出版，上冊頁 68。

14　凌勇、梅建軍等〈新疆吐魯番地區出土金屬器的科學分析〉，《廣西民族大學學報（自然科學版）》，14 卷 1 期（2008 年 2 月），頁 15-20。

15　Nikolai A. Bokovenko, *Nomads of the Eurasian Steppes in the Early Iron Age*, Chapter 17 "Tuva During Scythian Period," Zinat Press, Berkeley, CA. 1995, p. 277.

16　吉謝列夫《南西伯利亞古代史》，中國社會科學院考古研究所圖書 資料室譯，新疆人民出版社，1981年出版，下冊頁 126。

腿）木雕像（圖 168），自然也就不令人意外了。筆者認為在洋海墓群中發現的斯基泰弓，其製作所使用的銹綫菊（Spiraea Salicifolia）枝條，及裝飾木容器用的小花紫草（Lithospermum officinale L.）種子，也以產自南西伯利亞的可能性較大。大量木容器與木箭的出土，說明洋海人來到土魯番不久，而其原居地也不可能是缺乏森林資源的新疆；遺憾的是新疆考古部門未對出土的木容器與木箭的材質進行研究。

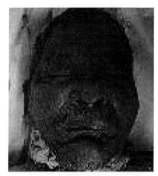

圖 167　洋海古墓群出土的高鼻
　　　　烏古斯人乾屍頭像，
　　　　CCTV 圖片

圖 168　洋海古墓群出土的裝甲武士
　　　　木雕像，《良友畫報》

　　西元 492 年，鄯善被高車攻破，西元 492-493 年間，南齊的使臣江景玄出使高車時，途中見「鄯善（今新疆若羌縣卡克里克）為丁零所破，人民散盡。」可見此時鄯善已成空城。至於南朝之人將高車稱之為丁零，那是南朝人對塞北民族的泛稱。對鄯善發動攻擊的應該就是窮奇部。

二、高車國窮奇部的滅亡與阿富汗「黃金之丘」寶藏

　　西元 500 年前後，高車國窮奇部遭到嚈噠的突擊，高車國「侯倍」窮奇被殺，其子彌俄突等被嚈噠擄走，其眾分散，或投北魏，或投柔然；北魏皇帝派宣威將軍、羽林監河南孟威撫納降戶，置之高平鎮（今寧夏、固原）

[17]。窮奇部在吐魯番過著山牧季移式的放牧生活，當天氣溫和時，所有的族人大部份都上山放牧去了，只有少數的留守人員還在山下，以致遇到嚈噠的突擊時，毫無反抗之力。窮奇部選擇在吐魯番過著山牧季移式的放牧生活，應該與他們在米努辛斯克時的生活方式有關。

　　由於高車國皇庭的發現，我們終於知道當窮奇部受到嚈噠突擊時，阿伏至羅部不但無法適時支援，而窮奇部的部眾只有向東逃往北魏與柔然的真正原因了。阿伏至羅部與窮奇部，竟然隔著東天山分部而立，這個不當的部署，種下了高車國的逐漸衰敗以至於滅亡的禍因。由兩件青銅鍑在南疆阿克蘇與喀什的出土[18]，說明當窮奇部遭到嚈噠的突擊時，除了《魏書》〈高車傳〉記載的向東逃亡外，也有少數部落向西南逃亡。

　　西元 1978 年，前蘇聯和阿富汗考古團在阿富汗西伯爾罕（Shibarghan）「黃金之丘」（Tillya-tepe）發掘出六座縱穴墓，一具男（四號墓）五具女屍體和兩萬多件黃金飾品，其中有大量帶有各種動物圖案的裝飾品，以及附有「步搖」的金頭冠（圖 169），以及西元前 123-88 年安息皇帝米特拉達梯二世（Mithridates II）時期製造的銀幣、西元

圖 169　附有「步搖」的金頭冠，黃金之丘六號墓出土

16-21 年羅馬皇帝提比略（Tiberius）時期在高盧（Gaul）製造的金幣、絲絹織品、木棉製品和中國銅鏡、銀鏡（可能是北魏送的含錫量高的青銅鏡）；其中動物造型牌飾與克里米亞及鄂爾多斯青銅飾牌酷似。

　　「黃金之丘」遺物以龍的形象占顯著地位，如二號墓「雙龍守護國王金頭飾」（圖 170），在馬鬃等部位裝飾了綠松石（Turquoise）、青金石（Lapis-

---

17　《魏書》卷 103〈高車傳〉。

18　Jian-jun Mei, "The Metal Cauldron Recovered in Xinjiang, Northwest China,"《草原考古通信》No. 13, March 2002, http://web.kanazawa-u.ac.jp/~steppe/sougen13.mei.html

lazuli），龍的臀部等處有眼形紋飾等，以紅綠
寶石鑲嵌；龍的造型帶角，飛翼可能受到格里
芬的影響。這件金頭飾的整體造型和風格，與
西亞、東地中海廣泛流行的人物和對稱雙獸造
型相一致；這種龍神是雙馬神和中華龍的混合
造型。「黃金之丘」另有一件「遊龍飾牌」，表
現正在水中游動並張著嘴的龍，而龍的形狀就
是中國龍，邊上刻畫有水波，其上鑲嵌著的綠

圖 170　雙龍守護國王金頭飾，
黃金之丘二號墓出土

松石呈聯珠紋排列[19]。「黃金之丘」五號墓主人口中還含有金幣，胸前放有中
國銅鏡。

　　由於「黃金之丘」墓葬中有五具婦女只有一具男人屍體，可見被嚈噠擄
走的高車國窮奇部的人大多數是宮庭婦孺與宦官；由於他們人數不多而且停
留時間不長，故只留下了六座墓塚。從豐富的墓藏物可知他們都是窮奇部的
重要人物，其中可能還有窮奇之妻（no.2，年齡 30-40 歲，武器：西伯利亞
式短劍二把，尖嘴斧一件）及如夫人（no.3 墓年齡 18-25 歲，武器：鑲有寶
石的西伯利亞式短劍一件）[20]。豐富的墓藏物同時見證了他們在嚈噠受到了
善待，還改穿著嚈噠服飾。「黃金之丘」墓葬的發現，顯示了西元六世紀初
嚈噠國的王庭就在今阿富汗西伯爾罕附近。

三、首任皇帝阿伏至羅被弒，彌俄突回國繼位

　　西元 506 或 507 年，高車皇帝阿伏至羅因殘暴，被國人所弒；此時阿伏

19　沈愛鳳〈從中亞和草原墓葬看中西絲綢文化交流〉，《絲綢》，2006 年，03 期。

20　Jeannine Davis-Kimball, "Priestess, Enarees, and Other Statuses Among Indo-Iranian Peoples," *Proceeding of the Tenth Annual UCLA Indo-European Conference*, Los Angeles, May 1-23, 1998. Edited by Karlene Jones-Bley, Martin E. Huld, Angela della Volpe, and Miriam Robbins Dexter. *Journal of Indo-European Studies Monograph Series No. 32.* Institute for the Study of Man, Washington D.C. 1999 pp. 231-259.

至羅的長子已因與阿伏至羅的嬪妃們通姦,且準備謀害阿伏至羅,被阿伏至羅殺死;國人乃立阿伏至羅的族人跋利延為帝(高車國第二任皇帝)[21]。

當嚈噠聽到阿伏至羅被弒後,於西元 508 年帶著彌俄突討伐高車;因彌俄突是高車國皇位的合法繼承人,雙方談判後,高車國接受嚈噠的條件,殺了跋利延,立彌俄突為帝(高車國第三任皇帝);此時的高車已成了嚈噠的附庸國或友邦。嚈噠扶植彌俄突的目的當然是希望利用高車來牽制柔然,以消除來自東北方的威脅,以便全力對付南邊的笈多王朝(Gupta Dynasty,今印度中北部);這就跟西元 521 年柔然可汗婆羅門,被高車打敗後逃往北魏涼州受到北魏的保護的道理是一樣的;北魏與嚈噠都希望柔然與高車彼此為敵,相互牽制,以保持己方邊境的安寧。西元 521 年時蠕蠕可汗阿那瑰、婆羅門因國亂同時投奔北魏;當時的北魏涼州刺史袁翻的向朝廷表達的意見,可作北魏或嚈噠操作「制衡」策略的代表作;袁翻說「今蠕蠕內為高車所討滅,外憑大國之威靈,兩主投身,一期而至,百姓歸誠,萬里相屬。今蠕蠕雖主奔於上,人散於下,而餘黨實繁,部落猶眾,高車亦未能一時並兼,盡令率附。又高車士馬雖眾,主甚愚弱,上不制下,下不奉上,唯以掠盜為資,陵奪為業。而河西捍禦強敵,唯涼州、敦煌而已。涼州土廣人稀,糧仗素闕,敦煌、酒泉,空虛尤甚。若蠕蠕無復豎立,令高車獨擅北垂,則西顧之憂,匪旦伊夕。愚謂蠕蠕二主,並宜存之。居阿那瑰於東偏,處婆羅門於西裔,分其降人,各有攸屬。[22]」

彌俄突繼任高車皇帝後,立即派遣使臣至洛陽向北魏朝貢,其貢獻的物品有金方、銀方一,金杖二,馬七匹,駝十頭。北魏世宗宣武帝派遣使者慕容坦賜彌俄突雜綵六十匹;世宗詔曰「卿遠據沙外,傾申誠款,覽輯忠志,特所欽嘉,蠕蠕、嚈噠、吐谷渾所以交通者,路皆由高昌,犄角相接,今高昌內附,遣使迎引。蠕蠕往來路絕,姦勢;不得妄令群小敢有陵犯,擁塞王

21　《魏書》卷 103〈高車傳〉。

22　《北史》卷 46〈袁翻傳〉。

人，罪在不赦。[23]」。

西元 508 年十一月，彌俄突與柔然可汗佗汗在蒲類海（今巴里坤湖）作戰，小負，於是乃向西撤退了 300 里；佗汗則駐紮在伊吾北山（今新疆哈密北之庫舍圖嶺）。就在此時，高昌國國王麴嘉前曾向北魏要求內遷至北魏境內居住，北魏皇帝派龍驤將軍孟威帶領涼州兵三千去迎接保護；當孟威的軍隊到達伊吾（今新疆、哈密）時，佗汗見到北魏軍隊，也不知多少，以為是專程來幫高車討伐他的，嚇得倉荒逃跑。彌俄突聽到佗汗倉卒逃走，軍心渙散的消息後，乃自後追擊，殺佗汗於蒲類海北，割其辮髮送與孟威[24]；並派遣使臣入貢，向北魏獻龍馬五匹，金、銀、貂皮及諸方物。北魏也派遣使臣于亮，「賜樂器一部、樂工八十人，赤綉十匹、雜綵六十匹。」收到禮物後，彌俄突再派遣莫河去汾[25]（官名）引叱賀真為使臣貢方物[26]。

四、高車第三任皇帝彌俄突兵敗，被柔然虐殺

西元 516 年十一月，很會打仗的柔然伏跋可汗，向西攻擊高車，以報殺父之仇；高車國皇帝彌俄突因輕敵兵敗被俘，柔然人將其雙腳綁在跑不快的劣馬上拖死後，再把他的頭骨油漆做成溺器。高車國人將皇宮焚毀後，全部逃往嚈噠[27]；由於走的倉促，來不及將皇宮地下倉庫中的穀物與羊隻帶走。

西元 1969 年的春天，有位哈薩克伊塞克（Issyk）集體農場的農民在距阿拉木圖東方50公里處犁田整地時，他在犁溝中發現一個閃耀的物體，他用穿著長靴的腳將四周的土推開後，一件小的金製牌飾出現在他面前，他立即

23　《魏書》卷103〈高車傳〉。

24　只送辮子而不送頭顱的原因，應該是從辮子上的髮飾即可知道死者的身分。死後將辮子割下，可能是柔然人的習俗；巴澤雷克二號與五號男墓主的辮子均與屍體分離。

25　莫河去汾原係柔然設置的高級官員名稱，經常負責出使他國，似是負責涉外事務的官員。

26　《魏書》卷103〈高車傳〉。

27　同上。

向農場報告。哈薩克歷史人種考古所（現在的哈薩克考古所）的凱末爾・阿奇謝夫（Kemal Akishev）和他的同事接到通報後，立即趕往現場從事系統性的開挖；他們在附近發現了一座六公尺高周長三十六公尺的土堆，土堆中發掘出一口冷杉圓木製的大型棺材，內有一具頭戴高尖帽，身穿紅衣，全身有四千件黃金裝飾品的骨骸。茲將哈薩克斯坦共和國黃金與貴金屬博物館（State Museum of Gold and Precious Metal of the Republic of Kazakhstan）公佈的發掘資料略述如下：

1. 頭戴圓錐形有護頸護頰的帽子，帽子上有金製裝飾物；

2. 身穿薄絲衣，絲衣外著短衣，短衣上布滿著三葉形與虎頭形金片；

3. 身體右側的掛劍腰帶上，掛著一把插進紅色木劍鞘用於馬戰用的長劍，腰帶左側掛著一把插入劍鞘的鐵製短劍，劍柄鑲有一隻麋鹿及一匹身軀高度扭轉的馬；鑄鐵板連接而成的重型腰帶表面，除了動物造型裝飾外，還有黃金製的太陽；

圖 171　復原後的伊塞克
墓主服飾圖像，
Wikipedia

4. 頸部掛著一條管狀的項鍊，上有四隻扭轉軀體有臀部的老虎；右手手指上有兩個戒子；另有三個由綠松石串成的耳環[28]；

5. 哈薩克斯坦考古工作者根據發現的武器型式，將此一墓葬定為西元前五到四世紀的文物，墓主為一年輕塞種王子，年齡約在 17-19 歲間。

6. 另一件值得重視的是在發現的銀質容器上，發現了刻寫的類似如尼字母的文字，土耳其語言學者認為該文字是突厥鄂爾渾如尼文字，並進一步推測馬塞格泰人及塞種說的是突厥語。

自從哈薩克斯坦考古工作者凱末爾・阿奇謝夫依據出土的文物，將墓主的原著盛裝重新塑造後（圖

28　Jeannine Davis-Kimball, "Chieftain or Warrior Priestess," *Archaeology*, September 1997: pp. 40-41.

171），該墓主的服飾已被視作哈薩克斯坦的國家象徵，並將墓主命名為「金（男）人」。但是墓主的怪異裝飾，引起世界考古界極大的爭議，普遍認為該墓主可能是位女士；哈薩克斯坦政府當局為免爭議擴大，損及該國形象，已將該墓主骨骸予以封藏，不准任何人再接觸，顯然是心中有虛。

從墓主的頭飾觀察，其與西元 1992 年新疆吐魯番蘇貝希二號墓群女乾屍的頭飾（圖 172）及 1993 年七月在西西伯利亞烏科克台原（Ukok Plateau）發掘的西伯利亞冰凍美婦（Siberia Ice Maiden）頭飾造型相似，但豪華程度則有天壤之別，這顯示了墓主的高貴身分；加上腰間的配劍[29]，筆者認為她可能是就是高車國的皇后，也就是彌俄突（Mi-e-tu）的夫人；由彌俄突與嚈噠間存在的特殊關係，與彌俄突兵敗後高車國舉國逃往嚈噠尋求庇護，以及腰帶上的太陽標誌等現象觀察，墓主可能還是位嚈噠公主。哈薩克斯坦考古工作者將墓主的年齡推定為 17-19 歲之間，應該是將女誤為男所導致的誤判。

圖 172　新疆吐魯番蘇貝希二號墓地女乾屍的頭飾，CCTV

考古發現顯示，車師婦女及高車婦女所戴的高尖氈帽，與嚈噠婦女的「一角帽」在外觀上有些相似，但高車婦女或車師婦女所戴的高尖氈帽上並無金或銀的裝飾，而嚈噠的「一角帽」上則有金銀的裝飾，這可能與嚈噠國是中亞之霸，它的貴族比較富裕有關；故「金（男）人」所戴的帽子應該不是高車時髦婦女所戴的高尖氈帽，而是嚈噠國王后與貴婦僅有一個丈夫所戴的「一角帽」[30]，地位愈尊貴帽子愈高愈豪華；《梁書》〈滑國傳〉載「女人被裘，頭上刻木為角，長六尺，以金銀飾之；」《洛陽伽藍記》卷五載「嚈

29　對高車國的婦女而言，配劍與否，應該與身分有關；「黃金之丘」的五座婦女墓中，僅二號墓中有劍、斧陪葬；這也就是筆者判斷二號墓為太子妃的根據。

30　《魏書》卷 102〈嚈噠傳〉「其俗兄弟共一妻，夫無兄弟者其妻戴一角帽。」

噠國王妃亦著錦衣，垂地三尺，使人擎之；頭帶一角，長八尺，奇（通觭，此處指帽上的另一小角）長三尺，以玫瑰五色裝飾其上。」至於嚈噠國王后帽上的「觭」，是王后特有的裝飾或寓有王后已育有王子之意，則尚無文獻或考古資料可供進一步說明。

圖 173　後突厥闕特勤石雕頭像，烏蘭巴托博物館藏

至於高車國人在嚈噠停留四年多後再度返回在新疆的故土，則可能是皇后死後，嚈噠國王在娶三位柔然公主前[31]，受到嚈噠的驅逐，這可能也是柔然出嫁三位公主的政治條件與目的。

五、高車與柔然間的長期對抗，與突厥的崛起

西元 521 年，嚈噠讓彌俄突的弟弟伊匐帶領逃往嚈噠的高車人回到在新疆的故土復國；伊匐（高車國第四任皇帝）復國後，於當年五月率眾攻擊柔然可汗婆羅門，婆羅門不敵，率領十個部落逃往涼州向北魏投降，北魏將其安置於敦煌；後因率部逃亡欲投靠嚈噠，被涼州軍捉獲，送往洛陽；正光五年（524 AD）死於洛陽[32]。巴里坤東黑溝的中央石築高臺，應該是高車國人於西元 521 年返回故土後在原皇庭故址上修建的。

西元 522 年四月，伊匐（音葡）派使者至北魏奉表稱臣，於是北魏派使臣谷楷等拜伊匐為鎮西將軍、西海郡開國公、高車王。西元 523 年，伊匐再派使者朝魏，要求贈送「朱畫步挽一乘並幰褥（音入）、鞦䩞一副、傘扇各一枚、青曲蓋五枚、鼓角十枚。」北魏孝明帝通通都照單賜予[33]。

31　《魏書》卷 103〈蠕蠕傳〉「嚈噠三妻，皆婆羅門姊妹也」。

32　《魏書》卷 103〈高車傳〉。

33　同上。

　　後不久，伊匐與柔然打仗，打了個敗仗，伊匐的弟弟越居（高車國第五任皇帝）殺了伊匐，自立為帝[34]。

　　西元 535 或 536 年，越居被柔然打敗後，被伊匐的兒子比適（高車國第六任皇帝）殺了，越居的兒子去賓逃往柔然。西元 541 年去賓又逃往東魏；東魏承相高歡基於招懷遠人的目地，建議朝庭封他為高車王、安北將軍、肆州刺史，但還未封官前，去賓卻病死了[35]。

　　由伊匐、越居兄弟及越居、比適叔侄相殘的情況看來，伊匐、越居二人可能是異母所生的兄弟。

　　西元 541 年，比適被柔然擊敗[36]。

　　高車與柔然經六十多年的混戰，雙方都受到了極大的消耗，這給在高車旁邊，原是柔然鐵工的突厥人創造了擺脫柔然人控制，從中崛起的絕佳機會。突厥人（圖 173）以牲畜、手工業與鐵器產品同西域各國貿易，並派遣使者到西魏塞上買繒絮，西魏承相宇文泰也回應了突厥人「願通中國」的願望，於大統 11 年（545 AD）派使者前往突厥；到了第二年，突厥酋長土門又派遣使者向西魏贈送方物[37]；自此，突厥與西魏之間的政治與經濟的聯繫加強了，這種發展對突厥部落的團結與實力的提升是有幫助的；面對這種新形勢，大而化之的高車人居然一無所悉，終於受到突厥的伏擊而滅國。

六、高車國何以未曾攻擊突厥？

　　高車國在新疆東部成立後，曾攻擊其南部的高昌國與鄯善國，並與強敵柔然作戰多次，唯獨不曾攻擊過突厥，其中的原因，據推測可能就在高車人

34　同上。

35　同上。

36　同上。

37　《周書》卷 50〈突厥傳〉。

需要從突厥人處購買金屬有關；高車人自己不會煉銅、煉鐵，必須仰賴他人供應。突厥人曾是柔然鐵工，長期自西域各城邦國購買金屬加工鍛造，西域出產的金屬已被突厥人壟斷；高車人如欲購買，必須假手突厥人；高車人對突厥人有了依賴關係，自然也就不便對突厥人展開攻擊了。最後可能在向突厥人購買金屬時，這些心直口快，口無遮攔的高車人透露了他們將向柔然攻擊的計畫，致使高車人受到包藏禍心突厥人的中途伏擊而亡國，從此成為突厥人的奴隸達 78 年。

　　至於當時突厥人鐵的來源應該就是今天新疆的庫車、疏勒、婼羌、龜茲等地；《漢書》卷 66〈西域傳〉載：婼羌「山有鐵」；山國（今和碩縣一帶）「出鐵」；龜茲（今庫車、拜城、新和、沙雅縣一帶）「能鑄冶，有鉛」；姑墨（今阿克蘇市、溫宿縣一帶）「出銅、鐵、雌黃」；莎車（今莎車縣一帶）「有鐵」，等等。今庫車縣北部提克買克、卡克馬克等處發現漢代銅礦遺址；遺址遍佈礦石和煉渣，出土有鼓風嘴、煉爐及碎礦用的石碾、馬槽等，當時冶煉仍使用木炭[38]。《北史》卷 97〈西域傳〉記載「（龜茲）又出細氈，燒銅、鐵、鉛。」「（疏勒）土多稻、粟、麻、麥、銅、鐵、錫、雌黃，每歲常供送於突厥。」北魏酈道元《水經注》卷一〈河水篇〉引東晉和尚釋道安（314-385 AD）《西域記》載「屈茨（龜茲）城北二百里有山，夜則火光，晝日但煙，人取山中石炭冶此山中鐵，恒充三十六國之用。」依此記載，此時的龜茲煉鐵已開始使用煤炭作燃料。由於用煤炭冶煉鐵時，煤炭中的硫會進入鐵中，導致煉製的鐵含硫；硫是一種對鐵有害的雜質，一般說來，含硫超過 0.5%，熔煉出來的鐵在 1,000 攝氏度以上進行鍛打的時候，會導致熱脆（開裂）；同時降低了鐵的抗拉強度、屈服強度、疲勞強度和耐腐蝕性，拿來鑄器具，就會變得很脆，不堪用力。在突厥人從黠戛斯處獲得鐵塊前，所有突厥人的鐵製武器均由來自新疆地區冶煉的鐵塊所鍛造，這也就是西魏的

38　〈新疆有色大事記——先秦時期至民國時期〉，《新疆有色金屬網》，2008 年 2 月 14 日，
　　www.xjysjs.com/Html/QiYe/QYJS/6908174

楊忠批評「突厥甲兵惡」[39]的原因所在了。西西伯利亞巴澤雷克墓群二號墓
出土一把刃口頂部缺失的短鐵刀（圖174），應該就是突厥人在為柔然鐵工期
間替柔然人打造的；該刀刀柄長12.5公分，而刀刃卻只有7.5公分；較短的
刀刃，應該是為了避免在鍛造時，發生開裂所做的調整；另外溫度也需控制
在 1,000 攝氏度以下。北宋時，中原地區亦開始使用煤炭煉鐵，鍛製的武器
亦出現刃部有鋸齒狀豁口的缺失（圖175）。

圖174　西西伯利亞巴澤雷克墓群二號墓出土刃口頂部缺失的短鐵刀，取自 Frozen tombs of Siberia: the Pazyryk Burials of Iron Age Horsemen, figure 101

圖175　宋代鐵刀，河北宋墓出土

第二節　隋帝國

　　《周書》卷19〈楊忠傳〉載「楊忠，弘農華陰人也；小名奴奴；高祖元
壽，魏初，為武川鎮司馬，因家于神武樹頹焉；祖烈，龍驤將軍、太原郡
守；父禎，以軍功除建遠將軍；屬魏末喪亂，避地中山，結義徒以討鮮于修
禮，遂死之；保定中，以忠勳，追贈柱國大將軍，少保、興城郡公。」《隋
書》卷一〈高祖上〉「高祖文皇帝姓楊氏，諱堅，弘農郡華陰人也。漢太尉
震八代孫鉉，仕燕為北平太守。鉉生元壽，後魏代為武川鎮司馬，子孫因家

39　《周書》卷50〈突厥傳〉。

焉。元壽生太原太守惠嘏（音古），嘏生平原太守烈，烈生寧遠將軍禎，禎
生忠，忠即皇考也。皇考從周太祖起義關西，賜姓普六茹氏，位至柱國、大
司空、隋國公。薨，贈太保，諡曰桓。」《新唐書》卷 71 下〈宰相世系表
下〉對隋室系譜的記載與《隋書》的記載不同，為：楊震－（十七世孫）楊
鉉－元壽－惠嘏－烈－禎－忠－堅。

　　楊震，弘農華陰人，生於東漢光武建武 30 年（54 AD），出仕前教學 20
年，課徒 3,000 餘眾，人稱「關西夫子」；在東漢中後期近 80 年中，楊震、
楊秉、楊賜、楊彪祖孫四代皆為宰相，人稱「四世三公」，弘農楊氏因此成
為當時首屈一指的名門望族；在重視門第的年代，自然會有寒門出身的楊姓
人家或胡人冒充弘農華陰楊氏。如楊隋為名門望族的弘農華陰楊氏，為何族
譜不明，而有《周書》、《隋書》與《新唐書》三種不同的記載？三種不同的
記載中，唯一沒有爭議的部份就是自楊元壽後世居武川鎮。如楊堅家族出自
弘農楊氏，那麼楊堅家族的名字就不應該與其遠祖多有重復，如楊堅的父親
楊忠與楊震的曾祖同名[40]，楊堅的兒子楊廣[41]和楊俊[42]分別與楊震的九世孫和
七世孫同名，同一族系裡屢犯祖先名諱的情況也很讓人生疑。有些學者認為
楊隋為胡人，但又說不出究竟是哪一族。現在筆者利用有限的文獻記載及前
人的研究成果來探索楊隋到底是漢人還是胡人？如為胡人，到底是哪一族？

　　陳寅恪根據楊忠聯婚之呂氏為山東寒族的低劣人家，認為當時婚娶重視
門第之風氣觀之，楊忠絕非天下第一等高門楊氏之後裔。陳寅恪也懷疑楊氏
先世出自武川之說，認為這是宇文泰為鞏固諸將六鎮團體之感情而附會其家
世與六鎮有關[43]。他從楊忠曾「年十八客遊泰山」，以及聯婚山東寒族呂氏推

40　《新唐書》卷 71〈宰相世系表下〉「胤生敧，字君平，丞相、安平敬侯。二子：忠、懌。」

41　《晉書》卷 84〈楊佺期傳〉「佺期沈勇果勁，而兄廣及弟思平等皆強獷粗暴。」

42　《世說新語箋疏》中卷下〈賞譽第八〉「八王故事曰：『楊准有六子：喬、髦、朗、琳、俊、仲，皆得
　　美名。』」

43　王永興〈楊隋氏族問題述要——學習陳寅恪先生史學的一些體會〉，《季羨林教授八十華誕紀念論文
　　集》上卷，江西人民出版社，南昌，1991，頁 356-372。

論楊忠可能是山東或鄰近地區的寒族。陳寅恪從聯婚對象判斷楊忠絕非天下第一等高門弘農楊氏之後裔，相當有說服力，蓋當時盛行身分內婚制時代，楊忠若出身弘農華陰名門，絕不會與出身山東寒族的呂氏聯婚，以免「失類」[44]，讓人瞧不起。至於陳寅恪否認隋室與武川鎮之關係，認為這是附會的，則大有疑問；據《周書》〈楊忠傳〉載楊忠於北周保定三年（564 AD），率軍聯合突厥伐北齊時，曾「出武川，過故宅，祭先人，饗將士，席捲二十餘鎮；」「過故宅」，可證《周書》〈楊忠傳〉「高祖元壽，魏初，為武川鎮司馬，因家于神武樹頹焉。」及《隋書》〈高祖上〉「元壽，後魏代為武川鎮司馬，子孫因家焉。」「祭先人」則說明必有先人的墓地在武川；又《隋書》卷 43〈楊處鋼傳〉「高祖族父也。生長北邊，少習騎射。」所謂「北邊」，應即指武川鎮，此亦可視為楊氏曾居武川的旁證。因此楊忠家族自楊元壽以後世居武川應是事實，至於楊元壽以前世系則不可考，所謂的弘農華陰楊氏之後，或山東寒族之後都是沒有根據的猜測之詞。

北魏時期的武川鎮，乃是北魏為防範柔然的入侵，所設的邊防要塞之一，該地是鮮卑族將士與一些遊牧民族雜居之地。由於楊忠曾被賜姓普六如氏，族弟楊紹曾被賜姓叱呂引氏，故楊氏應非鮮卑族，因如其是鮮卑族，就不用再賜鮮卑姓氏，且賜了二個不同的鮮卑姓氏。又據《隋書》卷 43 的記載，楊堅不但有族父楊處鋼、族弟楊子崇，還有族子楊雄（父楊紹），宗女安義公主、義成公主，可見楊氏在武川鎮係聚族而居，故其也非柔然人，因被安置在武川鎮的柔然人的部落組織已被打散。另據《周書》卷 19〈楊忠傳〉載，西元 564 年楊忠率軍出沃野（今內蒙古、五原）時，因糧食缺乏，楊忠用計謀而不是利用他與稽胡同族之誼，迫使當地的稽胡諸首領自動饋輸糧草[45]，可見楊忠也不是稽胡。

---

44 世家子弟一旦與非世族高門人家（哪怕這一家非常富裕）的女兒結婚，就是婚姻的「失類」；而充當低級別軍職或其他雜牌小官，則是出仕的「失類」。

45 《周書》卷 19〈楊忠傳〉「是歲，大軍又東伐，晉公護出洛陽，令忠出沃野以應接突厥。時軍糧既少，諸將憂之，而計無所出。忠曰：『當權以濟事耳。』乃招誘稽胡諸首領，咸令在坐。使王傑盛軍

　　楊忠既不是漢人，又不是鮮卑人或柔然人，
也不是稽胡，唯一的可能性就剩高車人了；又從
其及其孫楊秀的相貌觀察，《周書》卷 19〈楊
忠傳〉載「忠美髭髯，身長七尺八寸（隋一尺，
前期 29.6 公分，後期 23.5 公分），狀貌瑰偉，武
藝絕倫，」《隋書》卷 45〈文四子〉載「秀有
膽氣，容貌瑰偉，美須髯，多武藝。」「美髭
髯」或「美須髯」，可見他們祖孫有西方人的絡
腮鬍，東方人大多有鬚無髯，髭也不多，如《晉
書》卷 101〈劉元海載記〉載「姿儀魁偉，身長
八尺四寸（如以秦一尺 23.1 公分計，約 194 公

圖 176　「貌異世人」的楊堅
畫像，內蒙古晨報，
有可能是南陳副使袁
彥於 583 AD 的作品，
楊堅時年 42 歲

分），須長三尺餘，」而無「髭髯」的描述；又如《晉書》卷 101〈劉曜載
記〉載「須髯不過百餘根」；故楊忠家族應該是西元 399 年被俘自外蒙古或於
西元 429 年來自外貝加爾地區，被安置在武川鎮的高車人；從楊忠擅長的武
器是弓箭[46]，及到了與漢人混血後的第二代楊堅，雖然「貌異世人」[47]（圖
176），卻可冒充漢人，可見他們應該是黑髮藍瞳的斯基泰族而不是黃髮綠瞳
的敕勒族，隋煬帝墓出現頭戴尖帽的雙人首蛇身俑[48]（圖 177）與頭戴斯基泰
式護耳尖盔騎士自然也就不令人意外了。楊元壽是楊忠家族來到武川鎮的第
一代，他的武川司馬、楊惠嘏的太原太守、楊烈的平原郡守（或太原郡
守）、楊禎的建遠將軍也是楊家自己封的，自然也就無從查證。至於楊忠曾

　　容，鳴鼓而至。忠陽怪而問之。傑曰：『大塚宰已平洛陽，天子閩銀、夏之間生胡擾動，故使傑就公討
　　之。』又令突厥使者馳至而告曰：『可汗更入并州，留兵馬十餘萬在長城下，故遣問公，若有稽胡不
　　服，欲來共公破之。』坐者皆懾，忠慰喻而遣之。於是諸胡相率歸命，饋輸填積。」

46　《周書》卷 19〈楊忠傳〉「忠與洛兒、長生乘城而入，彎弓大呼，纂兵衛百餘人莫之敢禦，斬纂以
　　徇，城中懾服。」

47　《隋書》卷 1〈帝紀：高祖上〉「陳主知上之貌異世人，使彥畫像持去。」

48　戴尖帽雙人首蛇身俑多見於隋代斯基泰族墓。

「年十八客遊泰山」，則應該是楊忠與他的
父親參加六鎮暴動（第一階段）失敗後，於
西元 525 年 7 月被安置在中山（今河北、定
州市）就食；但當地連年災荒，謀生不易，
楊忠於是隻身前往山東找飯吃，在山東與一
呂姓漢人女子結婚，山東呂家可能是楊忠流
落山東時的恩人。西元 527 年一月南梁將軍
彭群、王辯，趁北魏內亂，進攻琅邪（今山
東、臨沂市）後，楊忠參加南梁軍隊以混碗

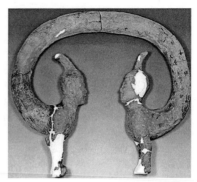

圖 177　頭戴尖帽雙人首蛇身俑，
揚州隋煬帝墓出土

飯吃；西元 527 年七月南梁軍隊被北魏擊敗[49]，楊忠隨著敗兵來到南梁，而
不應是《周書》〈楊忠傳〉所說的「會梁兵攻郡，陷之，遂被執至江左。」
西元 528 年十月，奉命跟隨南梁、東宮直閣將軍陳慶之護送北魏北海王元顥
北返，西元 529 年五月進入洛陽；西元 529 年六月陳慶之被北魏爾朱榮擊
敗，楊忠投降了爾朱氏，成為爾朱榮堂弟爾朱度律的帳下統軍。西元 530 年
九月爾朱榮被北魏敬宗誅殺，西元 530 年十二月楊忠隨爾朱兆從并州進軍洛
陽，立有戰功，被封為昌縣伯。之後，楊忠跟隨獨孤信平定了梁國的南陽，
開始了較長時間作為獨孤信下屬的日子。西元 534 年七月，魏孝武帝和承相
高歡鬧翻，向西逃亡，到了宇文泰的關中，元魏分裂成東、西魏，楊忠於是
隨獨孤信投靠了孝武帝，被封為安西將軍，進爵為昌縣侯，作了西魏之臣。
西元 534 年閏十二月跟從獨孤信平定了東魏的穰城等荊州區域；過了半年，
受到東魏高敖曹、侯景大軍攻擊，西魏軍勢孤力單，楊忠隨獨孤信投降了南
梁。因為他曾在南梁軍隊服務過，又武藝超群，「梁武帝深奇之，以為文德
主帥、關外侯，[50]」顯然是想爭取他能再度為南梁效力；但是到了西魏大統

49　《隋書》卷 1〈帝紀：高祖上〉「陳主知上之貌異世人，使彥畫像持去。」

50　《周書》卷 19〈楊忠傳〉。

三年七月（537 AD），楊忠還是隨「事君無二」的獨孤信回歸了西魏[51]。至於《周書》卷 19〈楊忠傳〉說楊忠「在梁五年」，應該是他前後二次在南梁時間的總合，《周書》的編寫者誤解為楊忠第一次停留在南梁的時間。至於《隋書》卷 36〈后妃傳〉中暗示楊廣弒父一節，因其文中未交代具體的發生時間與秘聞來源，與同書卷 2、卷 78 中記載的有關楊堅臨終前的情節不相容[52]，諒係不實醜化。

第三節　唐帝國

　　李虎（李世民曾祖父），代北武川（今內蒙古、武川縣）人，是西魏八柱國（事實上只要六柱國）[53]之一，並曾做過三公之一的太尉，開國功臣之一，地位崇高；但唐朝時編寫的《周書》、《北史》中，有另外七柱國的傳記竟無〈李虎傳〉；而房彥謙官微職卑，位不過州司馬、縣令，一生又無重大事蹟可記，只因為他是唐太宗時的宰相房玄齡的父親，便破格在《隋書》中替其立傳（卷 66〈房彥謙傳〉），這不是很奇怪的事嗎？唯一記載李虎事跡的是寫於北宋真宗時的《冊府元龜》，但《冊府元龜》中關於李虎的記載，與正史比對後，有些誇大不實之處；如討平元顥一事，依《魏書》卷十〈孝莊紀〉載，是被「都督爾朱兆、賀拔勝從硤石（今河南、孟津西）夜濟，破顥子冠受及安豐王延明軍，元顥敗走」的；而《冊府元龜》卻說成是「元顥之入雒也，從（賀拔）岳擊平之」，有張冠李戴之嫌；又如討曹泥一事，《冊府元龜》載「遇靈州刺史曹泥擁兵作亂，太祖（李虎）率兵擊之；時有破野頭

51　《周書》卷 16〈獨孤信傳〉。

52　七月，甲辰（10 號），上疾甚，臥與百僚辭訣，並握手歔，命太子敕章仇太翼，丁未（13 號），崩於大寶殿。

53　八柱國中，宇文泰實為全軍統帥，魏宗室元欣僅掛虛名，實際分統府兵的只有六柱國。

賊屯聚塞下，太祖遣使諭之，皆來降服；遂徵其眾，並力攻泥，四旬而克，
靈州平；」而《周書》卷一〈文帝紀〉的記載為「（宇文泰）遣儀同（即儀
同三司）李虎與李弼、趙貴等討曹泥於靈州，虎引河灌之；明年，泥降，遷
其豪帥於咸陽。」同書卷 16〈趙貴傳〉的記載，討曹泥的主帥為趙貴[54]，
《冊府元龜》的記載有誇大李虎功勞之嫌。不過，可以確定的是李虎是追隨
賀拔岳出征關中（今陝西）破萬俟醜奴之亂後，受到同族前輩、大都督賀拔
岳的賞識，而深受重用；後賀拔岳被封為都督雍、華等二十州諸軍事、雍州
刺史，李虎也就水漲船高，被提拔為左廂大都督[55]。賀拔岳遇刺後，他試圖
擁立賀拔勝不成後，再追隨宇文泰。

　　《舊唐書》、《新唐書》所記載的李虎曾祖李重耳、祖李熙、父李天錫事
跡均不可考[56]。《新唐書》卷 70 上、〈表第十上〉、〈宗室世系上〉等記載，李
淵祖父李虎有兄名「起頭」，有弟名「乞豆」，李起頭之子名「達摩」[57]。玄
武門之變後李世民跪吮李淵的乳頭為胡俗，可證李氏當非漢族。唐朝劉餗
《隋唐嘉話》載，單雄信曾呼李世民之弟李元吉為「胡兒」[58]，李元吉小字
亦叫「三胡」[59]；《舊唐書》卷 64〈高祖二十二子〉中也說，李淵曾孫滕王李
涉「狀貌類胡而豐碩」；有考古學者推測，根據貞觀 15 年（641 AD）〈步輦
圖〉留下來唐太宗李世民的最早畫像（圖 178）顯示，「此人身姿豐偉，兩頰
和下巴的鬍鬚捲曲，[60]」長臉，鼻樑高長，一代英主，有著胡血統。北朝至

54　《周書》卷 16〈趙貴傳〉「時曹泥據靈州拒守，以貴為大都督，與李弼等率眾討之。」

55　王欽若等編《冊府元龜》卷 1「虎，少倜儻有大志，好讀書而不存章句，尤善射，輕財重義，雅尚名
　　節，深為太保賀拔嶽所重，元顥之入雒也。從岳擊平之，以功封晉壽縣開國子，食邑三百戶，拜寧朔將
　　軍屯騎校尉，復與岳破萬俟醜奴，留鎮隴西，累遷東雍州刺史尋轉衛將軍，賀拔岳既鎮隴右，以太祖為
　　左相大都督，委以內外軍事。」

56　陳寅恪〈李唐氏族之推測〉，《中央研究院歷史語言研究所集刊》，第三冊，1971 再版，頁 39-48。

57　《新唐書》卷 70 上〈表第十上〉。

58　唐，劉餗《隋唐嘉話》卷一。

59　《新唐書》卷 92〈高祖諸子〉。

60　〈胡人血統的唐太宗〉，http://sports.eastday.com

隋、唐的少數民族中，最胡像就是高車，其餘鮮卑、烏桓、匈奴、丁零均係
蒙古人種，跟漢人區別不大，自然也就不具（大）胡像。依上分析，唐太宗
李世民的父系祖先有可能是高加索系的高車人；唐高祖李淵的母親是獨孤
氏，和楊堅的皇后是姊妹；李淵妻竇氏是竇毅之女，是鮮卑人，而竇毅妻宇
文氏系出鮮卑宇文部；李世民的母系是蒙古系的遊牧民族。唐代大量重用外
族和外國人作為軍事將領；唐太宗說「夷狄亦人耳，其情與中夏不殊。[61]」
「自古皆貴中華，賤夷狄，朕獨愛之如一，故其種落畢依朕如父母。[62]」

圖 178A　北京故宮西元　　圖 178B　唐太宗四十二歲
　　　　　1963 年修補後　　　　　　　時畫像（唐、閻
　　　　　的唐太宗畫像　　　　　　　　立本作）

　　從西晉到北魏，是中華民族空前融合的階段。這期間各個民族之間相互
鬥爭，相互交流，不同的文化被融合在了一起。這些新的文化，給中原的漢
族文化帶來了新鮮血液，今天我們仍然能看到那次文化融合的影子。尤其
是，當時的婚姻中大量出現了各個不同民族之間的通婚，不僅民間非常頻
繁，而且皇室內部、達官貴人中不同民族之間也經常通婚。

　　門閥制度，大體萌芽于東漢後期，初步形成於曹魏、西晉，確立、鼎盛

61　《資治通鑑》卷 197「貞觀十八年 12 月」。

62　《資治通鑑》卷 198「貞觀二十一年 5 月」。

於東晉及南北朝；它不但是當時的政治制度，也是社會制度[63]。李唐統治者為了提高其門第，神化其統治，乃利用道教所奉的教主老子姓李，唐皇室也姓李的關係，自武德三年（620 AD）起即尊為始祖，宣稱自己為「神仙苗裔」；這樣，既可借神權提高皇朝地位，又可借此宣稱李氏取代隋朝為「奉天承運」[64]。李虎出身關隴集團，且曾被封為隴西郡開國公[65]，李淵又自稱隴西李氏之後，將隴西李氏當作近祖，也是為了提高其門第，以期獲得門閥士族的支持與尊敬。

　　貞觀 13 年（639 AD）發生了「法琳事件」，有道士說和尚法琳所著的《辯正論》，訕謗皇帝的祖宗——老子，有謗上之罪；太宗聞悉大怒，下詔逮捕加以推問；到十月27日遣刑部尚書劉德威、禮部侍郎令狐德棻、侍御史韋悰、司空毛明素等推問，法琳辭氣不屈；至 11 月 15 日劉德威等以推檢狀況奏聞，太宗於是親自審問；審問時法琳說唐太宗不是隴西李氏之後，而是「北代神君達闍（音都）達」[66]之後；換言之，即是說李唐本姓「達闍達」。當唐太宗發現民間對他們李家是胡人一事，早有流傳，連本來的胡姓都知道；為免「流言」繼續在長安流傳，於是以「法琳雖毀謗宗祖，非無典據，特可赦其極犯，徙在益都（今四川、成都）為僧」；法琳於次年七月病死在赴成都的路途中，時年 68 歲。

　　為徹底根除「流言」計，唐太宗於貞觀 20 年（646 AD）下詔重修《晉書》；他重修《晉書》的目的可能就是為了他們李唐家族創造出具體的漢人譜系，而不再是籠統的老子或隴西李氏之後。現在的《晉書》是以原南齊人

63　白壽彝總主編《中國通史》修訂本，第五卷，第三章〈門閥制度〉，上海人民出版社（2004），http://www.esgweb/htm/zgts_b/1037999.htm

64　〈隋唐五代北宋道教〉《老子文化網》，http://www.laozi.net/html/daojiawenhua/2009-03-01/1235896461.html

65　《周書》卷16〈趙貴、獨孤信、侯莫陳崇傳〉。

66　釋彥悰《法琳別傳》卷下載：「竊以拓拔元魏，北代神君達闍達系陰山，貴種；經云：以金易鈺石，以絹易縷褐，如舍寶女與婢交通，陛下即其人也，棄北代而認隴西，陛下即其事也。」

臧榮緒所寫的「晉書」為藍本，再加上十六國所撰史籍，由房玄齡監修，從貞觀 20 年開始編撰，至貞觀 22 年編成。《晉書》卷 87〈涼武昭王傳〉所載「士業（涼武昭王子）子重耳，脫身奔于江左，仕于宋，後歸魏，為恆農太守」一節，應該是應上官儀[67]的要求而加上的記載；他們以為如此一來，李唐的父系胡人身分就可以被遮掩的天衣無縫了；但是謊言，終究是經不起檢驗的。編寫於新編《晉書》之前的《魏書》卷 99〈私署涼王李暠〉，及《十六國春秋纂錄》〈西涼錄〉中，均無《晉書》卷 87〈涼武昭王傳〉所載「士業子重耳，脫身奔于江左，仕于宋，後歸魏，為恆農太守」這段記載。西元 420 年西涼後主李歆於蓼泉（今甘肅臨澤縣蓼泉鎮）兵敗被殺後，北涼軍隊進占西涼都城酒泉時，北涼王沮渠蒙遜「禁侵掠」，「百姓安堵如故，軍無私焉。[68]」如果重耳是士業之子的話，他會跟他的祖母西涼太后尹氏及姑母等一起被俘至北涼的都城姑臧（今武威市民勤縣），然後再隨尹氏於西元 437 年趁機逃往伊吾（今新疆哈密），與已於西元 421 年由姑臧逃至該地的堂兄弟李寶會合；西涼位在北涼的西方，北涼東方還有西秦、赫連夏，重耳要逃出重圍向東逃往南宋的機會不大。涼武昭王李暠（音稿）曾先後委託門客及和尚法泉向東晉奉表稱臣，至士業時始被封為持節、都督七郡諸軍事、鎮西大將軍、護羌校尉、酒泉公。劉裕簒東晉後，士業並未向南宋奉表稱臣，故即使重耳逃到南宋，南宋也不太可能給一位身分不明的十幾歲的難民做官；史學大師陳寅恪的研究也證實了李重耳絕無可為宋汝南太守之餘地[69]。如果重耳後來又由南宋轉而投效北魏的話，在重視門第出身的北魏，隴西李氏是名門貴族，他又是西涼後主李歆（士業）的世子，他的祖父、父親均曾向北魏「遣使朝貢」，「歲修職貢」[70]，他會比他的堂兄弟李寶更受到重視與重用；

67　《舊唐書》卷 80〈上官儀傳〉。

68　《晉書》卷 129〈北涼沮渠蒙遜載記〉。

69　陳寅恪《唐代政治史述論稿》，中央研究院歷史語言研究所專刊，1944，頁 4。

70　《魏書》卷 99〈私署涼王李暠〉。

李寶於北魏太武帝太平真君五年（444 AD）入朝，拜外部大官，轉鎮南將軍、并州刺史、內部大官、鎮北將軍；如果重耳曾經投效過北魏的話，他的官位應該比李寶還要顯赫；如果重耳曾與李寶或其侄子李沖曾在北魏同朝為官的話，他們也不可能沒有機會重逢相聚；當李沖在北魏朝中做中書令、南部尚書等高官時，他對宗親、姻親及涼州同鄉的照顧、提拔是相當盡力的，「近自姻族，逮于鄉閭，莫不分及；虛己接物，垂念羈寒，衰舊淪屈由之躋敘者，亦以多矣。[71]」「涼州土人悉免廝役，豐沛舊門仍防邊戍，自非得罪當世，莫肯與之為伍。[72]」如果李熙是李沖的堂兄弟的話，他跟他的子、孫不可能不受到李沖的提拔而流落到當時人「莫肯與之為伍」的邊塞武川鎮去的。在北魏孝文帝實施門閥制度後，據《新唐書》卷 95〈高儉傳〉載「魏太和中定四海望族，以隴西李寶等為冠，」李熙一族，留家武川，則顯非隴西李氏。西涼亡後，沮渠蒙遜為其世子沮渠牧犍，娶尹氏之女為妻，沮渠氏對李暠的家族成員是不可能不清楚的；西元 437 年沮渠牧犍再娶北魏武威公主後，尹氏及其女（沮渠牧犍妻）由姑臧遷居酒泉，當時鎮守酒泉的沮渠無諱（沮渠牧犍之弟）曾多次對尹氏說：「后諸孫在伊吾，后能去不？[73]」可見西涼李氏子孫均在伊吾，無人逃往南宋，李重耳的事跡是李唐在貞觀 22 年時虛構出來的；史學大師陳寅恪亦認為李重耳南奔之說似為後人所偽造[74]。至於李唐為何要偽造李重耳曾為恆農太守（即弘農太守，因避北魏顯祖諱，改弘為恆，音常）而不是其它地方的太守，應該是為了要遷就李重耳的廟號──宏農府君；宏農府君的廟號在貞觀九年即已確定[75]，重修晉書時已無法更改，只得試圖用諧音字來欺人耳目；正由於李重耳的廟號是宏農府君而不是

71　《魏書》卷 53〈李沖傳〉。

72　《魏書》卷 18〈廣陽王深傳〉。

73　《魏書》卷 99〈烈女傳〉。

74　〈李唐氏族之推測〉，《中央研究院歷史語言研究所集刊》，第三冊，1971 再版，頁 45-46。

75　《唐會要》卷 12〈廟制度〉。

弘農府君，反而證實了李重耳不曾做過弘農太守，如曾做過弘農太守，他的廟號就不會是與他官職毫無關聯的宏農府君了；廟號宏農府君難道是因為李重耳到武川鎮後曾經務過農？

　　法琳說李唐本姓「達闍達」的「典據」，可能就是來自已失傳的隋代魏澹編寫的《魏書》；魏澹《魏書》的記載範圍，上「自（北魏）道武（386 AD）下及（西魏）恭帝（556 AD）」[76]，以西魏為正統；李虎卒於西魏文帝大統 17 年（551 AD）[77]，故魏澹《魏書》的記載中不可能沒有〈李虎傳〉；但令人有興趣的是李唐當時對魏澹《魏書》中有關李虎的記載是如何處置的？可以確定的是至少〈李虎傳〉在唐初即已被刪除。唐高宗鼓勵李延壽以私人名義編寫《北史》，《北史》的記載範圍，上起北魏登國元年（386 AD），下迄隋義寧二年（618 AD），在當時已有魏收《魏書》、魏澹《魏書》、《北齊書》、《周書》、《隋書》的情況下，實無必要再多一本《北史》存在的必要，但唐高宗卻仍鼓勵李延壽編寫《北史》，並親自為其作序[78]，他的目的就是想要以《北史》來取代魏澹《魏書》。李世民、李治父子篡改歷史的手法是細膩的，他們都是在原有史書的基礎上，將二本以上的史書編輯成為一本內容更加豐富的史書，在新書中加上他們偽造的史料或刪掉他們不希望別人知道的史實，以達到取代原有史書的目的；他們的目的也都基本上達成了，現在人已很少參閱殘缺不全的臧榮緒「晉書」，也不太知道魏澹《魏書》的曾經存在了。至於唐武德年間修前代史失敗的原因，應該與〈李虎傳〉的記載，令李唐皇室不悅有關；這位秉筆直書的史官，應該就是原定負責編寫周書的太史令庾儉，為恐因直筆賈禍，他乃於武德八（乙酉）年編個理由辭職，另薦太史丞傅奕自代[79]。

76　《隋書》卷58〈魏澹傳〉。

77　《資治通鑑》卷164「大寶二年五月」。

78　《唐會要》卷63〈史館上：修前代史〉。

79　念常《佛祖歷代通載》卷12。

　　天寶元年（742 AD）殿中侍御史李彥允等自稱與當今皇帝「同承涼武昭王後，請甄敍者。」李隆基接到這篇奏摺後可說是啞巴吃黃連，只得認了這門乾親，於當年 7 月 23 日下詔曰「源流實同，譜牒猶著，自今已後，涼武昭王孫寶已下，絳郡、姑臧、燉煌、武陽等四公子孫，並宜隸入宗正寺，編入屬籍。[80]」由此隴西李氏自然名正言順地成為李唐宗室。如果李寶確實是他們的至親的話，為何不在貞觀 12 年修的《氏族志》中將李唐家族列入李寶家族中，或貞觀 22 年（648 AD）重修《晉書》後去認親，而要等到西元 742 年，在被動的情況下始完成「認祖歸宗」？這應該與冒牌貨心虛的心態有關。

　　唐代的陵寢制度在唐太宗貞觀九年唐高祖死後始確定[81]，這時候需要修的祖陵再加上需為太宗預修的陵寢一共有六處之多，在人力、物力調配不易的情況下，李熙與李天賜之陵寢只得在原葬地附近就近尋地修建。大唐帝陵位於河北隆堯縣城正南六公里處的魏莊鎮王尹村北 200 米處，是唐高祖李淵追封的李淵第四代祖李熙之建初陵和三代祖李天賜之啟運陵，二陵共塋（音營，墳墓），合稱「大唐帝陵」，又名「唐祖陵」。「唐祖陵」於貞觀 20 年（646 AD）開始規畫，至高宗龍朔三年（663 AD）歷經 18 年修建而成。

　　「唐祖陵」在河北，為何李唐反而要自稱出自隴西李氏，這應該是經過縝密調查研究後的決定；其原因應該是冒充人丁單薄，已國破家亡的涼武昭王子孫較不易穿幫露出馬腳，而冒充人丁興旺的河北趙郡李氏則穿幫的風險太大。陳寅恪先生看到《新唐書》與《舊唐書》中關於李重耳與李熙的記載和《宋書》卷 77〈柳元景傳〉中關於李初古拔與李買得的記載相似，曾於〈李唐氏族之推測〉一文中猜測李重耳是李初古拔的偽托；以後在〈李唐氏族之推測後記〉及〈三論李唐氏族問題〉等二文，則改為若非趙郡李氏之「破落戶」，即是趙郡李氏之「假冒牌」；「蓋賀拔岳、宇文泰初入關之時，

80　《唐會要》卷 65〈宗正寺〉。

81　《唐會要》卷 20〈陵議〉。

其徒黨姓望猶係山東舊郡之名，迨其後東西分立之局既成，內外輕重之見轉甚，遂使昔日之遠附山東舊望者，皆一變而改稱關右名家矣。[82]」如李唐為趙郡李氏，為何在趙郡只有兩代祖先？如宇文泰要改西遷關隴漢人之山東舊望為關右名家，為何要封李弼為趙郡開國公，于謹為常山郡開國公，獨孤信為河內郡開國公，侯莫陳悅為彭城郡開國公[83]？趙郡、常山郡、河內郡、彭城郡都在山東；而且李弼、于謹、趙貴、獨孤信等的籍貫也沒有改為武川鎮，所以陳寅恪大師說李虎為配合宇文泰實施「關中本位政策」，於是便在別撰譜牒之時，便將自己的「山東郡望」改易為「關內郡望」，並「附會其家世與六鎮有關」[84]，應該都是沒有根據的猜測之詞。陳寅恪先生認為「有唐一代的官書，其記述皇室淵源，……，大部份屬後人諱飾誇誕之語，治史者自不應漫無辨別，遽爾全部信從也。」「故隋、唐皇室亦依舊自稱弘農楊震、隴西李暠之嫡裔，偽冒相傳，迄於今日，治史者竟無一不為其所欺，誠可歎也。[85]」但陳寅恪先生有關唐宗室氏族的著作又都是根據他所不願相信的唐代官書及依據唐代官書編寫的其他文獻，這是依賴傳統文獻治史者的困局，陳先生規避了一口唐代官書的陷阱，卻掉入另一口唐代官書的陷阱而不自知。事實上，李虎既不是隴西李氏，也不是趙郡李氏；他根本就不是漢人而是胡人；唐高宗顯慶四年（659 AD）下詔禁後魏李寶、趙郡李楷等七姓十家子孫自為婚姻[86]，自然也就不令人意外了。

李虎曾被賜姓大野氏，可見他不是鮮卑人或烏桓人，如為鮮卑人或烏桓人，就不用再賜鮮卑姓，只須延用舊姓或恢復原有的鮮卑姓即可，如于謹（原為勿忸于氏）、獨孤信、侯莫陳崇等。據《舊唐書》卷 60〈宗室〉載，

---

82 〈李唐氏族之推測後記〉，中央研究院歷史語言研究所集刊，第三冊，1971 再版，頁 514-515。

83 《周書》卷 16〈趙貴、獨孤信、侯莫陳崇傳〉。

84 陳寅恪《唐代政治史述論稿》，中央研究院歷史語言研究所專刊，1944，頁 12。

85 同上，頁 8、12。

86 《資治通鑑》卷 200「顯慶四年十月」。

李淵曾「以天下未定，廣封宗室，以威天下，皇從弟及姪年始孩童者數十人，皆封為郡王，」江夏王道宗是李淵「從父兄子」「淮陽王道玄從父弟」[87]，可見李唐在武川鎮是聚族而居，故李唐也不是柔然人；被俘的柔然人的部落組織已被北魏打散[88]，例如出身懷朔鎮的侯景，因其身邊沒有同姓族人的存在，耳朵前面又少鬢髮[89]，故他可能是柔然人，而不可能是高車人。稽胡的居住地在山西、陝西北部的山谷間；魏明帝孝昌元年（525 AD）稽胡劉蠡升，趁北魏發生六鎮動亂的機會在雲陽谷（今山西、朔州市右玉縣東）稱帝[90]，他的地盤也還是在長城以南的山西北部，故李唐也不可能是稽胡；唯一剩下的可能性就只有高車人了。李淵高祖李熙、曾祖李天賜應該是西元525 年七月，被北魏王朝安置在冀、定、瀛三州（治今河北冀州、定州、河間）就食（自謀生活）的六鎮投降叛軍或居民之一；二陵共塋的原因可能是遺骨只有一具，二人後來參加了六鎮暴動（第二階段），其中一人像宇文泰的父親宇文肱一樣「歿於陣」，屍骨找不到了。唐太宗、唐高宗修祖陵，為何不修宏農府君李重耳之陵寢？這是李唐編造李重耳事跡後，一個無法解釋得清楚的破綻；其中的原因應該是宏農府君的墳還在武川鎮，李唐當然是不會為了到替宏農府君修墳而冒謊言被揭穿的風險，將李重耳敬稱為宏農府君而不追封為皇帝的目的也在此；如李重耳的事跡為真，他比做到金門鎮將的兒子李熙與做到幢（音床）主[91]（統五百人的武官）的孫子李天賜更有資格被追封為皇帝。至於「大唐帝陵」二陵共塋的另一可能原因，則是李熙之墳也在武川鎮。

　　由上面的分析，我們終於知道了《周書》、《北史》為何不替李虎作傳的

87　《舊唐書》卷60〈宗室〉。

88　《魏書》卷103〈高車傳〉「太祖時，分散諸部，唯高車以類粗獷，不任使役，故得別為部落。」

89　《南史》卷80〈侯景傳〉「景長不滿七尺，長上短下，眉目疏秀，廣顙高顴，色赤少鬢。」

90　《周書》卷49〈稽胡傳〉。

91　《舊唐書》卷1〈高祖本紀〉。

真正原因了；因為一作傳，他的胡人身分便無法隱藏了；而且他可能跟宇文
泰一樣，在六鎮暴動徹底失敗後，都做過爾朱容的俘虜，靠賀拔岳的關說，
才能脫離俘虜的身分，隨賀拔岳一起出征；他可能跟斛律金一樣，都看不懂
漢字。李虎曾祖、祖、父的漢姓、漢名都是李淵發達後才補取的，當然也就
無法查證了。李虎的曾祖父李重耳應該是西元 429 年來自外貝加爾地區，被
北魏安置在武川鎮的高車人，他是他們李唐家族來到中國的一世祖，來到中
國時可能還是孩童，跟隨叔伯、寡母及兄弟姐妹們一同來到武川鎮；從李世
民弟元吉擅用馬槊[92]一節觀察，他們很可能是高車人中的敕勒族。魏收《魏
書》〈高車傳〉與魏澹《魏書》的失傳，應與李唐脫離不了關係。唐太宗的
長子承乾嚮往遊牧生活[93]，應是祖先遊牧民族血液的自然發酵。

第四節　武周帝國

　　一度被盜賣至美國的唐玄宗寵妃武惠妃（699-737 AD，諡號貞順皇后）
的廡殿式石槨，長約 3.99 米、高約 2.45 米、寬約 2.58 米，面闊三間，進深
兩間，紅門金釘，綠窗藍簷。採用減底浮雕、線刻、彩繪等技法，除刻畫出
豐滿宮女、花卉、生命樹、蝴蝶、飛禽、虎羊麋鹿走獸等精美圖畫外，還在
石槨正面窗戶下方刻了四面長方形淺浮雕圖案，每面都有一位高鼻捲髮深目
的西方勇士，牽拽著基於西亞古代藝術中的幻想動物（Fabulous creature）
——有的頭上豎有彎翹的長角及雄獅鬃毛（圖 179A），有的獅首虎身，身
上散佈著豹斑；另在側面石板上，還有一幅猛獸撲食大角羊浮雕（圖179B）

92　《舊唐書》卷68〈尉遲敬德傳〉「齊王元吉亦善馬槊」。

93　《新唐書》卷 80〈常山王承乾傳〉「使戶奴數十百人習音聲，學胡人椎髻，剪綵為舞衣，尋橦跳劍，
　　鼓鞞聲通晝夜不絕。造大銅爐、六熟鼎，招亡奴盜取人牛馬，親視烹燖，召所幸廝養共食之。又好突厥
　　言及所服，選貌類胡者，被以羊裘，辮髮，五人建一落，張氈舍，造五狼頭纛，分戰為陣，繫幡旗，設
　　穹廬自居，使諸部斂羊以烹，抽佩刀割肉相啖。承乾身作可汗死。使眾號哭剺面，奔馬環臨之。」

94。這件斯基泰藝術風格石刻淺浮雕出現在唐玄宗寵妃武惠妃的石槨上，它顯示：

圖 179A　武惠妃石槨正面斯基泰風格淺浮雕，取自《新華網》

圖 179B　武惠妃石槨側面斯基泰風格淺浮雕，取自《新華網》

　　1. 唐玄宗對他們家族的來歷是清楚的；杜甫〈哀王孫〉詩中所描述的「高帝子孫盡隆準」，應該是來自親身觀察。

94　〈唐朝皇后石槨發首次現源自希臘神話勇士〉，《新華網》，2010 年 9 月 11 日 11：34。

2. 武則天家族也可能帶高車血統（武惠妃係武則天侄孫女）。這可能也就是除武則天（圖 180）外，其餘中國太后只敢臨朝稱制而不敢稱帝的原因所在了。武則天的母親楊氏是隋王室觀德王楊雄之姪女，父楊達為隋高官，官至「工部尚書，加位上開府。」

圖 180　四川省廣安市皇澤寺佛像

第五節　黃頭室韋、女真與黃頭靺鞨

一、黃頭室韋與黃頭女真

在今吉林省有一批在唐代被稱之為黃頭室韋，在宋代被稱之為黃頭女真的高加索人種部落，因年代湮遠，已無人知道他們的身世了。據南宋洪皓（1088-1155 AD）著《松漠紀聞》載「黃頭女真者皆山居，號合蘇館女真；其人戇樸勇鷙，不能別死生，金人每出戰，皆被以重箚（甲），令前驅，謂之硬軍；後役之益苛，廩給既少，遇攄掠所得復奪之，不勝忿，天會 11 年（1133 AD）遂叛；興師討之，但守遇山下，不敢登其巢穴；經二年，出鬭而敗，復降，疑即黃頭室韋也。金國謂之黃頭生女真，髭髮皆黃，目精多綠亦黃（瞳孔綠中帶黃）而白多，因避契丹（興宗宗真）諱，遂稱黃頭女直。」

從他們的黃髮綠眼的外貌及重裝甲騎兵的作戰裝備觀察，他們很可能就是西元四世紀中葉來到東方的敕勒人後代。黃頭室韋一詞首見於唐德宗貞元 17 年（801 AD）成書的杜佑《通典》卷二百〈邊防十六〉，《通典》以前文獻中的〈室韋傳〉中沒有室韋部落中有黃頭室韋部的記載，故他們不像是西元四世紀中葉即定居於今吉林省的敕勒部落，他們很可能就是西元八世紀初，由今黑龍江省鳳林古城遷來的原柔然部落中的黃頭敕勒部。

　　《舊唐書》卷 199 下〈室韋傳〉載「今室韋最西與回紇接界者，烏素固部落，當俱輪泊（今呼倫湖）之西南；次東有移塞沒部落；次東又有塞曷支部落，此部落有良馬，人戶亦多，居啜河（今霍林河）之南，其河彼俗謂之燕支河；次又有和解部落，次東又有烏羅護部落，又有那禮部落；……；東又有嶺西室韋，又東南至黃頭室韋，此部落兵強，人戶亦多，東北與達姤接。」《新唐書》卷 220〈東夷傳〉載「開元十一年，又有達末婁、達姤二部首領朝貢；達末婁自言北扶餘之裔，高麗滅其國，遺人度那河，因居之，或曰他漏河，東北流入黑水。達姤，室韋種也，在那河（今嫩江）陰（南），凍末河（今飲馬河）之東，西接黃頭室韋，東北距達末婁云。」

　　依據上述文獻的記載，黃頭室韋的居住地就在今吉林省的西部，但是遺憾的是至今只在吉林省通榆縣發現一座與黃頭室韋有關的墓葬（由於遊牧民族一年四季的牧區都不相同，似乎應該將通榆縣南、內蒙古通遼地區的敕勒人墓葬視為黃頭室韋墓葬），「出土的金耳飾、陶壺和遼寧西岔溝出土的金絲、銀絲的穿紐環飾品和塗朱抹光長頸紅陶壺一樣，其他如銅鈴、銅飾件和珠飾也頗為相近。[95]」

　　西元 1989 至 1993 年及 1997 年，吉林省文物考古研究所在吉林市東郊的帽兒山、南山、西山、龍潭山等松花江東岸的多處山坡上總數在七八千座以上的墓葬中，發掘了 160 餘座古墓及幾處文化面貌相同的遺址；發掘的墓葬種類繁多，主要有土坑無葬具墓、淺穴土坑木棺墓、深穴土坑木棺墓和深穴土坑石壙木棺墓等；出土文物一千餘件，有陶盆、陶罐、陶壺、陶紡輪等，銅器有銅錘、銅鏡、銅鑣、銅泡飾、銅腕飾、人頭形車轄飾、銅鍑（圖 181）等；鐵器有鐵鏵、鐵刀、鐵斧、鐵剪、鐵矛、鐵劍、鐵鏃、鐵馬

圖 181　銅鍑，帽兒山出土，取自《田野考古集粹》頁 46 圖 5

95　吉林省文物考古研究所編《榆樹老河深》，文物出版社，1987 年 4 月（北京），頁 63-64。

銜、鐵馬鑣等；金銀器有動物形金牌飾、金管飾、金片飾、金泡飾、金蝶飾、銀耳飾、銀指環，還有玉石珠、瑪瑙珠、漆器、木器、絹帛、絲織品殘片等。1993 年在 18 號墓中出土了一副馬鐙，用銅片夾裹木芯，以鉚釘綴合加固。

從出土發掘情況看，絕大多數墓葬早年被盜；從隨葬品看，多數墓葬只有一、二件武器或一、二件生產工具，甚至沒有隨葬品，只有極少數出土了金銀器、絲織品等。吉林省文物考古研究所認為帽兒山墓群中許多典型器物與已確認的古夫餘遺存——榆樹老河深中層墓地——基本一致，故其中大部份墓葬應為夫餘文化的範疇[96]。

與吉林省文物考古研究所的見解不同，筆者認為不但帽兒山墓群與夫餘人無關，就是榆樹老河深中層墓地也不屬於夫餘文化的範疇，理由如下：

1. 據劉熙《釋名》卷二篇十三〈釋兵〉載「貊（夫餘屬貊族之一）炙全體（即將整隻動物放在火上烤），各以刀割之，」而不是放在銅鍑裏煮。

2. 據《後漢書》與《三國志》〈夫餘傳〉載「以弓矢刀矛為兵」，而無鐵戰斧或尖嘴斧。

3. 《三國志》〈夫餘傳〉載「以金銀飾帽」，而無銀耳飾和銀指環。

4. 據《後漢書》與《三國志》〈夫餘傳〉載「有槨無棺」；土坑無葬具墓、淺穴土坑木棺墓、深穴土坑木棺墓和深穴土坑石壙木棺墓等的發現，證明帽兒山墓群與夫餘人無關。

5. 如帽兒山墓群為古夫餘遺存，為何在今黑龍江省呼蘭河流域一帶北扶餘後裔所建立的達末婁國境內未發現相似的墓葬與文物？

從目前發現的西團山文化的分佈範圍與出土文物觀察，它們與《後漢書》卷 115 與《三國志》卷 30〈夫餘傳〉的記載大致相符，只是文字表述的方式不同而已。《後漢書》〈夫餘傳〉記載的夫餘文化特徵如下，其中當有夫餘使節的外交詞令：

---

96 劉景文〈帽兒山墓群〉，《田野考古集粹》，文物出版社 2008，頁 45。

1. 「土宜五穀」,「以六畜名官」,「豬牢」,「馬蘭（欄）」;

2. 「食飲用俎豆」,「貊炙全體」(《釋名》);

3. 「有宮室、倉庫、牢獄」;

4. 「有槨無棺」;

5. 「以弓矢刀矛為兵」。

考古發掘的西團山文化的特徵為：

1. 經濟形態以農業為主，小米和黃米為主食；兼營畜牧（以養豬為主）、漁獵和採集；

2. 食物用陶製的炊具蒸煮或直接燒烤；

3. 居址多選擇在沿河高地，平地的居址年代稍晚，房屋多為方形或長方形半地穴式，也有用自然石塊壘砌住屋的；[97]

4. 「槨」是用天然大塊石板砌成或用塊石壘成，有長方形、長方形帶耳室和近方形三種，均埋在山坡地表以下，地面不見封堆[98]；

5. 出土的武器有磨製的石鏃、骨鏃、石刀；青銅矛、短劍和鏃。

依據上述比較，可知西團山文化才是真正的夫餘文化。原夫餘人居住之地的今吉林省東南部東遼河與松花江上游的長春、吉林地區，一直未有煉鐵遺址的發現，墓葬中亦未見有鐵器的出土，這說明還未進入鐵器時代。作戰用的青銅矛、短劍和鏃發現的不多，主要的作戰武器可能還是石製，這說明也不會開礦煉銅；除砂金外，銅、錫等金屬係外購，大多用於製作青銅小刀、錐、錛、鑿等生產工具；武器的落後可能是夫餘國頻頻遭受鄰國侵略，最後被滅亡的重要原因。原夫餘人居住之地未見有王陵的發現，可能是已被當年的侵略者破壞，以便盜寶。關於在粟末河（今第二松花江）以北，原粟末靺鞨領域內今黑龍江省五常市小北山所發現的西團山文化遺址，可能是東夫餘於西元 410 年遭到高句麗國好大王（在位期間 391-412 AD）攻擊時，投靠粟

97　劉觀民〈西團山文化〉,《中國百科網》。

98　〈西團山遺址〉,吉林省文化廳, http://wht.jl.gov.cn/whzl/wwbl/200808/t20080819_434514.htm

末靺鞨的東夫餘人所留下的墓葬。

　　帽兒山墓群出土的銀耳飾是使用銀條製作的，頂端為一鼓形紅瑪瑙珠，末端一股銀條捶揲成葉狀，另一股彎曲成鉤，用於鉤耳眼（圖 182）；類似的耳飾在阿爾泰地區與米努辛斯克地區的敕勒人墓葬中均有發現[99]；男墓與女墓都有出土，每墓只有一枚。筆者認為從地理位置觀察，帽兒山墓群應該就是黃頭女真的墓葬；黃頭女真應該就是黃頭室韋的後代，他們由原吉林省西部遷至今吉林市東部的時間應在渤海國於西元926年被契丹滅亡前後。吉林省文物考古研究所認為帽兒山墓地與榆樹市老河深中

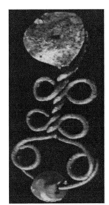

圖 182　銀耳飾，帽兒山出土，取自《田野考古集粹》頁 43 圖 8

層墓地基本相同，但二者在墓葬形制、出土遺物等級等方面反映出某些差異[100]，這些都是敕勒人不同部落間的正常現象。榆樹老河深中層墓地在棺木下葬時，多發現採行火燒儀式[101]；敕勒人下葬時的火燒儀式是個相當古老的習俗，在歐洲東部的薩馬拉-烏拉爾草原（Samara-Ural steppe）所發掘西元前六世紀的敕勒人墓葬中，可看到遭到火焚過的墳墓結構，遺骨上也殘留著火燒後遺留下來的木炭或灰燼[102]。

　　米努辛斯克地區與阿爾泰地區的出土銀耳飾所使用的銀應該都是敕勒人由歐洲帶來的，而不是當地自產的；據《新唐書》卷 217 下〈黠戛斯傳〉的記載，西元六至九至世紀間，在南西伯利亞地區黠戛斯人使用的金屬只有

99　吉謝列夫《南西伯利亞古代史》，中國社會科學院考古研究所圖書資料室譯，新疆人民出版社，1981 年出版，上冊頁 40。

100 吉林省文物考古研究所〈吉林省文物考古的世紀回顧與展望〉，《考古》2003 年第 8 期。

101〈老河深墓地〉《中國百科網》，http://www.chinabaike.com/article/316/334/2007/2007022471311.html

102 "In the Samara-Ural steppe, evidence of fire cult is verified by burned structure, remanants of fire, and skeltons covered with ash or charcoal," Vladimir V. Dvornichenko, *Nomads of the Eurasian Steppes in the Early Iron Age*, Chapter 7 "Sauromatian Culture," Zinat Press, Berkeley, CA. 1995, p. 105.

鐵、金（銅）與錫而已，並無黃金、白銀。

二、黃頭靺鞨

　　西元 1956 年在遼寧省西豐縣樂善鄉執中村西北一里餘的西岔溝的一座依山面河的小山崗上發現了古墓群；據當時的大陸考古學者初步考證，認為是屬於匈奴文化系統的古墓群。多年來，對於這一批屬於北方遊牧民族文化遺物的族屬問題，大陸學者進行了多方面的探討，有的認為應屬東胡的烏桓族，也有的認為是屬於穢貊的夫餘族；但大多數學者從出土的大批文物分析看，認為匈奴文化性質是相當濃厚的，因此將西岔溝古墓群命名為「匈奴-西岔溝文化」。

　　西豐西岔溝墓地所在的地理環境，是山區、平原和草地三者的交鄰地區，正是遊牧地帶和農耕地帶的連接點，它的西面是今日的內蒙古自治區，它的南面是今日的遼河平原。古墓群占地約 8,000 平方米，一排排，一列列成群的墓葬依著地形的起伏在崗頂、崗窪和東西兩崗梁上，形成一個很大的弧形分布面，據推算有墓葬 450-500 座左右。1956 年在這裡發掘了 63 座墓葬，出土了各類遺物 13,800 多件。古墓群的每個墓穴都是單人長方形土坑墓，一般長為 1.7 米，寬 80 釐米，距地面約 20-60 釐米左右；墓地方位一律都是坐西北向東南，死者皆頭向西北，單人仰身直肢葬[103]。墓地分中心墓區、東部墓區和西部墓區；中心墓區墓葬分佈最密，大量的兵器、馬具，豐富的裝飾品及質地較好的隨葬品主要出於此區。由於土質關係，人骨幾乎全部腐朽不存；保存下來的一些殘碎木片和席片，當是斂屍的葬具。墓內隨葬品的安放都有一定規律，矛、劍或刀，大多置於左側，下身或上身多出各式鏃，人首上方多出銜、鑣類馬具，陶器也橫列於此。從已出土的十三例人牙

---

103 孫守道〈「匈奴西岔溝文化」古墓群的發現〉一文認為西岔溝是仰身直肢葬；如為仰身直肢葬，則不可能墓長僅 1.7 米，兩者或有一處有誤。

上初步觀察，死者大部份都在青年或壯年時期，老年的極少。另外，在許多墓葬中，還有零星的馬牙，在東部墓區的崗尖上單獨出土了一個一字排列的馬頭骨，這顯然是殉馬風俗的遺留。綜觀整個墓群的隨葬品，其文化性質是相當統一的，時代也是緊相遞接的；墓群的形成大致經歷了大半個世紀，最多也不過是一個世紀之久[104]。從出土文物與墓葬儀式觀察，筆者認為這是一處敕勒人氏族部落的公共墓地，與匈奴文化無關。

全部出土文物可分為兵器、馬具、服飾、器皿、工具、漢式文物六部份。

兵器可分劍、刀、長矛、斧與箭鏃。共得劍、刀七十一把，以劍為主。劍身均為鐵製，劍把與劍首為銅製或木製。

銅製劍首有兩種，一種為橫觸角式，形似雙鳥回首（圖 183），它應該就是觸角式的一種新變化；這種橫觸角式銅柄鐵劍在吉林省北部亦有出土（圖 184）[105]。

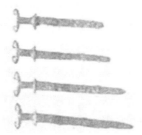

圖 183　橫觸角式銅柄鐵劍，取自孫守道 1960 頁 26 圖 2

圖 184　橫觸角式銅劍，吉林省北部出土

另一種作柱狀，穿連七、八個銅環（圖 185），一般劍身長在 60-80 釐米左右，中起一脊，兩旁或有凹槽，護子作扁喇叭型；類似的銅柄鐵劍（圖 186）在吉林老河深墓地亦有出土。考古證據顯示，有些西部高車的部落在米努辛斯克盆地時已開始製作使用銅柄鐵劍或鐵柄銅劍[106]。

---

104 孫守道〈「匈奴西岔溝文化」古墓群的發現〉，《文物》，1960 年第 8、9 期合刊，頁 25。

105 具體出土地不詳，但應與老河深中層墓地的部落有關。

106 吉謝列夫《南西伯利亞古代史》，中國社會科學院考古研究所圖書資料室譯，新疆人民出版社，1981

木柄鐵劍（圖 187）一般較長，劍身最長達 1.02 米，有的劍還有中式銅鐔或鐵鐔（劍格或護手），並發現了玉璏（古代佩刀鞘上近口處的飾物），木柄均已不存；木柄長劍不僅可近距離肉搏用，也可作為馬戰武器；類似的木柄鐵劍（圖 188）在吉林老河深墓地亦有出土。刀則均為環首鐵長刀（圖 189），但數量不多；類似的鐵刀（圖 190）在吉林老河深墓地亦有出土。

圖 185　柱狀銅炳鐵劍，西岔溝出土，取自孫守道 1960 頁 26 圖 3

圖 186　柱狀銅炳鐵劍，老河深出土，取自《榆樹老河深》圖版 72

圖 187　木柄鐵劍，西岔溝出土，取自孫守道 1960 頁 26 圖 4

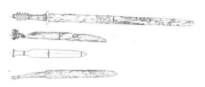

圖 188　木柄鐵劍，老河深出土，取自《榆樹老河深》圖版 20

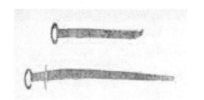

圖 189　環首鐵刀，西岔溝出土，取自孫守道 1960 頁 26 圖 5

圖 190　環首鐵刀，老河深出土，取自《榆樹老河深》圖版 22

長矛多為長木柄，間或有安裝短小鐵柄的，共得四十八把，其中銅矛三把，餘皆為熟鐵鍛造。出土的鐵矛（圖 191）都是敕勒矛的傳統造型，但過

年出版，上冊頁 93。

去的敕勒人墓葬中，從未發現如此眾多的矛頭，可見重裝騎兵這時已成部族武裝力量的主力；矛與劍都是重裝騎兵的制式裝備；至於未在墓葬中發現鐵盔與鐵甲片，可能是捨不得拿來陪葬。至於有些銅矛頭上出現漢字，則可能是此時漢字已取代了以前如尼文字的地位。銅矛頭在敕勒人的墓葬中比較少見，倒是斯基泰人的墓葬中比較常見，在俄羅斯圖瓦地區與中國內蒙古都出土了可能是斯基泰的二翼與三翼銅矛頭；有的帶精美紋飾；有的帶倒鉤，像是一枚大形的斯基泰銅鏃（圖 192）；長度介於 16 至 30 公分間。

圖 191　鐵矛頭，取自孫守道 1960　　　圖 192　斯基泰銅矛頭，內蒙
　　　　頁 27 圖 6　　　　　　　　　　　　　古出土

他們能在鐵劍上加鑄銅柄，劍身斷了又重新焊接上，把一種兵器鍛成另一種新兵器，把用壞的加工鍛為新兵器；鐵器皆為熟鐵鍛造；出土的兵器上還殘留著往日屢經戰鬥的砍削痕；這些不但說明鍛造技術的發達，同時也是敕勒人節儉務實精神的流露。

箭鏃有細石鏃、骨鏃、銅鏃、鐵鏃（圖 193），總共不下千餘枚，其中以銅鏃最多，鐵鏃次之；箭鏃的造型又可分為兩葉式、三葉式、菱式及子彈式等，計五十餘種；矢杆多用竹材；銅製箭鏃的造型與內蒙古敕勒人墓中發現的銅箭頭（圖 194）相同；哨箭則由獸角或獸骨製改為銅製。

圖 193　鐵（左一）、銅箭鏃，西岔溝出　圖 194　鍪式鏤空銅鏃，內蒙古
　　　　土，取自孫守道 1960 附圖 15　　　　　出土

　　出土的馬具，絕大部份為鐵製馬銜、鑣（圖 195），共六十多副，皆熟鐵所鍛製；其次為銅當盧（古代馬頭部的飾件），十字形和長筒形銅節約（穿韁繩用）等。出土的一件大銅鈴（圖 196）與黑龍江友誼縣鳳林古城出土的一具銅鈴（圖 197），外形相似。非金屬製的馬具可能已全部腐朽。

圖 195　馬銜鑣，西岔溝出土，取自孫守道 1960 附圖 18

圖 196　銅鈴，西岔溝出土，取自孫守道 1960 頁 28 圖 11

圖 197　銅鈴，鳳林古城出土

　　出土的工具為小刀、鐵錐、礪石、陶紡輪、鐵錛、鐵斧、小銅斧等。小刀、鐵錐共出土 250 餘枚，除一件刀首為斯基泰式動物造形外，其餘均為環首，懸掛於腰際皮帶上；婦女除小刀、鐵錐外，亦將陶紡輪與成組的銅鈴懸掛於腰際皮帶上。可觀的鐵錛、鐵斧與尖斧，既可作為生產工具，又可用於戰鬥。

　　出土的祭祀用品有類似石盤的橢圓形石雕祭壇與石棒，新疆東黑溝中央高臺上亦有類似的發現。

　　古墓群出土的服飾品，數量可觀，主要有皮衣片、布片、各式腰帶及佩飾品、皮帶頭、卡具、帶鉤、銅鈴，以及各類馬形、獸面、輪形的小銅飾品等等。

　　最引人注目的是 20 多面透雕銅飾牌式帶扣。這些飾牌式帶扣有的表面鎏金，飾有雙牛、雙馬、雙羊、雙駝、犬馬、犬鹿、鷹虎（圖 198）等動物和幾何紋圖案，有幾件鑄有騎士出獵和騎馬戰士執劍捉俘虜的場面（圖 199），反映了敕勒民族的生活方式和文化面貌。有件幾何紋牌飾式帶扣（圖 200）與鄂爾多斯出土的牌飾式帶扣（圖 201）十分相似。

圖 198 虎鷹相搏牌飾式帶扣，取自孫守道 1960 附圖 14

圖 199 騎馬武士捕捉俘虜牌飾式帶扣，前面為駕牲雙輪車，車上有一猴，車後騎馬武士，右手執劍，左手捉住戰俘，側旁一獵犬猛撲向戰俘，取自孫守道 1960 頁 30 圖 17

圖 200 帶獸首的幾何紋牌飾式帶扣，西岔溝出土，取自孫守道 1960 附圖 1

圖 201 帶獸首的幾何紋牌飾帶扣，鄂爾多斯出土，取自米尼亞耶夫（Sergey Minayaev）著 ”The origins of the ‘geometric style’ in Hsiungnu art,” 圖 1

珠寶不但數量眾多，而且多樣；大量的瑪瑙、綠松石、碧色玉石、白色石及各種顏色的玻璃；形狀有圓、橢圓、圓柱、桶及管狀等。耳環長 6.8～8 釐米，以兩股金絲穿配若干粒紅色瑪瑙珠和白石、綠松石及玉石管珠，擰扭成兩段繩索狀；頂端為一鼓形紅瑪瑙珠，中部為珠或管珠，末端一股金絲捶摞成葉狀，另一股彎曲成鉤，用於鉤耳眼，金玉交映，絢麗奪目（圖 202）[107]。在發現金耳飾的墓中，每墓只有一枚。耳環的構造與老河深墓地（圖 203）及帽兒山墓群出土的耳環均相似。在老河深另出土一種類似的耳環，

107 林利〈早期遊牧民族的金銀器〉，《收藏雜誌》，2009-10-16 9:53:00，http://www.cangcn.com/info/zz_sctqk_203_2009_11_14706453/2009-10-16/1249_58082.htm

也是使用金條製作，末端一股金條搥打成尖細狀，另一股捶撻成葉狀後卷成
圓錐管狀，鎖接耳環時將尖端插入圓錐管（圖 204）；這種耳環在米努辛斯克
地區與阿爾泰地區的敕勒人墓葬中也均有出土[108]，唯獨老河深出土的是金耳
環，米努辛斯克地區與阿爾泰地區都是銀製或銅製；在西岔溝則未發現這類
耳飾，可能因使用不便已遭淘汰。

圖 202　復原後的金耳環，原西岔溝出土，《收藏》雜誌官方網

圖 203　金耳環，老河深出土，《榆樹老河深》圖版 54 第 4，5 圖

圖 204　金耳環，老河深出土，《榆樹老河深》圖版 54 第 3 圖

　　古墓群出土的生活器皿，以陶器為大宗，
另有鐵鍑殘片一片與小銅壺二件。陶器共得三
百餘器，絕大部份為夾砂粗陶，一部份是精緻
的紅褐色砂質細陶。陶器均為手工捏製，平
底；除了少量的受到中國影響的鬲（音立）與
豆型器外，其餘的壺、罐、碗、杯等的器型均
是敕勒人的傳統器型；以素陶為主，帶花紋的
很少，比較普遍的花紋是乳點紋，其次是刻鑿

圖 205　雙耳陶壺，孫守道 1960 頁 29 圖 14

紋，大多位於器口外頸部份。有些陶器和內蒙和西伯利亞等地的敕勒人墓葬
中發現的相同或近似；有些陶器如雙耳陶壺，所有的腹耳都是橫的（圖

___

108 吉謝列夫《南西伯利亞古代史》，中國社會科學院考古研究所圖書資料室譯，新疆人民出版社，1981
　　年出版，上冊頁 40。

205），雖不能在敕勒人在亞洲地區的墓葬中發現，卻能在敕勒人或阿蘭人在南烏拉爾草原的墓葬中發現（圖 206）。鐵鍑則為敕勒人進入鐵器時代後慣用的炊具。木製器皿應已腐朽。

圖 206　雙耳陶壺，烏拉爾山地區出土，
Nomads of The Eurasian Steppes in The Early Iron Age, p. 154, figure 8-c

　　古墓群出土的漢式文物為銅鏡與銅幣等；其中漢式銅鏡有 77 枚之多，按紋飾包括五個系列，即變體蟠螭紋類、草葉紋鏡類、星雲鏡類、日光鏡類、四禽四螭紋類，顯示有作坊專門替他們生產漢式銅鏡。出土的銅幣有漢五銖，秦半兩與燕國銅幣。

　　從西岔溝墓群出土文物顯示，鐵器已居統治地位；從墓地的佈局與陪葬物的規律放置，顯示此時的敕勒人已比初到東方時有組織與紀律；它應該是敕勒人來到東方後的一處比較晚期的墓葬。漢式刀鐔與玉璏的採用，以及銅矛頭上漢字的出現，顯示他們已開始漢化，漢字已取代先前的如尼文字。西岔溝墓群的葬式，出土的武器，陶器的質地和紋飾，與隨葬品的放置位置與老河深中層墓地大同小異。筆者判斷，西岔溝敕勒人的祖先於西元四世紀中葉來到東方後，先定居於呼倫貝爾的札賚諾爾；西元 357 年及 367 年曾受到慕容鮮卑的攻擊；西元五世紀受到柔然人的壓迫，遷往今吉林省的榆樹市投靠粟末靺鞨；唐高宗總章元年（668 AD）唐滅高句麗後，被唐朝政府當作高句麗的盟邦——粟末靺鞨，一同被徙居營州（今遼寧、朝陽）；武則天萬歲

通天元年（696 AD）契丹李盡忠反叛時[109]，趁亂逃往遼寧省西豐縣樂善鄉執中村一帶。

　　高句麗滅亡後從蓋州（今遼寧省撫順市）來到中國，武則天時期的右羽林大將軍李多祚（654-707 AD），應該是來自今吉林省榆樹市的「黃頭靺鞨」後代，老河深與西岔溝的敕勒人則是他的族人；至於其墓誌（現藏龍門石窟研究所）稱其曾祖、祖、父均為「烏蒙州都督」（地望不明），應屬不實美言。西元 705 年唐中宗復辟後赴太廟祭祀，特令相王與不是復辟最大功臣的李多祚登輦夾侍[110]，難道是因李多祚與唐王室同祖？至於契丹人的重裝騎兵則可能出自西岔溝敕勒人的傳授。

　　被人稱作「黃頭鮮卑奴」[111]或「黃須鮮卑奴」[112]的東晉明帝（299-325 AD），他的黃頭、黃須來自他母親荀氏的遺傳。從東晉明帝的年齡推算，他的母親應該是在晉惠帝元康年間（291-299 AD）被由并州（今山西中、北部）略賣至河北再轉賣至琅邪王府（今山東、臨沂北）的羯人女子。荀氏被略賣的時間在石勒等被略賣前，可見并州在晉惠帝太安年間（302-303 AD）發生大饑荒[113]前已有羯人被地方官員捉拿略賣。由於荀氏被略賣的時間在高車人來到中國前，故荀氏不可能是高車人。

　　中國古人所稱的黃頭鮮卑或黃頭靺鞨或黃頭室韋或黃頭女真，事實上都不是鮮卑或靺鞨或室韋或女真；因為古人不知道他們的確實部落或種族名稱，只知道他們的頭髮與鬍鬚是黃色的，故以中國人所熟悉的他們的鄰居的名稱予以命名，再冠上黃頭二字以資區別。

---

109 《舊唐書》卷 199 下〈渤海國傳〉。

110 《舊唐書》卷 109〈李多祚傳〉。

111 《世說新語》卷 27〈假譎〉「（王）敦臥心動，曰：『此必黃頭鮮卑奴來』，令騎追之，已覺多許里。」

112 《晉書》卷 4〈明帝紀〉「又敦正晝寢，夢日環其城，驚起曰：『此必黃須鮮卑奴來也。』帝母荀氏，燕代人，帝狀類外氏，須黃，敦故謂帝云。」

113 《晉書》卷 104〈石勒載記〉「太安中，并州饑亂」。

第六節　Y 染色體單倍群

人類 Y 染色體可分為 20 種主幹單倍型類群，編號從 A 到 T（P 可能不存在）的字母作為索引，使用數字和小寫字母進一步細分；其中 O-M175、C-M130、D-M174、Q-M242 和 N-M231 是東亞五個主要單倍群。

O-M175 是東亞最大的單倍群，約 75%的中國人以及超過 50%的日本人都可歸到這一類型下，因此有理由認為它代表著蒙古利亞人[114]。單倍群 N，主要分布於歐亞大陸北部、中國，特別分布於烏拉爾語系人群。可能由於中國單倍群 N 的人口數全世界最多，以往學者普遍認為單倍群 N 源自東亞南部，與單倍群 O 是兄弟單倍群，由 NO 單倍群分化而來的單倍群。近年來，由於檢驗數據的不斷累積與研究的不斷深入，西元 2009 年米拉瓦爾等（Mirbal et al）分子人類學家的研究認為 Y 染色體單倍群 N 人群的發源地應該在烏拉爾地區，該地可能也就是遺傳分化的發生地，而且它發生的時間比以前的研究所建議的時間要早得多[115]；不是先前的研究所認為的起源於西伯利亞[116]，或由中國南方以反時針方向經過中國北方、西伯利亞，擴張到歐洲的[117]；故單倍群 N 與單倍群 O 是兄弟單倍群的假設是欠缺根據的。

自西元 2009 年以來，由於敕勒人在烏克蘭神秘失蹤的歷史懸案得到解答，以及敕勒人後裔唐王室後代胡雪岩家族 Y 染色體單倍群 N 的檢驗結果[118]，我們可進一步推知，中國境內 Y 染色體單倍群 N 是敕勒人從烏克蘭經西

114 Wang CC（王傳超）, Li H（李輝）,"Inferring human history in East Asia from Y chromosomes," Investig Genet, 2013 Jun 3;4(1):11.

115 Mirbal S, Regueiro M, Cadenas AM, *et al* (March 2009). "Y-Chromosome distribution within the geo-linguistic landscape of northwestern Russia," *European Journal of Human Genetic,* 17 (10): 1260–73.

116 Derenko M, Malyarchuk B, Denisova G, Wozniak M, Grzybowski T, et al. (2007) "Y-chromosome haplogroup N dispersals from south Siberia to Europe," J Hum Genet 52: 763–770.

117 Rootsi S, Zhivotovsky LA, Baldovic M, et al. "A counter-clockwise northern route of the Y-chromosome haplogroup N from Southeast Asia towards Europe," Eur J Hum Genet, 2007;15:211–405.

118〈杭州欲借 DNA 鑑定求解胡雪岩祖籍之謎〉，《安徽績溪 城市網 》，2009 年 8 月 4 日，http://ww

伯利亞移居中國的結果；東亞人群的來源是多源的[119]，不是一些研究報告所建議的中國南方單源說[120]。那些認為 Y 染色體單倍群 N 源自東亞南方的學者，是否可具體指出那些種族是最原始的人群？烏拉爾語與中國語間的親緣關係是什麼？

　　從中國的文獻記載和考古資料顯示，中國的漢人、北方少數民族、韓國、外蒙古與西伯利亞等地各民族中的 Y 染色體單倍群 N 都源自敕勒人。

　　從中國境內一些敕勒人曾經居住過的地方，抽樣檢驗的結果顯示，Y 染色體單倍群 N 在甘肅省蘭州地區的人口中的比率為 6.7%（2/30, Xue 2006）、陝西省為 6.8%（3/44，Hammer 2005 and Karafet 2001）；筆者認為其他如太原市、洛陽市、河南南部與河北南部等地區可能更高；如與當時敕勒人進入中國的總人數（以 60 萬估計，不含估計的約 20 萬斯基泰族）只佔當時目前中國領土範圍內的人口數的 1-2%對比，可知 Y 染色體單倍群 N 在敕勒人中呈高頻率分布，可能比芬蘭人中的 61.5%[121]還要高。又依據復旦大學生命科學院教育部重點實驗室於 2012 年所做的統計圖表（如次頁圖），目前中國境內的 Y 染色體單倍群 N 佔總人口的比例為 5%左右；如果只算人數而不看比例，中國境內的 Y 染色體單倍群 N 的人口數比全世界其他地區的總人數還要多的多；換言之，敕勒人曾是 Y 染色體單倍群最大的族群。可能因中國境內的 Y 染色體單倍群 N 的人口數全世界最多，致使有些學者誤以為 Y 染色體單倍群 N 源自東亞南部。

　　綜合上述數據，我們可進一步推知 Y 染色體單倍群 N 人群起源地為北-

w.longxushan.com

119 Karafet T M, Xu L, Du R, et al. (2001) "Paternal population history of East Asia: sources, patterns, and microevolutionary processes," Am J Hum Genet, 69(3):615-628.

120 Su, B, Xiao J, Underhill P, et al. (1999) "Y-chromosome evidence for a northward migration of modern human into East Asia during the last ice age," Am J Hum Genet, 65: 1718–1724.

121 "Distribution of European Y chromosome DNA (Y-DNA) haplogroups by country in percentage," "Eupedia", last update September/October 2013.

東亞各民族單倍群分佈
Frequencies of haplogroups in East Asia

%	D	C	N	O1	O2	O3*	M134*	M117	R
漢 Han	2	8	5	10	9	29	12	17	1
藏 Tibetan	50	4	5	1	1	4	6	24	1
彝 Yi	15	5	23	2	12	7	14		0
壯泰 Tai-Kadai	2	1	1	7	56	3	19		1
苗瑤 H-M	6	8	2	4	21	52	7		0
呂宋 Luzon	0	2	0	22	3	40	6		0
朝鮮 Korean	1	13	4	2	32	19	25		0
日本 Japan	35	8	3	1	32	9	11		0
滿 Manchu	1	23	7	3	17	15	3	14	2
蒙古 Mongol	2	50	10	1	2	7	3	11	5
維吾爾 Uygur	3	7	5	1	1	4	2	4	37

中烏拉爾山地區[122]，他們的語言大部份屬於烏拉爾語系。至於中國南方少數民族與南島民族所出現的 Y 染色體單倍群 N 的來源，雖尚無法從中國文獻或考古調查中找到它的源頭，但從它在彝族中的高頻出現，筆者推測很可能另有一小股烏拉爾語系的人群，經由另一路線來到中國西部與彝族混合，就如同有另一支敕勒人於西元前五世紀左右跨越帕米爾高原移居新疆喀什一樣。至於現在波蘭人的人口中的 4.5%Y 染色體單倍群 N[123]，應該是來自「自由薩爾馬特」人的遺傳。

　　另外，中國人中 Y 染色體單倍群中還有另外一種屬於高加索人種的R1a，約占中國人口的百分之一，由於它在中國北方各省有較密集的分佈（2%以上）[124]，故它應該是來自高車人中的斯基泰部的遺傳。至於新疆地區

---

122 "Uralic language," *Encyclopedia Britannica*,
　　http://www.britannica.com/EBchecked/topic/619069/Uralic-languages

123 "Distribution of European Y chromosome DNA (Y-DNA) haplogroups by country in percentage," "Eupedia",
　　last update September/October 2013.

124 Polyhedron, "The distribution of Y chromosome according to Han dialets," http://blog.sina.com.cn/s/blog_465dd

維吾爾人的 Y 染色體單倍群 R1a 應該是來自吐火羅（車師、龜茲）人、N 來自疏勒人、G2 來自馬薩格泰（奄蔡）人、J2 來自塞種、R1b 可能是來自粟特人的遺傳。

　　一般來說，用 Y-SNP（Single Nucleotide Polymorphism）或 Y-STR（Short Tanden Repeats）確定的單倍群，都是相當可靠的。但是支系與群体分化時間的估算，都是計算得到的概率分布的推論；在計算時經常用到的 Y 染色體 STR 突變律又有兩種，即進化突變律和家系突變律，兩者估算出來的時間差距，可達三倍；而且 STR 位點的相似性及多變性也使得估算時間的準確度大打折扣[125]；這也是目前分子人類學進一步發展所面臨的瓶頸之一，例如依中國文獻的記載，Y 染色體單倍群 N 擴展到南西伯利亞的時間距今約 1,665 年，而俄羅斯學者用進化突變律估算的時為距今約 10,000 年[126]。

第七節　隋代與唐代的太廟制度

　　中國王朝的「七廟」太廟制度，有兩種儒家理論：

　　1. 西漢韋玄成、東漢鄭玄學說：由祖廟、二祧廟與在位皇帝高祖父以下「四世親廟」組成；

　　2. 西漢劉歆、曹魏王肅學說：由始祖廟、在位皇帝六世祖以下「六世親廟」組成，「祖」、「宗」廟不在「七廟」常數中。

　　大致說來，除西漢成帝時期、東漢初期、曹魏曾實行過「一祖二宗四親廟」的「七廟」制度外，兩晉、南朝、北齊皆大致依據王肅學說，實行始祖

---

f790101gjvi.html

125　Wang CC, Li H,"Inferring human history in East Asia from Y chromosomes," Investig Genet, 2013 Jun 3;4(1):11.

126　Derenko M, Malyarchuk B, Denisova G, Wozniak M, Grzybowski T, et al. (2007)" Y-chromosome haplogroup N dispersals from south Siberia to Europe," J Hum Genet 52: 763–770.

廟與在位皇帝六世祖以下「六世親廟」的「七廟」制度[127]。

　　隋文帝楊堅與唐高祖李淵稱帝時，他們都面臨相同的問題，就是他們在中國只有五代祖，無法建「六世親廟」，只得「自高祖以下，立四世親廟，同殿異室而已，」「宗廟未言始祖，又無受命之祧。[128]」到了隋煬帝與唐太宗時代，他們都「欲遵周法，營立七廟，[129]」但他們也都碰到相同的困擾，那就是：

　　1. 臣下建議依周代制度設始祖的問題；

　　2. 他們在中國只有六代祖。

　　隋煬帝對上述困擾的解決辦法，雖隋煬帝在其死亡前，因開鑿京杭運河、遠征高句麗、巡幸江都使國力遭到極大削弱，以致營建宗廟被暫時擱置而無法確知；但從他於大業元年（605 AD）於營建東都時，於「固本里北，起天經宮，以游高祖衣冠[130]，四時致祭。[131]」及大業三年六月下詔「高祖文皇帝宜別建廟宇，以彰巍巍之德，仍遵月祭，用表蒸蒸之懷，有司以時創造，務合典制[132]」等觀察，煬帝傾向仿照周禮與西漢制度，恢復諸帝廟單獨別立的制度，以擺脫設始祖的困擾，並為後代立下成規。至於煬帝曾批可禮部侍郎、攝太常少卿許善心與博士褚亮等建議的「太祖、高祖各一殿，准周文武二祧，與始祖而三。餘並分室而祭。始祖及二祧之外，從迭毀之法」的「七廟」制度，但卻又未曾實施；他的原因應該不全是他向秘書監柳抃所說的「今始祖及二祧已具，今後子孫，處朕何所？」更大的障礙應是始祖問題；高傲、迷信的楊隋皇室，當然不肯亂拜祖宗。

　　唐太宗的解決辦法是採納諫議大夫朱子奢的建議，「依晉、宋故事」，

127 郭善心〈隋代皇帝宗廟制度考論〉，《河南大學學報（社會科學版）》，2007 年 02 期。

128 《隋書》卷 7〈禮儀二〉。

129 《隋書》卷 7〈禮儀二〉。

130 即仿漢制，每月從高帝（隋文帝）陵寢出衣冠而遊於天經宮。

131 《隋書》卷 7〈禮儀二〉。

132 《隋書》卷 3〈煬帝上〉。

「立七廟，虛太祖之室以待；[133]」如此，既達到了立七廟的目的，又規避了立始祖的困擾；在太廟「始崇祔（後死者合食於先祖）宏農府君及高祖神主，並舊四室為六室焉。[134]」當時有臣下建議依周制將涼武昭王列為始祖，增為七室；唐太宗當然是不會接受的，因為他清楚涼武昭王跟他們李唐家族並無血源關係，他可不願像侯景一樣，亂拜祖宗[135]；至於說「武昭遠祖，非王業所因，不可以為始祖，」或「涼武昭王勳業未廣，後主失國，土宇不傳，[136]」只不過是藉口罷了。從唐太宗以後，「立六世親廟」，以「景皇帝（李虎）為太祖」，「太祖之外，更無始祖」成為唐太廟的定制。唐中宗神龍元年（705 AD）五月，東都（洛陽）創制太廟時，有些官員因不瞭解李唐的心事，又要求尊涼武昭王為始祖，朝廷官員分成兩派，爭論不休。最後的結論當然還是「依貞觀之故事」辦理，否則唐中宗是不會同意的；「其年（神龍元年）八月，崇祔光皇帝（李天賜），太祖景皇帝（李虎），世祖元皇帝（李昺），高祖神堯皇帝（李淵），太宗文武聖皇帝（李世民），皇考高宗天皇大帝（李治），皇兄義宗孝敬皇帝（李弘）於東都之太廟，親行享獻之禮；樂章並用貞觀舊詞。[137]」至此，唐太廟始增為七室；開元十年增為九室；唐宣宗後，常為九代十一室。

　　當隋煬帝與唐太宗在面對相同難題時，一個是拖而不決，一個是當機立斷、智慧的予以解決；二人才智的高下，在太廟制度的決策上，已判然明矣。

---

133 《新唐書》卷 13〈禮儀三〉。

134 《唐會要》卷 12〈廟制度〉。

135 《南史》卷 80〈侯景傳〉「王偉請立七廟，景曰：『何謂七廟？』偉曰：『天子祭七世祖考，故置七廟。』並請七世諱，教太常具祭祀之禮。景曰：『前世吾不復憶，唯阿爺名摽，且在朔州，伊那得來噉是。』眾聞咸笑之。景黨有知景祖名乙羽周者，自外悉是王偉制其名位。以漢司徒侯霸為始祖，晉征士侯瑾為七世祖。於是推尊其祖周為大丞相，父摽為元皇帝。」

136 《唐會要》卷 12〈廟制度〉。

137 同上。

　　隋代除了在太祖廟設有女巫外[138]，並在太常寺所轄的太醫署設有「祝禁博士」二人[139]；太僕署設有「男覡」十六人，「女巫」八人[140]；並於各地名山大川設「祠」，「並取側近巫一人，主知灑掃，並命多蒔松柏。[141]」可見，自希羅多德開始記載斯基泰人的生活方式以來，經過了一千多年，他們仍未擺脫遇事求助巫覡的傳統。

第八節　上官儀與狄仁傑家族的族屬

　　西元 2000 年與 2013 年，在山西太原與陝西咸陽分別發現了唐朝名臣狄仁傑高祖狄湛和唐代著名女詩人、政治家上官婉兒的墓志；由於墓志的發現，填補了文獻記載的不足，使我們可以開始探討他們家族的族屬。

一、上官儀家族

　　《舊唐書》卷 80〈上官儀傳〉「上官儀，本陝州陝（今河南、三門峽市）人也。父弘，隋江都宮副監，因家于江都。」

　　《元和姓纂》卷七稱上官儀家族為東郡（今河南、濮陽一帶）；其譜系為：

　　上官先元－名不詳－迴（北周定襄太守）－名不詳－宏（隋比部郎中、江都總監）－儀－庭芝、庭章－（庭芝女）上官婉兒；（庭章子）經野、經國、經緯。

---

138 《隋書》卷 7〈禮儀二〉。

139 祝禁是一種用咒語祈請神明，詛咒鬼蜮來治病的方法。

140 《隋書》卷 28〈百官三〉。

141 《隋書》卷 7〈禮儀二〉。

〈上官婉兒墓志〉稱他們是隴西上邽（今甘肅天水市）人。

從〈墓志〉出現連史書都未記載的宮闈秘聞觀察，資料的提供者應該就是其生前好友太平公主，故上述三種不同的說法自應以隴西上邽較為可信；至於〈墓志〉所偽託的先世，可能是撰寫墓志者依據姓氏書的資料，公式化的自行添加，可以忽略，無需留意。

〈墓志〉中最值得注意的是墓志蓋四剎上出現的幻想的「合成瑞獸」（Fabulous Creatures）：「四剎在整體聯紋框內各減地線刻瑞獸一對，以牡丹花結為中心相對騰躍，形象特徵統一為體表有斑紋，掃帚尾。上剎面瑞獸形似虎，腦後至項上長鬣飄拂；下剎面瑞獸與上剎面瑞獸基本相同，唯頭頂生一對細長的角；左剎面瑞獸形似馬，頭頂生角，腦後至項上長鬣飄拂，肩部附有綬帶形小翼；右剎面瑞獸形似鹿，頭頂彎角分扠，無鬣，肩部附有綬帶形小翼。」[142]

這些源自西亞藝術的「合成瑞獸」（包括武惠妃石槨上的「合成瑞獸」），是由斯基泰人傳予敕勒人，牠們在墓葬中出現，應該是用來取代漢人在墓葬中使用的四神（青龍、白虎、朱雀、玄武）；換言之，上官儀家族是敕勒人，漢人與其他族屬的東方胡人，是不可能將其所不知的「合成瑞獸」用於墓葬的。墓志蓋應該是太平公主央請皇室工匠特地打造的，此時在長安可能只有唐王室還豢養有高車工匠。

墓室中發現的兩塊殘骨，後經檢驗證實為黃牛枕骨[143]，由此可推知當時下葬時陪葬的可能是條整牛；墓室中陪葬帶骨獸肉是敕勒人的習俗，此亦可作為上官婉兒族屬的旁證。

由上官儀家族的籍貫與《元和姓纂》關於上官迥，以及《舊唐書》關於上官弘、上官儀的記載，我們可以將上官儀家族來華的歷史勾勒如下：

142　《考古與文物》，2013 年 6 期，頁 87-93。

143　〈上官婉兒墓中骸骨被證實為黃牛枕骨〉，《中國新聞網》，2014 年 11 月 6 日 15:31，www.chinanews.com/.../6759803.shtm..

　　上官先元是上官家族來華的第一代，他們家族於西元 487 年前後，自南西伯利亞移居新疆吐魯番；西元 500 年左右受到嚈噠的突襲，向東逃亡北魏，被安置在上封鎮（避太武帝諱改名）的敕勒人[144]；上官先元的漢名，應該是後代子孫發達後，代補取的。西元 543 年（西魏大統九年）邙山之戰後，西魏「廣募關隴豪傑，以增軍旅」時，上官迥應募參加西魏軍隊，官銜至北周定襄太守。上官弘踵祖之跡，繼續為北周、隋效力，官至隋江都宮副監。上官儀可能是第一位文進士出身的高車族人，自然受到唐太宗的特殊眷顧與提拔，「太宗聞其名，召授弘文館直學士，累遷秘書郎。時太宗好屬文，每遣儀視草，又多令繼和，凡有宴集，儀預焉。俄又預撰晉書成，轉起居郎，加級賜帛。[145]」貞觀 20 年（646 AD）重修《晉書》時，于卷 87〈涼武昭王傳〉中加載「士業（涼武昭王子）子重耳，脫身奔于江左，仕于宋，後歸魏，為恆農太守」一節，以出自上官儀的建議的可能性最大。上官婉兒襁褓時（664 AD）隨母入掖庭為奴，「自聖歷（698-700 AD）已後，百司表奏，多令參決，」可見她在之前曾經過嚴格有系統的培訓，故能「明習吏事」，這應該是出於武則天對有才氣族人的刻意栽培，同族的人觀點相近，除了用起來比較順心外，也利於保守皇室族屬秘密，因此即使犯了死罪，也只好「惜其才不殺，但黥其面，」到了「中宗即位，又令專掌制命，深被信任。[146]」此時族人中通漢文、能搖筆桿又「明習吏事」者，畢竟不多。

二、狄仁傑家族

　　《舊唐書》卷 89〈狄仁傑傳〉「狄仁傑，字懷英，并州太原人也。祖孝緒，貞觀中尚書左丞。」

---

144 見《魏書》卷 103〈高車傳〉與《魏書》卷 41〈源賀傳〉

145 《舊唐書》卷 80〈上官儀傳〉。

146 《舊唐書》卷 51〈上官昭容傳〉。

《元和姓纂》卷十狄氏條「狄山子孫代居天水，姚秦錄狄伯文（之）官至中書令、樂平侯。……伯文（之）裔孫，又居太原；曾孫孝緒，唐尚書左丞、右常侍、臨穎男，生知遜，夔州刺史，生仁傑。」

《新唐書》卷74下〈宰相世系表四下〉狄氏條「狄氏出自姬姓。周成王母弟孝伯封于狄城，因以為氏。孔子弟子狄黑裔孫漢博士山，世居天水。後秦樂平侯伯支裔孫恭，居太原，生湛，東魏帳內正都督、臨邑子。孫孝緒。」

〈狄湛墓志〉「公諱湛，字安宗，馮翊郡高陸縣人也。其先漢丞相狄方進之後，衣冠世襲，人物代昌，史牒載焉，無假複敘。曾祖寧朔將軍，略陽、趙平二郡太守，又除/使持節、都督、鎮西將軍、領東羌校尉、駕部尚書、秦涇二州刺史、略陽公。祖/使持節、鎮西將軍、召補蘭台給事中丞、秦州刺史、司空公、略陽公、諡曰康/王，德望隆高，雄振朝野。父大將軍府行參軍、秦州府主簿。」

由〈狄湛墓志〉、《元和姓纂》與《新唐書》的記載，可得狄仁傑家族的世系如下：（太祖）名不詳－（列祖）名不詳－（天祖）名不詳－（高祖）湛－（曾祖）名不詳－（祖）孝緒－（父）知遜－仁傑

由〈狄湛墓志〉可知其曾祖、祖、父均無漢名，可見其既非漢人狄山之後，亦非早已漢化的羌人狄伯支之後；剩下的唯一可能只有是高車人了，據《魏書》卷 103〈高車傳〉「其種有狄氏、表紇氏、斛律氏、解批氏、護骨氏、異奇斤氏。」由此可見，《元和姓纂》與《新唐書》〈宰相世系表〉的編著者，可能連《魏書》或《北史》〈高車傳〉都未看過，加以史傳上狄姓名人缺乏，只得在羌人狄伯支身上打轉。自稱依據前人書軸，明弘治 11 年（1498 AD）刊印的《歷代古人像贊》將狄仁傑畫成有絡腮大鬍之人（圖207），確實靠譜。

《元和姓纂》關於狄氏的世系有兩處脫漏處，一為由漢人狄山（？-119 BC）傳至羌人狄伯支（？-409 AD），兩者相距 500 多年；另一處由天水羌人狄伯支傳至高車族狄湛，兩者相距約 120 年。《元和姓纂》與《新唐書》〈宰

相世系表〉的編著者，不但胡漢不分，甚至連甲胡、乙胡也不分，統統將之編為一譜；以現在人的觀點視之，他們是連基本常識都不足的文人，無怪乎編出的姓氏書謬誤百出；另《新唐書》〈宰相世系表〉的編著者竟然考證出一位連狄湛都不知的父名－狄恭，也著實令人好奇，不知根據何在？

依〈墓志〉，狄湛於河清三年（564 AD）終於晉陽，「春秋六十有口」的記載推算，約當生於西元 500 年左右；十八歲時「釋褐入仕」；永熙三年（534 AD）東、西魏分列時，隨北魏孝武帝西走關中，數年後「與建州刺史王保貴擁騎歸朝」等資料，可將狄仁傑家族來華歷史推測如下：

西元 429 年北魏突襲在外蒙古杭愛山附近的柔然王庭時，狄湛曾祖的部落利用北魏的兵鋒攻擊柔然部落[147]，戰後歸順北魏，成為北魏高車軍團下的一個部落。至於狄湛曾祖、祖、父所任的官職，真假難辨，可能只不過是安撫性質的勳官，亦無辨其真假的必要。狄湛十八歲時依例開始在本部落入伍，曾追隨北魏孝武帝西走投靠宇文泰，後隨部隊統帥王保貴歸附高歡，並隨之駐紮在晉陽（今太原市一帶）；〈墓誌〉所說的「馮翊郡高陸縣人」（今西安市高陵縣），應該是狄湛隨北魏孝武帝西走關中後的駐紮地。西元 577 年北齊滅亡後，狄氏家道中落，沒沒無聞。西元 617 年李淵開倉賑貧民時[148]，狄孝緒應募參加了起事部隊；至於狄孝緒的尚書左丞官銜，可能只是唐初官勳浮濫時所授的有名無實的散官。當年替高歡打天下的這幫人，到了隋末唐初，他們的孫輩又成了替李淵父子打天下的主力。

史學家傅斯年在〈中國歷史分期之研究〉一文說：「漢唐兩代民族頗殊，精神頓異。」「漢族為胡人所挾，變其精神別成統系，不蒙前代者也。」「隋唐將相，鮮卑姓至多，自負出於中國甲族之上，而皇室與當世之人，待之亦崇高於華人。」隋唐將相，不但有很多胡姓，即使是漢姓漢名，有的也是胡人。從墓志不經意洩露的訊息，使得吾人得以認定上官儀與狄仁

---

147 《魏書》卷 103〈蠕蠕傳〉。

148 《資治通鑑》卷 184「恭皇帝義寧元年六月」。

傑都是高傲自大的高車人之後。

圖 207　狄仁傑畫像

第九節　六胡州居民是粟特人？

　　有些學者看到唐開元九年（721 AD）六胡州暴動的領導人姓康、安、石而認為他們是昭武九姓的粟特人；如無其他旁證，單以胡人姓康、安、石，即認為他們是粟特人，這種論點是牽強的猜測之詞。來到中國的胡人改漢姓，是相當隨興而沒有一定的規則的，有的是根據其原始發音中的某一音類似漢音而來，如鮮卑人賀賴氏改為賀氏，叱羅氏改為羅氏，粟特人弭秣賀（Maymurgh）改為米氏，乞史改為史氏，颯秣建（Semiscand）改為康氏（建 can 與康音相近），安國馬尼亞克改為馬氏；有些胡姓找不到類似的漢音，則改為相同意義的姓或另找一個姓，如石國人的石氏就是意譯；有些姓則由皇帝或地方官員賜予。故單以六胡州叛亂的領導人姓康、安、石就認為他們是粟特人有牽強武斷之嫌。根據黑海沿岸出土的石刻上的敕勒人部落名稱，敕勒人可改作康姓者有 Carbones, Careotae, Cariones, Carpians, Conapseni 等，可改作石姓者有 Sidoni 等，可改作為姓者有 Veltae、Venedae 等，可改作安姓者有 Anartophracti 等。

　　粟特（Sogdiana）是中世紀中亞講伊蘭語的 Sogd 人居住地區的名稱（地圖四）；又作窣（音粟）利，古代波斯稱之為 Suguda；主要位於阿姆河（Amu Darya）與錫爾河（Syr Darya）之間的澤拉夫善河（Zeravshan）流域與卡什卡達里亞河（Kashkadarya）流域。澤拉夫善河東西長約 650 公里，沿河有許多綠洲和灌溉管道，土地肥沃，物產豐富，尤以出產瓜果及葡萄酒著稱。《隋書》〈康國傳〉載「氣候溫，宜五穀，勤修園蔬，樹木滋茂；出馬、駝、騾、驢、封牛（即峰牛，頸上有肉隆起的牛）、黃金、鐃沙（即硇砂，可入藥）、拟香、阿薩那香、瑟瑟（碧色寶石）、麞（音京，即麂，似鹿而小）皮、氍㲣（毛毯）、錦疊（細棉布）；多蒲陶酒，富家或致千石，連年不敗。」自西元前七、八世紀以來，這裡相繼出現了瑪拉幹達（Maracanda）、阿弗拉西阿蔔（Afrasiab）、瓦拉赫沙（Varakhsha）、阿濫謐（Ramitan）等城鎮，前兩者形成康國（Semiscand 即颯秣建，今烏茲別克撒馬爾罕），後兩者形成安國（Bukhar 忸蜜、副貨、布豁、捕喝，今烏茲別克布哈拉）。西元六至八世紀初是粟特地區經濟與文化最發達的時期，除為首的康國、安國之外，還存在著另一些城邦國家，如：米國（Maymurgh 弭秣賀，當位於康國東南）、史國（Kusana 羯霜那、乞史、祛沙，今烏茲別克沙赫里夏勃茲）、何國（Kusanik 屈霜你伽、貴霜匿，康國西北約 40 公里處）、曹國（Kebudhana 劫布那、伽不單，今烏茲別克撒馬爾罕北）[149]。

　　據《漢書》卷 96〈康居傳〉的記載，在成帝時（33-7 BC），為了取得與中國做生意的特權，康居王始開始「遣子侍漢貢獻，」「為好辭之詐也；」另一方面，康居王卻一直不肯拜謁漢朝使者；「都護吏至其國，坐之烏孫諸使下，王及貴人先飲食已，乃飲啖都護吏，故為無所省（拜謁）以誇旁國。」當時在康居王下止有「五小王」，並無昭武九姓之說。

地圖四　粟特與周邊國家位置，取自 Boris I. Marshak, "Sogdiana Archaeology," The Circle of Ancient Iranian Studies.
KHORESM: 花喇子模；CHACH：石國；FERGHANA：大宛；
USTRUSHANA：窣堵利瑟那；BACTRIA：巴克特里亞

　　隋唐時期，突厥勢力強盛，先後控制著漠北、漠南草原和中亞的廣大地區，善於經商的粟特人為重利所誘，遂大批前往草原經商。突厥的可汗因粟特人見多識廣、善於理財和外交，往往委之重任，親近他們，在突厥統治中亞期間，粟特胡在突厥國中的地位頗高，由此也對突厥文化產生了深遠的影響；突厥人的原始宗教是薩滿教，但在建立汗國後不久，受到粟特人的影響，開始信仰祆教，《大慈恩寺三藏法師傳》卷二載「（西）突厥事火不施床，以木含火故；敬而不居，但地敷重茵（毯子）而已。」

　　粟特人能說善道，頭腦靈活，但「貪冒，性多翻覆，」唐初東突厥「諸部攜貳，」便是頡利可汗「每委任諸胡，疏遠族類，」「以故法令滋彰，兵革歲動」所造成的[150]。這些頭腦靈活的粟特人，聽到唐朝軍隊將要討伐東突厥的消息後，早已開溜回國，那可能會隨同他們的頡利可汗一同被俘；《舊唐書》卷 194〈突厥傳上〉載：「頡利所親康蘇密以隋蕭后及煬帝之孫政道來降。」這位康蘇密先生，不但趁唐朝軍隊討伐突厥時開溜了，而且還帶著奇

150 《舊唐書》卷 194〈突厥傳上〉。

貨可居的重禮——隋蕭后及煬帝之孫政道」投奔唐朝，這才像是一個精明的
粟特商人；果然不久，這位康蘇密先生就被被唐朝任命為北安州都督（可能
是虛銜），這位康先生是管不住突厥人的；突厥人歧視深目高鼻的大胡，阿
史那思摩因長像類胡而不類突厥，終身不得為設典兵；即使後來阿史那思摩
被唐太宗封為可汗，但仍然得不到突厥族人的支持，阿史那思摩只得利用入
朝的機會單騎回到長安；西元 644 年十二月唐太宗改封他為右武衛將軍[151]。
至於康蘇密後來則被唐太宗改封為雲麾將軍，並於西元 647 年曾派他出使極
北之地，鐵勒部落中距離中國最遠，晝長夜短的骨利幹國[152]，真是適才適
所，顯示唐太宗的知人之明。

　　據《大唐西域記》卷一〈窣利地區〉的記載，當貞觀二年（628 AD）唐
玄裝到達颯秣建時發現，粟特人不是《隋書》卷 83〈康國傳〉所說的「遷徙
無常，不恆故地」的遊牧民族，當地居民中一半種田，一半經商；粟特人沒
有捨棄其在中亞「氣候溫，宜五穀」的原居地，跑到苦寒之地的外蒙古，加
入突厥部落的動機與理由。依據《舊唐書》卷 198 的記載，粟特是在「隋煬
帝時（605-617 AD），其王屈術支娶西突厥葉護可汗女，遂臣於西突厥。」
在唐貞觀元年（627 AD）時，看到中國已統一了，又向唐朝派遣使臣「獻名
馬」；他們的外交手腕非常靈活，不會派遣戰士去替突厥人賣命的，事實上
也無多餘的兵可派；就是要派兵也會派往西突厥，而不會派往東突厥。粟特
地區只有康國、安國有軍隊，而且他們的軍隊也多是雇用的塞種（Saka）勇
士。西元八世紀，隨著伊斯蘭教阿拉伯人在中亞的擴張加劇；《新唐書》載
康國曾向唐高宗請求派兵協助抵抗大食[153]，而不是遷居到中國來以躲避阿拉
伯人的攻擊。據《大唐西域記》載「（粟特人）志性恇怯，風俗澆訛，多行

---

151 《新唐書》卷 221〈突厥傳上〉「居三年，不能得其眾，下多攜背，思摩慚，因入朝願留宿衛，更拜右
　　武衛將軍。」

152 《舊唐書》卷 195〈回鶻傳〉「詔遣雲麾將軍康蘇密勞答，以其地為玄闕州。」玄闕州在今克拉斯諾亞
　　爾斯克邊疆區（Krasnoyarsk krai）。

153 《新唐書》卷 221〈西域傳下〉「其王烏勒伽與大食亟戰不勝，來乞師，天子不許。」

詭詐，大抵貪求，父子計利。」《通典》〈邊防九〉引韋節《西番記》云「康國人，善商賈，男年五歲，即令學書，少解則遣學賈，以得多為善。」《舊唐書》〈西域傳〉「（康國人）善商賈，好利，丈夫年二十，去旁國，利所在，無所不至。」「（粟特）人民好客而又喜歡社交，這個民族充滿令人愉快的事務，繁榮昌盛，有許多溫和而虔誠的居民。[154]」他們是世界上傑出的商人之一，他們到東突厥的目的是為了做生意或做官或傳教。他們到中國來的目的主要是做生意；西元 439 年北魏攻克北涼都城姑臧（今武威市民勤縣）時，曾俘虜不少在當地經商的粟特商人，後被粟特王（康國王）向北魏請求贖回[155]；所謂突厥部落中有粟特遊牧部落的推論是沒有根據的猜測之詞；如果六胡州的胡人是粟特胡的話，康國王會循舊西元 439 年在姑臧被俘粟特人的舊例，要求贖回或送回這批粟特人，以便對抗大食的入侵。《隋書》〈康國傳〉稱「康國者，舊居祁連山北昭武城，因被匈奴所破，西逾蔥嶺，遂有其國。支庶各分王，故康國左右諸國並以昭武為姓，示不忘本。」《隋書》上的前述記載應該是來自《西域圖記》；《西域圖記》是裴矩在監知張掖關市時根據西域胡商所提供的資料編寫而成，《西域圖記》中的前述記載應該是到中國經商的粟特商人為拓展商務，博取中國人的好感，根據大月氏的事跡所編造出來的謠言。考古證據也顯示，西元前七、八世紀時，粟特地區已有佔地 220 公頃的大都市的形成，而且還有一百多公里的灌溉溝渠[156]，他們怎麼

---

154 玄奘著，芮傳明譯《大唐西域記》，卷 1〈窣利地區〉注（3）引用 Minorsky, "The Regions," P. 113，臺灣古籍出版社（臺北市 2006 年 6 月），頁 22。

155 《北史》卷 97〈粟特傳〉載「其國商人先多詣涼土販貨，及魏克姑臧，悉見虜。文成初，粟特王遣使請贖之，詔聽焉。自後無使朝獻。」《魏書》、《北史》不知粟特與奄蔡的區別，又不知粟特包括康國，以致將〈粟特〉、〈康國〉分別立傳。

156 "In the eighth and seventh centuries BCE, settlements with semi-huts were replaced by large cities, among them Kok-tepe（with an area of 100 hectares; the name is the modern one）and Samarqand（220 hectares; the ancient abandoned town now called Afrasiab）. The study of these sites by the Uzbek-French expedition demonstrates that the process of erecting city walls in Samarqand and Kok-tepe and shrines in Kok-tepe included large-scale works [Rapin, Isamiddinov and Hasanov]. According to Isamiddinov's reasonable hypothesis, irrigation canals in Samarqandian Sogdiana, the length of which was more than 100 km, were built at about the same time as the cities. With some changes, these canals survived until the present," Boris ll'ich Marsuak, "Sogdiana Arachaeology,"

會跑到河西走廊與西元前三世紀才在內蒙古崛起的匈奴人發生接觸或戰爭；
「迄今為止，在甘肅境內，尤其是河西地區發現的新石器時代至秦漢以前的
各種古代文化類型的居民尚無例外屬於蒙古人種，並沒有歐洲人種類型的介
入，也沒有發現與西遷後烏孫、月氏文化內函相關的考古學資料。[157]」

　　古希臘、羅馬文獻將粟特地區的範圍定在阿姆河與錫爾河之間的所有地
區。中國唐代《隋書》及宋代《新唐書》的編寫者受到昭武九姓謠言及地理
知識不足的影響，雖然在書中分別湊足了九姓，但兩書中的九姓內容並不相
同，《新唐書》甚至將錫爾河北岸的石國（Chach 赫時、者舌、柘支，今烏茲
別克塔什干一帶）也列入昭武九姓之一[158]。考古證據顯示粟特文化的範圍只
包括以撒馬爾罕為中心的澤拉夫善河流域盆地及卡什卡達里亞河流域盆地
[159]，也就是今天的烏茲別克的撒馬爾罕省、布哈拉省、卡什卡達里亞省
（Kashkadarya）與塔吉克斯坦的粟特省（Sugud）等地；花喇子模（火尋）、石
國、大宛、窣堵利瑟那等都不在粟特地區的範圍內。《新唐書》所出現的一
堆錯誤，就是沒有史才的文學家修史所造成的結果。筆者從中國境內粟特後
裔的長像觀察，粟特人「深目高鼻、多須髯」[160]、棕髮、淺藍眼珠（圖

---

http://www.cais-soas.com/CAIS/Archaeology/Greater-Iran/sogdian_archaeology.htm

157 譚婧澤、韓康信〈中國北方幾個古代民族的體征類型和種族屬性〉，《中國優生優育》第十三卷增刊，頁 61。

158 《新唐書》卷 221〈西域傳下〉「康國者，一曰薩末鞬，亦曰颯秣建，元魏所謂悉斤者。其南距史百五十里，西北距西曹百餘里，東南屬米百里，北中曹五十里。在那密水南，大城三十，小堡三百。君姓溫，本月氏人。始居祁連北昭武城，為突厥（匈奴）所破，稍南依蔥嶺，即有其地。枝庶分王，曰安，曰曹，曰石，曰米，曰何，曰火尋，曰戊地，曰史，世謂『九姓』，皆氏昭武。」《隋書》卷 83〈西域傳〉「九姓」為：康、安、汗、米、史、曹、何、烏那曷、穆、漕。

159 "According to an archaeological convention, any monument located in the lower Zeravshan and Kashkadarya River valleys（but not to the south or north-east of them）is defined as Sogdian regardless of the date. It should be noted; however, that prior to the first and second centuries CE, in archaeological terms, there is no difference between Sogdian culture and cultures to the south of the Zeravshan mountain range. This said, in the present article, following the established convention, Sogdiana denotes the region including the Zeravshan and Kashkadarya River basins," Boris ll'ich Marsuak, "Sogdiana Arachaeology,"
http://www.cais-soas.com/CAIS/Archaeology/Greater-Iran/sogdian_archaeology.htm

160 《隋書》卷 83〈康國傳〉。

208）。

　　根據《大唐西域記》石國與窣堵利瑟那風俗相
同，應該是同一種族。1980 年在撒爾馬罕西北約 50
公里（原窣堵利瑟那國境內）的奧爾拉特（Orlat）
墓地出土骨雕戰鬥牌飾（圖 209）的長矛、長劍與原
阿蘭國境內的波卡羅夫卡村墓地出土的長矛、長劍
相似，而與敕勒馬特長矛、長劍造型不同。從 Orlat
骨牌飾的出土地、龍旗、馬匹後臀上的 Y 形族徽（右
側將軍坐騎）和戰鬥裝備等觀察，它描述的是一場

圖 208　「深目高鼻，多須
髯」的粟特人陶像

安息（左側將軍馬上繫有由純紡織物或皮革所製龍旗的一方）與窣堵利瑟那
國（Ustrushana）間的戰爭，故它應該是一面窣堵利瑟那牌飾；從牌飾上的
窣堵利瑟那人所使用的雙頭斧與他們既善馬戰又精步戰等觀察[161]，他們像是
斯特拉博筆下的馬薩格泰人，故窣堵利瑟那與石國可能是馬薩格泰人部落。

圖 209　奧爾拉特骨雕戰爭牌飾（Orlat Plaque），奧爾拉特墓地（烏茲
別克）一九八〇年代中期出土

---

161 Strabo, *Geography*, Book XI Chapter 8, "they are excellent horsemen, and also fight well on foot. They use bows,
swords, breastplates, and sagares of brass, they wear golden belts, and turbans on their heads in battle.

第十節　南西伯利亞何時進入鐵器時代？鐵礦來自何處？

　　敕勒人雖然有很高明的鍛銅、鍛鐵技術，但不懂開礦，也不會煉銅、煉鐵，以致當他們到達南西伯利亞時，當地河床上雖有由山上被雨水沖刷下來的露天鐵礦資源，他們卻仍需仰賴柔然人供應銅塊、鐵塊。目前在米努辛斯克盆地發現的煉鐵遺址，都是西元六世紀後的點戛斯人的煉鐵遺址。如果敕勒人在西元四至五世紀時已掌握煉鐵的技術的話，米努辛斯克地區就不會有劍身較短與迷你型墓葬用鐵劍的出現，巴澤雷克的五號墓出土的四輪馭馬高車也就不會不含任何金屬零件了；至於在外貝加爾地區查拉姆墓地（Tsaram Cemetery）發現的二輪高車上所使用的銅、鐵製零件，應該是在歐洲時鍛造的，或由歐洲帶來的銅塊與鐵塊鍛造的。

　　從中國文獻的記載觀之，點戛斯人當時並不知道鐵礦是從山區被雨水沖刷下來的，他們還以為是隨雨水從天而降[162]。對於點戛斯使者所稱該國「天雨鐵」的離奇說法，唐朝官員認為「若每從天而雨，則人畜必遭擊殺，理故不通，」而應該是「因暴雨，淙樹而出。[163]」俄羅斯考古工作者在葉尼塞河及其主要支流——阿巴坎河、圖巴河、奧亞河沿岸的沙丘和松林中，發現大量的煉鐵工廠遺址；顯然，點戛斯人是將河床中拾來的鐵礦石，就近在河岸旁的沙丘和松林中冶煉。煉爐的體積不大，一般都安置沙丘南偏東南斜坡，以便利用從沙丘之間的谷地吹來的西風及西北風，並將廢氣吹到別處。燃料是用在旁邊彈坑型的坑穴中燒製的木碳。爐子略為埋入沙丘的斜坡，形狀像一個用石板砌成的長方型或梯形箱，長 0.9 米、高約 0.7 米、寬 0.8 米，內壁抹泥。前壁上有一大孔，可能是出鐵口兼出渣口（而不是俄羅斯考古工作者所猜測的氣孔），爐前有一直徑 2-3 米的圓坑，風箱與氣孔則位於出鐵口的對

---

162 《唐會要》卷 100〈結骨國〉「天每雨鐵，收而用之，以為刀劍，甚銛利。」

163 樂史《太平寰宇記》卷 199〈北狄十一：點戛斯〉。

側。吹煉完成後，先打開出鐵口，讓鐵水流入容器內後再排渣，排渣後再用泥土將出鐵口封死，繼續冶煉。排渣時，液態的熔渣流入爐前的圓坑中，形成一層一層的表皮，然後將它打碎扔到坑沿，這些熔渣便在爐的周圍積成馬蹄鐵形狀的大堆廢料；其餘的殘渣凝成一大塊，也被扔掉；統計這種殘渣塊，每個爐可使用 25 至 40 次。最後一次使用後，拆卸前壁取出已冷卻的殘餘鐵塊，而不可能是俄羅斯考古工作者所猜測的，每煉一次拆一次爐前壁排渣，哪有每煉一爐鐵就拆一次爐前壁排渣的道理，這樣做既耗時又不經濟，更不安全。根據遺跡判斷，點戛斯的熔爐中置放木碳、打碎的磁鐵礦與助熔的石塊；礦石的含鐵量在65-70%，但只有17%成為熟鐵塊，其餘都留在熔渣內，煉出來的熟鐵塊，品質很高[164]。

　　點戛斯的熔爐應該是中國式的鼓風爐而不是俄羅斯考古工作者認為的比較原始的生吹爐（Catalan Process），點戛斯的熔爐的尺寸與新疆省庫車縣貝迪勒克煉鐵遺址（魏晉至唐代）發現的殘爐相似——「爐壁厚度約 0.1 米左右，內側多呈玻璃狀（應該是添加鹼性助熔石塊的結果），從爐壁的弧度看，爐體的直徑約在 1 米左右[165]。」點戛斯人的煉鐵技術的提供者，極可能是隨突厥公主下嫁點戛斯部落酋長的隨從；據《新唐書》卷 217 下〈點戛斯傳〉載「突厥以女妻其酋豪；⋯⋯；其酋長三人，曰訖悉輩，曰居沙波，曰阿米輩，共治其國。」筆者判斷點戛斯人的煉鐵技術來自突厥的理由如下：

　　1.如點戛斯人在臣服於突厥人之前[166]，已掌握煉鐵技術，點戛斯人應該不會將鐵塊出售給他們的敵人——突厥人[167]；

---

164 吉謝列夫《南西伯利亞古代史》，中國社會科學院考古研究所圖書資料室譯，新疆人民出版社，1981年出版，下冊，頁 124-125。

165 衛斯〈新疆早鐵器時代鐵器考古發現概述〉，《中國考古網》2009-11-20。李肖〈古代龜茲地區礦冶遺址的考察與研究〉《新疆文物》2003 年 3、4 期（合刊），頁 16-26。

166 《隋書》卷 84〈突厥傳〉「木杆勇而多智，遂擊茹茹，滅之，西破挹怛，東走契丹，北方戎狄悉歸之，抗衡中夏。」

167 樂史《太平寰宇記》卷 199〈北狄十一：點戛斯〉「俗出好鐵，號曰迦沙，每輸之於突厥。」

2.如點戛斯人在臣服於突厥人之前，已掌握煉鐵技術，突厥人可能無法征服「勁勇」而又有「銛利」鐵製武器的點戛斯人；《太平寰宇記》〈北狄十一：點戛斯〉載「其國每有天雨鐵，收之以為刀劍，異于常鐵，」文中所謂的「常鐵」，指的應該就是突厥人以煤為燃料冶煉的鐵。由於「天雨鐵」的說法過於離奇，當面對唐太宗的進一步詢問時，因點戛斯使者酋長失缽屈阿棧也不知「天雨鐵」的真正原因，只好「隱而不答，但云鐵甚堅利，工亦精巧。」

由於點戛斯人的鐵礦塊拾自河床，自然也就不懂開礦；俄羅斯考古工作者猜測南西伯利亞冶煉所使用的鐵礦來自圖巴河（Tuba River）彼岸和奧茲納禪村以南的礦產地，經百餘公里運送而來[168]，都是沒有根據而且相當不合理的猜測；以古代的運輸能力以及冶煉技術，冶煉處大多選在礦源附近，以節省成本，不太可能「經百餘公里運送而來」。

南西伯利亞正式進入鐵器時代的時間，應該是在點戛斯臣服於突厥的西元 565 年以後。南西伯利亞進入鐵器時代後，點戛斯人並未將鐵器出口到今天的外貝加爾及俄羅斯遠東地區，以致當地的室韋人在西元七世紀始進入鐵器時代，鐵的來源是高句麗[169]，而不是室韋人自行冶煉；換言之，在西元七世紀前，他們打獵時使用的箭鏃，應該與他們在南方的鄰居勿吉一樣，都是石鏃[170]；也就是說，室韋人在西元七世紀時，是由石器時代直接進入鐵器時代。可能由於當時的鐵器價昂，室韋人耕田的犁在十世紀前仍是全木製，「不加金刃，人牽以種，不解用牛；[171]」這種只能耙鬆表面的泥土，而不能

---

168 吉謝列夫《南西伯利亞古代史》，中國社會科學院考古研究所圖書資料室譯，新疆人民出版社，1981年出版，下冊頁 124。

169 《隋書》卷 84〈室韋傳〉「其國無鐵，取給於高麗。」；《新唐書》卷 235〈室韋傳〉「土少金鐵，率資於高麗。」

170 《魏書》卷 100〈勿吉傳〉。

171 《舊唐書》卷 199 下〈室韋傳〉。

翻轉土塊的木犁，阿勒泰地區的農民直到十八至十九世紀時還在使用[172]；這一現象的產生，表明西元十三、四世紀當點戛斯人南遷七河地區後，西伯利亞就沒有會煉鐵的民族了。

至於點戛斯人鐵礦的原始來源，可能就在今科麥羅沃州（Kemerovo Oblast）南部紹裡亞（Shoriya）山區，被雨水沖刷流入河中。

---

172 吉謝列夫《南西伯利亞古代史》，中國社會科學院考古研究所圖書資料室譯，新疆人民出版社，1981
　　年出版，下冊頁 95。

結　言

　　欲探索中國上古史，須先探明殷商的社會型態與其文明發展程度，要探明殷商的社會型態與其文明發展程度，就需對殷墟出土文物中的殷商文物與非殷商文物予以區別，要區別殷墟中的殷商文物與非殷商文物，必須要有正確的歷史知識，尤其是敕勒人的歷史及其製作的特色文物。遺憾的是由於中國歷史記載的失誤，目前的殷墟研究者普遍不具備研究殷墟所需要的歷史知識。

　　敕勒人東遷是西方文化向東方傳播的一頁重要篇章；過去，西方人不知道敕勒人於西元四世紀中葉在烏克蘭草原神密失蹤後去了哪裡，中國人則不知道他們從哪裡來，甚至還被唐太宗、唐高宗父子刻意誤導成塞北的原住民丁零或鐵勒，以致這椿對東方各民族帶來重大影響的西方文化在東方與東方文化交流、碰撞的篇章，一直未為世人所知曉。北魏的強大與東魏、西魏王朝的建立，都有敕勒人的汗馬功勞；原本默默無聞的東方遊牧部落中的柔然部落與突厥部落，也都是在併吞了附近的敕勒部落後，像吹汽球般的突然膨脹崛起建國。

　　由於西方的考古學者的中國歷史知識有限，目前的科技也未發展到能將考古得到的文物準確的予以斷代的地步；西方學者對斯基泰人的起源與敕勒人歷史的研究是越來越模糊；他們將俄羅斯考古學者對發現在米努辛斯克、巴澤雷克、圖瓦、外貝加爾、外蒙古等地的斯基泰-薩爾馬特風格文物，用碳-14 定年法測出的年代當作準確的年代，並以此年代作為基礎，從事歐亞草原民族的歷史、文化、藝術等之研究，寫出了大量的論文與書籍，在全世界流傳，有些並製成電視節目，在全世界播放；這些根據錯誤年代寫出的論文與書籍，製播的電視節目，對歐亞草原民族的歷史、文化、藝術都造成了極大扭曲與錯誤，誇大了斯基泰藝術對東方的影響，並憑空製造出一個史前

由現在的俄羅斯經西伯利亞到中國的貿易路線，認為中國商代的青銅器技術來自西伯利亞[1]；對這些錯誤都需借助於中國歷史文獻的記載來加以釐清校正。

敕勒人雖然沒有用自己的文字記載的歷史，但是卻有相當的文化，他們住過的地方，都留下了相當豐富的墓藏文物，使得現在的人，可以利用考古得到的文物，去進行追蹤，把他們的聯貫起來。敕勒人中除了埃阿熱格斯部定居歐洲外，其餘烏戈爾部、斯基泰王者部及羅克索拉尼部，除了小部份的部落向西北移往芬蘭、波羅的海三國外，大多數都向東遷徙，最後大多數都定居於中國，成了中華民族的一員；將西方與中國關於敕勒人的記載加以聯貫的工作，是中國人責無旁貸的任務。對西方考古工作者、藝術研究者對中國先民敕勒族遺留在西伯利亞、外蒙古、哈薩克斯坦、阿富汗的墓葬與墓藏文物所做的發掘及研究成果，在此表達萬分的感謝。

斯基泰藝術的發源地在伊朗的齊維耶（Ziwiyeh），而它最後的舞臺則在中國；但由於農業民族與遊牧民族生活方式的不同，斯基泰式的藝術品似乎也只有在敕勒人的生活圈中流行，當敕勒人移居中原生活方式發生改變後，斯基泰式的藝術品似乎也就隨之消逝。鄂爾多斯曾有兩支敕勒人在不同的時間前來定居，它擁有中國境內品類最多的斯基泰-薩爾馬特式青銅器，西方學者將中國境內發現的斯基泰-薩爾馬特式青銅器統稱之為鄂爾多斯青銅器，它在世界斯基泰-薩爾馬特藝術的研究上將扮演重要的角色。新疆吐魯番鄯善縣洋海古墓是世界上最大、最集中的敕勒馬特人墓葬；由於新疆獨特乾燥的氣候，保存了大量的有機物質文物與乾屍；這是世界上任何一處敕勒馬特人墓葬所無法比擬的，對全面性的瞭解斯基泰-敕勒馬特文化將扮演著關鍵性的角色。

敕勒人給東方遊牧民族帶來的最大影響就是他們的如尼文字符號、重裝

1　Rene Grousset, *The Empire of Steppes*, translated by Naomi Walford, 1970 Rutger University Press, New Brunswick, N. J., p. 4.

甲騎兵的作戰方法與車輛的製造。敕勒給漢族帶來的最大影響，不是它的斯基泰-敕勒馬特式的藝術品，也不是它的重裝甲騎兵的作戰方法，而是漢化後的敕勒族人出了幾位傑出的政治、軍事領袖，他們與中華民族共同創造了隋、唐盛世。楊隋與李唐的開國君主雖然都有高車人血統，但他們的父、祖當年都曾是戰俘，都是在鮮卑軍隊中由基層幹起，靠軍功逐漸取得高位；他們依靠父、祖的餘蔭，因時際會，取得大位；他們與五胡、契丹、女真、蒙古、滿州政權不同的是他們身後並無一個高車（或斯基泰）武裝集團，而且他們在取得大位前都已漢化，已經是民族文化大融合後的中華民族的一分子，他們政權的性質當然還算是廣義的漢人政權而非胡人政權；這就跟羅馬帝國塞維魯王朝（Severan dynasty, 193-235 AD）雖然是帶有北非柏柏爾人（Berber）²血統的塞維魯（Septimius Severus, 193-211 AD）所建立，他的兒子卡拉卡拉（Caracalla, 211-217 AD）也繼位做過羅馬皇帝，但並不會因為羅馬帝國曾出現有北非人或色雷斯人（色雷斯的馬克西米努斯 Maximinus Thrax, 235-238 AD）或阿拉伯人血統（阿拉伯菲力浦 Philip the Arab, 244-249 AD）的皇帝而改變羅馬帝國是羅馬人的國家的道理是一樣的。

　　史學家傅斯年將隋唐至宋代的中國視為「第二中國」，他的見解可能是建立在楊堅與李淵都是鮮卑人，「上承拓拔宇文之遺，與周漢魏晉，不為一貫。」事實上，敕勒人有自己的文化，楊隋、李唐與拓跋、宇文也「不為一貫。」³

　　史學大師陳寅恪說「李唐一族之所以崛興，蓋取塞外野蠻精悍之血，注入中原文化頹廢之軀，舊染既除，新機重啟，遂能創空前之世局。⁴」隋唐以後，中國「終能形成以諸科考試代九品中正的制度，『與隋唐帝室出身雜胡不無關係』。此後科舉制影響中國社會千餘年，誠為『中國社會階級之大轉

2　柏柏爾人（Berber）是非洲西北部說閃含語系柏柏爾語的民族，現分佈在摩洛哥、阿爾及利亞、突尼西亞等地。

3　傅斯年〈中國歷史分期之研究〉，《北京大學日刊》，1918 年 4 月 17-23 日北京出版。

4　陳寅恪〈李唐氏族之推測後記〉，《中央研究院歷史語言研究所集刊》，第三冊，1971 年再版，頁516。

變』。[5]」

　　在漢人與鮮卑人因採行門閥制度都已先後腐朽沒落時，是來自烏克蘭經由西伯利亞到達中國，節儉務實、階級觀念淡薄且已局部漢化的敕勒人完成了統一，並採行科舉制度挽救了漢民族，否則中國將長期分裂或瓦解成數國。

5　《傅斯年檔案：1931 年 10/11 月致陳寅恪函抄本殘件》，中央研究院歷史語言研究所。羅志田〈語語四千年：傅斯年眼中的中國通史〉《昨天的與世界的：從文化到人物》，北京大學出版社（2007），頁309。

國家圖書館出版品預行編目(CIP) 資料

中國歷史兩大盲區：華夏、敕勒建國之謎/常
華安著. -- 初版. -- 臺北市：元華文創股份
有限公司, 2023.04
　　面; 公分

　　ISBN 978-957-711-303-0 (平裝)

　　1.CST: 遊牧民族　2.CST: 人類遷徙　3.CST:
民族史　4.CST: 歷史考古學

536.285/2　　　　　　　　　　112003221

中國歷史兩大盲區——華夏、敕勒建國之謎

常華安　著

發 行 人：賴洋助
出 版 者：元華文創股份有限公司
聯絡地址：100 臺北市中正區重慶南路二段 51 號 5 樓
公司地址：新竹縣竹北市台元一街 8 號 5 樓之 7
電　　話：(02) 2351-1607　　傳　　真：(02) 2351-1549
網　　址：www.eculture.com.tw
E-mail：service@eculture.com.tw
主　　編：李欣芳
責任編輯：立欣
行銷業務：林宜葶
出版年月：2023 年 04 月 初版
定　　價：新臺幣 520 元

ISBN：978-957-711-303-0 (平裝)

總經銷：聯合發行股份有限公司
地　址：231 新北市新店區寶橋路 235 巷 6 弄 6 號 4F
電　話：(02)2917-8022　　傳　真：(02)2915-6275